全国高等教育经济管理类新形态系

课版

管理学
基础与实务

潘连柏◎主编

邢淑钧 严莉红 王晗◎副主编

人民邮电出版社

北 京

图书在版编目（CIP）数据

管理学基础与实务：微课版 / 潘连柏主编. -- 北京：人民邮电出版社，2022.8
全国高等教育经济管理类新形态系列教材
ISBN 978-7-115-59353-5

Ⅰ.①管… Ⅱ.①潘… Ⅲ.①管理学－高等学校－教材 Ⅳ.①C93

中国版本图书馆CIP数据核字（2022）第124582号

内 容 提 要

本书以管理学经典理论及思想为主线，吸收了国内外管理领域的成果，对现代管理学的基本理论等做了系统的介绍，从名人名言与导引案例切入，帮助学生深入理解管理学的基本理论与思想脉络。全书共分为九章，分别为导论、管理思想及其发展、计划、决策、组织、领导、激励、沟通与控制，助力学生厘清管理脉络，理解管理理论，提升管理意识，提高管理能力。本书提供丰富的配套资源，以数字化形式呈现，方便教师教学与学生自学。

本书可作为高等院校本科及高职高专院校经管类专业管理学课程的教材，可作为企事业单位管理人员的培训用书，还可作为管理学研究者以及爱好者的参考书。

◆ 主　编　潘连柏
　　副主编　邢淑钧　严莉红　王　晗
　　责任编辑　孙燕燕
　　责任印制　李　东　胡　南
◆ 人民邮电出版社出版发行　　北京市丰台区成寿寺路 11 号
　　邮编　100164　　电子邮件　315@ptpress.com.cn
　　网址　https://www.ptpress.com.cn
　　大厂回族自治县聚鑫印刷有限责任公司印刷
◆ 开本：700×1000　1/16
　　印张：14.25　　　　　　　　　　　2022 年 8 月第 1 版
　　字数：312 千字　　　　　　　2022 年 8 月河北第 1 次印刷

定价：49.80 元

读者服务热线：(010)81055256　印装质量热线：(010)81055316
反盗版热线：(010)81055315
广告经营许可证：京东市监广登字 20170147 号

前言

改革开放以来，我国社会经济高速发展，取得了举世瞩目的巨大成就，科技与管理是其主要推动力。我国企业发展也进入"快车道"，在世界经济舞台上发挥着重要的作用，在《财富》全球 500 强企业中，我国企业的数量超过了 1/4；此外，我国还有数千万家中小企业，是奠定我国经济发展的重要基础。这些企业的可持续发展，需要更多接受良好管理教育的知识工作者。

2006 年，编者开始编写《管理学》教材。编者每年会为学生讲授管理学课程。如何让学生在较短时间内理解管理理论、提升管理意识、提高管理能力，是管理学课程的主要目标。而一部合适的教材，无疑会为达成目标起到重要的促进作用。近年来，市场上出现了很多版本的《管理学》教材，但贴近学生、启发学生的优秀教材并不多。基于此，编者编写了本书，对管理学的基本理论和管理思想的发展脉络进行了详细地阐述。本书融入编者多年的教学实践与管理实践，在内容编写层面力求体现科学性、可读性和实践性，让管理学的初学者快速理解管理理论、提升管理意识、提高管理能力，让管理学回归大众、回归生活、回归实践！

管理学是研究人类管理活动一般规律的科学，学习管理学的目的在于用管理学的一般规律指导不同情境下的管理实践，找出管理活动中的一般规律，使之成为一种可以学习、遵循和掌握的科学方法。当今社会，组织正面临前所未有的挑战：经济全球化带来组织环境的变幻莫测，飞速发展的技术变革与创新，多样且多变的客户需求等。面对新的形势和挑战，无论对于管理研究还是管理实践，了解和学习管理学的基础理论都将是大有裨益且十分必要的。

本书特色如下。

（1）体例丰富，结构合理。本书采用统一且丰富的体例设置，每章按照名人名言、学习目标、导引案例、正文、本章小结、思考练习的结构进行编写，书中还精心设计了"思考""小故事"等模块，有助于提高学生的学习兴趣。

（2）理论结合实践，深度赋能教学。本书在讲解管理学相关理论的基础上，结合大量鲜活案例和思考，共设置了超过 60 道联系日常生活的管理思考题，详细地阐述了管理学的基本理论与思想脉络。

（3）内容通俗易懂，便于理解。当前的管理学理论主要来源于西方管理学者的研究成果。本书把一些原著中较为抽象、繁杂的叙述进行了简化处理，深入浅出的同时也最大程度保留了相关理论的精髓；对相关理论的局限性也做了阐述，使学生能更科学地运用理论解决现实管理问题。

（4）配套资源丰富，支持教学。本书提供丰富的配套教学资源，包括高清微课视频、PPT 课件、自测模拟试卷及答案等，便于教师教学与学生自学。如有需要，用书教师可到人邮教育社区（www.ryjiaoyu.com）免费下载使用。

通过本书的学习，学生对管理学会有一个总体的认识，理解管理学的基本理论，掌握现代管理的一般方法并树立科学的管理理念，为进一步学习和开展管理实践奠定坚实的基础。

本书的框架结构、提纲与内容体系由武汉华夏理工学院潘连柏教授确定。

邢淑均、严莉红、王晗三位老师和武汉依瑞德集团公司的李玉珍经理参与了本书的编写工作。

在编写本书的过程中，编者参阅了大量同行专家的有关著作及案例等文献资料，主要参考文献已列在书后，在此向有关作者表示衷心的感谢。

现代管理的理论与实践仍在不断研究与拓展之中，由于编者水平及认知能力有限，书中难免出现疏漏之处，恳请广大专家、同行和读者不吝赐教、批评指正，并将意见和建议反馈给我们，我们将在重印或再版时予以完善。

潘连柏

2022 年 4 月 武汉

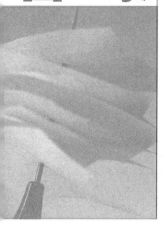

目 录

管理者不同于技术和资本，不可能依赖进口。中国发展的核心问题，是要培养一批卓有成效的管理者。他们应该是中国自己培养的管理者，他们熟悉并了解自己的国家和人民，并深深根植于中国的文化、社会和环境中。只有中国的人才才能建设中国。

——彼得·德鲁克（Peter Drucker）

学习目标：

➢ 掌握管理的含义。
➢ 能确定管理的目标。
➢ 掌握管理者的技能。
➢ 理解学习管理学的意义。
➢ 具备社会责任意识。

 **导引案例**

张三的烦恼

张三是某软件公司的一名研发工程师，工作已有两年多，业绩突出。张三比较内向，但和同事相处很融洽。随着公司迅速发展，张三被委任为公司研发部数据库中心主任。张三暗暗鼓足劲头儿，准备大干一场，取得更好的成绩。可是上任刚三个月，他就面临一大堆问题。

（1）以前与他关系不错的同事，突然有意无意地疏远他，似乎有很多想法不愿与他沟通。

（2）部门下属缺乏团队精神，各自为政，大家很难有效集中。

（3）非常忙，即使经常加班，工作也总是做不完。

张三逐渐有了失落感，他很担心自己工作忙，而导致专业技术落后，对管理工作有了厌倦感，经常想还是做个研发工程师好。

思考题：张三烦恼的原因是什么？如何解决张三的烦恼？

自从有了人类社会，管理活动就产生了。原始人狩猎时进行分工，古代修长城时有人统一喊口号指挥，这些都属于管理活动。但在人类相当长的历史中，管理一直处于经验管理阶段。人类有组织的群体活动都需要管理，而把管理活动作为一门科学进行研究，则始于 19 世纪末 20 世纪初。

第一节 认识管理

莎士比亚评价自己的戏剧《王子复仇记》中的哈姆雷特说："一千个读者，就有一千个哈姆雷特。"我们也可以说，一千个从事管理活动或研究管理的人，就有一千个对管理的定义。虽然管理活动各有不同，但也有内在的规律与共性。目标是管理所要达到的目的和所要取得的成果，对于管理而言，目标是一个十分重要的概念。

一、管理的含义

在研究管理的过程中，由于时代、理论体系和研究派别等因素，人们对管理的定义众说纷纭。为了较为全面地理解管理，下面从管理的汉语词义、中外管理学者和企业家对管理的理解三个方面来阐述管理的含义。

（一）从汉语词义上理解管理

在《现代汉语词典》中，管理有三种解释：①负责某项工作使其顺利进行，如管理财务、管理国家大事；②保管和料理，如管理图书、管理档案；③照管并约束（人或动物），如管理罪犯、管理牲口。

管理的对象有人、财、物、信息、时间等，人是最重要的。在本书中，管理的对象主要是人。从字面上看，管理由"管"与"理"组成，"管"为约束，"理"为梳理、激发。对人而言，管理既要约束人，也要激发人。"管"是手段，"理"是目的。"管"而"不理"，就是命令；"理"而"不管"，就是放任。"管而不理""理而不管"是管理在实践中的两大误区。"管"与"理"必须有机结合，这样既能激发人的潜能（激发人），又能让人的行为符合组织要求（约束人），这才是真正意义上的管理。

 小知识

汉字"王"之管理解读

上边一横代表老板，负责领导、监控。

中间一横代表管理者，负责日常管理。

下边一横代表员工，负责具体执行。

中间一竖代表沟通和联系。

（二）中外管理学者对管理的理解

"管理过程理论之父"亨利·法约尔（Henri Fayol）认为，管理就是实施计划、组织、指挥、协调和控制的一系列活动。

美国管理学家哈罗德·孔茨（Harold Koontz）认为，管理就是设计和保持一种良好环境，使人在群体里高效率地完成既定目标。

美国管理学家斯蒂芬·P. 罗宾斯（Stephen P.Robbins）认为，管理是指同别人一起，或通过别人使活动完成得更有效的过程。

南京大学周三多教授认为，管理是社会组织中，为了实现预期的目标，以人为中心进行的协调活动。

（三）企业家对管理的理解

华为创始人任正非认为，管理就是抓住三件事——客户、流程、绩效。

娃哈哈集团创始人宗庆后认为，管理就是让他人高效做事的艺术。

综合以上叙述，可以发现：管理有多种不同的解释，甚至没有统一的定义，但内在含义是可以统一的。大体上讲，管理的含义包括以下内容。

1. **管理的范围：有组织就有管理**

扫一扫

管理的含义

在现代社会，每一个人的生存、发展都离不开各种各样的组织，如学生在学校、员工在企业、公民在国家，学校、企业、国家等都是组织。只有个人的目标与组织的目标一致时，社会效率才会提高，而管理能起着协调个人目标与组织目标冲突的作用。管理可以有效实现组织内部个人、群体目标与组织目标的一致。

2. **管理的目的：实现组织目标**

在上述关于管理的定义中，多处都强调了计划、目标等概念，说明管理工作的动机是取得一个良好结果，这个结果一般表现为组织目标。管理因其目标的未来性，而成为一项充满风险、充满挑战的工作。

3. **管理的重点和难点：对人进行管理**

虽然管理的对象有人、财、物、信息、时间等，但人作为生产关系中最活跃的要素，是管理工作的重点和难点。管理学经过一百多年的发展，从经济人假设，到社会人假设、自我实现人假设、复杂人假设，这些对人的研究在极大推动管理学发展的同时，也表明人在管理工作中的重要性和管理难度。

4. **管理的本质：协调**

关于管理的本质是什么，在管理学界是有争议的。管理面临的是组织资源有限和人的欲望无限之间的矛盾。为了解决这一矛盾，需要通过决策对目标进行协调，通过计划对资源进行协调，通过沟通、激励对思想、行为进行协调。亨利·法约尔把协调作为管理的职能之一。周三多在管理的定义中也强调管理要"以人为中心进行协调"。管理不是命令，不是服从，不是奖惩，管理是对人的行为进行协调。

5. **管理的有效性：从效率和效果两个方面评判**

宗庆后认为管理就是让他人高效做事的艺术。高效包含高效率和好效果两个方面。效率涉及管理活动的方式（正确地做事），解决怎么做的问题，需要考虑投入与产出的关系，如通过降低成本、减少库存等减少投入。效果是指实现组织目标的程度，涉及管理活动的结果（做正确的事）。管理工作追求的是效率和效果的统一，要防止高效率、差效果和低效率、好效果现象的出现。

为了便于理解，本书综合以上分析，对管理定义如下。

管理是通过计划、组织、领导、控制等活动，协调人的行为，有效实现目标的过程。

> 思考：在社会、家庭、学校，有哪些因为管理原因让你愤愤不平的事情？

二、管理职能

在管理学发展过程中，不少管理学家和管理实践者根据不同的管理工作、管理过程的内在逻辑，对某些具有类似程序、共性内容的管理行为加以归纳、总结，逐渐形成了管理职能这一概念。管理职能是指管理活动的职责和功能。通过分析管理职能来研究管理工作，成为现代管理理论分析的主导方法。

> 思考：班级组织一次集体游玩活动，从开始到结束要做哪些事情？

最早把管理职能上升为管理普遍规律的是法国管理学家亨利·法约尔，他在1916年所著的《工业管理与一般管理》一书中率先提出企业管理的各种具体职能，认为管理活动有计划、组织、指挥、协调和控制五种职能。此后，管理职能成为管理学的重大研究课题之一。管理学界公认的观点是，管理具有计划、组织、领导和控制四大职能。

（一）计划

计划是管理的首要职能。计划职能是指管理者通过进行组织内部能力研究（有没有能力做）和外部环境研究（可不可以做），预测未来、设立目标、选择行动方案，以实现目标的措施和方法。计划过程包括三个步骤：决定组织将要追求的目标，决定采用哪些行动方案以实现目标，决定如何配置组织资源以实现目标。计划职能通过制订计划表现出来。

（二）组织

组织是管理的行为主体。组织职能是管理者为实现组织目标而建立组织结构并推进组织协调运行的过程。组织职能包括管理者根据组织的战略目标和经营目标来设计和调整组织结构，合理分配职权与职责，选拔与配备人员，推进组织的协调与变革等。组织职能通过组织结构设计和人员配备表现出来。

（三）领导

领导是在组织中产生并起作用的。领导职能是指管理者指挥、激励下属，以有效实现组织目标的行为。领导职能包括确定合适的领导方式，激励下属并引导和指导他们实现组织目标，进行有效沟通，增强人们的相互理解，以及解决组织成员之间的冲突等。领导职能通过领导者和被领导者的关系表现出来。

（四）控制

控制是指按预定计划、标准检查组织各方面的实际情况，考查实际完成情况与原定计划的差异，发现偏差并及时调整，保证目标实现的过程。控制的实质是使组织进行的各项工作尽可能符合计划和按照计划运转，并完成计划中所制订的各项目标任务。控制职能包括设置控制标准，现场监督与管理，收集信息，比较信息与标准，发现工作中的不足，及时采取纠正措施，确保组织工作朝组织目标迈进。控制职能通过发现偏差和采取纠偏措施表现出来。

需要说明的是，不同业务领域的管理职能在内容上有所差别。同为计划工作，生产部门做的是采购物料、安排生产进度等工作，市场营销部门做的是市场调研、分析外部环境、制订市场营销策略和行动方案等工作，人事部门做的是员工招聘、培训、任用、激励等工作，财务部门做的是筹资、投资和收支预算等工作。可见，由于不同组织、不同部门的具体业务领域各不相同，其管理工作也会表现出不同的特点，因而管理职能在目标和实现途径上会表现出不同的特点。

计划职能是管理的首要职能，一项管理工作一般从计划开始，经过组织、领导，到控制结束。控制的结果可能是又产生新的计划，开始新一轮的管理循环。划分管理职能的意义主要体现在两个方面：一方面，管理职能把管理过程划分为几个相对独立的部分，在理论研究上能更清楚地描述管理活动的整个过程，有助于管理工作以及管理教学工作的开展；另一方面，划分管理职能，有助于管理者在实践中实现管理活动的专业化，使管理人员更容易做好管理工作，提高管理效率。

管理职能的要点、着眼点和表现形式如表 1-1 所示。

表 1-1　　　　　　　　　　　　　管理职能

职能	要点	着眼点	表现形式
计划	制定目标并确定为达成这些目标所必需的行动	合理配置有限资源	制订计划
组织	由谁来完成目标以及如何管理和协调任务	合理的分工协作关系的确立	组织结构设计和人员配备
领导	指挥、激励下属，以有效实现组织目标	方向的把握和积极性的调动	领导者和被领导者的关系
控制	衡量实际工作，校正误差	到底做得如何	发现偏差和采取纠偏措施

三、目标

目标是行动的方向，任何一个组织要有效运用其有限的资源，首先必须明确其目标。没有明确的目标，整个组织的活动就是杂乱无章的，更无从评价管理的效率与效果。目标对组织有着非常重要的作用。彼得·德鲁克认为，并不是有了工作才有目标，相反，有了目标才能确定每个人的工作。

目标是组织在一定时期内要达到的具体成果。目标不仅是计划工作的终点，而且是组织工作、配备人员、指导与领导工作和控制活动所要达到的结果。

思考："我要通过大学英语四级考试"是一个目标吗？

一个有效的目标要遵循 SMART 原则。S 代表 Specific，指目标必须是具体的、可以理解的，能够让员工明确具体要做什么或者完成什么；M 代表 Measurable，指目标是可以度量的，员工应知道如何衡量自己的工作结果；A 代表 Attainable，指目标是可以实现的、可以达到的，不应超出员工的实际能力范围；R 代表 Relevant，指目标要和组织发展方向、组织各部门的工作职能相联系；T 代表 Time-bound，指目标实现是有时间限制的，员工应该在一定时间内完成工作。

 小知识

中华人民共和国国民经济和社会发展 2035 年远景目标

展望2035年，我国将基本实现社会主义现代化。

——经济实力、科技实力、综合国力将大幅跃升，经济总量和城乡居民人均收入将再迈上新的大台阶，关键核心技术实现重大突破，进入创新型国家前列。

——基本实现新型工业化、信息化、城镇化、农业现代化，建成现代化经济体系。

——基本实现国家治理体系和治理能力现代化，人民平等参与、平等发展权利得到充分保障，基本建成法治国家、法治政府、法治社会。

——建成文化强国、教育强国、人才强国、体育强国、健康中国，国民素质和社会文明程度达到新高度，国家文化软实力显著增强。

——广泛形成绿色生产生活方式，碳排放达峰后稳中有降，生态环境根本好转，美丽中国建设目标基本实现。

——形成对外开放新格局，参与国际经济合作和竞争新优势明显增强。

——人均国内生产总值达到中等发达国家水平，中等收入群体显著扩大，基本公共服务实现均等化，城乡区域发展差距和居民生活水平差距显著缩小。

——平安中国建设达到更高水平，基本实现国防和军队现代化。

——人民生活更加美好，人的全面发展、全体人民共同富裕取得更为明显的实质性进展。

（来源：2021年十三届全国人大四次会议）

四、管理创新

（一）管理创新的含义

创新是组织生命力的源泉，是组织获取持续竞争优势的重要保证。彼得·德鲁克认为，企业管理不是一种官僚性的行政工作，它必须是创新性的，而不是适应性的工作。

管理创新是指企业把新的管理方法、新的管理手段、新的管理模式等管理要素或要素组合引入企业的管理系统，创造出不同于过去的新事物、新方法、新手段，以更有效适应环境、实现组织目标的活动过程。管理者是管理创新的主体，管理创新贯穿管理者的管理活动过程。

管理创新是企业应对新情况，实现企业可持续发展的客观要求。企业要在市场竞争中脱颖而出，立于不败之地，必须保持管理方法的先进性。而随着竞争压力的增大，企业现有的经验模式会被竞争对手很快地学习、借鉴和模仿。企业必须进行管理创新，以新的方法打造可持续的竞争优势。

思考：创造一种全新的事物才是创新吗？

一般来说，管理创新源于企业内部和外部的一系列不同的机会。这些机会可能是企业刻意寻求的，也可能是企业无意中发现后立即有意识地加以利用的。彼得·德鲁克曾把诱发企业进行创新的不同因素归纳成七种，即意外的成功或失败、企业内外的不协调、过程改进的需要、产业和市场的改变、人口结构的变化、人们观念的改变以及新知识的生产。了解和把握创新的诱因或来源，对于理解企业为什么要创新和如何实施创新，并能够适时而有效地进行技术创新和组织创新都是非常有帮助的。

（二）管理创新的作用

美国一位管理学家曾自豪地宣称，工业革命发生在英国，而管理革命发生在美国。一位美国权威人士认为："美国的经济发展水平一跃走上资本主义世界各国前列，是靠三分技术七分管理。" 20 世纪 70 年代以来，美国出现经济发展的奇迹，主要得益于"技术引进"和"管理创新"两大法宝。21 世纪是管理的年代，是以管理取胜的年代。管理创新的作用主要体现在以下几个方面。

（1）管理创新是企业全方位提高企业素质的最有效的方式之一。管理创新的本质在于创立一种新的资源整合和协调范式，以便使企业资源使用的效率和效益得以提升。

（2）管理创新能推动企业稳定健康发展。管理创新通过创立新的更有效的资源整合的方式与方法，不仅能为企业的健康发展奠定坚实的基础，而且能使企业产生更大的合力，从而为促进企业的快速发展创造条件。

（3）管理创新是提高企业竞争力的根本途径。随着科学技术的进步和信息技术的发展，企业之间的技术差别越来越小。企业增强核心竞争力的关键不再仅仅依赖技术，而是越来越依赖管理。管理创新对企业创新能力的提升起着支持、整合和催化作用，是形成企业核心能力的前提和基础。

海尔集团前 CEO 张瑞敏认为："核心能力是企业持续高速增长强有力的支撑。海尔的核心能力就是一种整合能力，这种整合既是企业机制和市场机制的整合，也是产品功能与顾客寻求的整合，它可以使全世界的优势技术为我所用，可以让企业借力腾飞。"海尔的这种整合能力，就是管理创新能力。

随着管理学的发展，有学者将创新作为一项管理职能。对于企业或其他社会组织来说，计划、组织、领导和控制职能是在现有环境状态和系统目标下，维持系统平衡的重要管理职能；而创新则是适应组织内外部环境条件的变化，打破系统原有平衡，创造系统新的目标、结构和功能状态，以实现新的系统平衡的管理职能。只有借助管理的创新职能，才能将计划、组织、领导、控制职能推进到一个新的组织管理的均衡状态，从而使组织在更高层次上实现目标、结构与功能的有机整合，以创造性地适应环境变化，赢得竞争优势。只有不断创新，企业才能不断发展，永葆活力，在市场中立于不败之地。可以说创新是企业的生存之本，生命之源。

第二节 管理者

任何组织都是由人组成的，根据组织中的不同工作岗位和工作性质，可以将组织成员简单地划分成操作者和管理者两类。操作者是在组织中直接从事某项工作或事务，不承担监督他人工作职责的人，他们的任务就是做好组织所分派的具体操作性事务。例如，车间里的车工、电工，酒店里的厨师、服务员。管理者是在组织中按照组织的目的指挥别人活动的人，是从事管理活动的主体。例如，公司经理、车间主任，学校校长、系主任，政府机关的处长、科长等。管理者虽然有时也做一些具体的事务性工作，但其主要职责是指挥下属工作。比如，企业销售经理，除了监督以及激励其下属完成销售任务以外，自身也可能承担一部分具体的销售业务。管理者区别于操作者的一个显著特点就是管理者有下属向其汇报工作。具有强烈的管理意愿和责任感是成为合格管理者的前提条件。

> 思考：组织成员是由管理者和被管理者组成的吗？

一、管理者的分类

一个组织内有各种类型的管理者，可以从组织的层次和职责两个角度来分析各种类型的管理者。管理者的类型如图 1-1 所示。

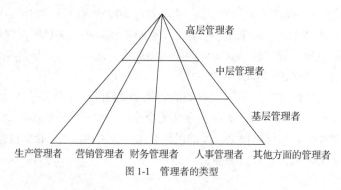

图 1-1　管理者的类型

（一）管理者的层次分类

从组织层次的角度分析组织内的各种管理者，就是从上到下垂直分析组织的管理者。根据在组织中承担的责任和拥有的权力的不同，可以把管理者分为高层、中层和基层管理者。

1. 高层管理者

高层管理者处于组织管理中的最高位置，负责制订组织总目标、总战略、大政方针，评价整个组织的绩效，负责组织与外界的沟通联系等。高层管理者很少从事具体的事务性工作，而把精力放在组织全局性或战略性的工作上。在企业中，高层管理者主要包括董事会董事、总经理和副总经理等。

 小知识

企业高层管理者称谓

CEO：Chief Executive Officer，首席执行官

COO：Chief Operating Officer，首席运营官

CFO：Chief Finance Officer，首席财务官

CTO：Chief Technology Officer，首席技术官

CIO：Chief Information Officer，首席信息官

CHO：Chief Humane Resource Officer，首席人力资源官

---

2. 中层管理者

中层管理者位于基层管理者和高层管理者之间，其主要职责是贯彻高层管理者制订的计划和决策，同时负责监督和协调基层管理者的工作。中层管理者在组织中起着承上启下的作用，承担着上下信息沟通、政令通行等重要责任。在企业中，中层管理者主要包括生产、财务、营销等部门经理，分公司经理等。

3. 基层管理者

基层管理者所管辖的是作业人员，是组织中层级较低的管理者，其主要职责是给下属作业人员分派具体工作任务，监督下属作业人员的工作情况，协调下属作业人员的活动，保证上级下达的各项计划和指令顺利完成。基层管理者通常是作业现场的监督、管理人员。在企业中，基层管理者主要包括车间主任、大堂经理、部门经理下属的科室负责人等。需要说明的是，有些企业的车间主任可能是中层管理者。

不同组织层次的管理者在管理职能的时间分布上各有侧重，如图 1-2 所示。高层管理者在计划和控制上花的时间更多，中层管理者花费在各管理职能上的时间比较均衡，基层管理者需要在领导职能上花费更多时间。

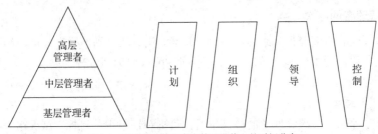

图 1-2　不同层次管理者在管理职能上的时间分布

（二）管理者的职责分类

管理者的职责分类就是从组织分工的角度对管理者进行分类。根据组织职责，一般把管理者分为生产管理者、营销管理者、财务管理者、人事管理者和其他方面的管理者等。同一职责的管理者在组织中会被分为不同层次。同样是从事市场营销工作，公司的营销副总裁或营销总监是高层管理者，公司下属的分公司经理是中层管理者，分公司下属的区域主管是基层管理者。

1. 生产管理者

生产管理者的主要工作包括采购原材料，维护生产设备，制定科学、合理的生产流程，保证车间合理的空间布局，检查、控制产品质量等，目的是按时、保质地根据成本预算生产出符合需求的产品。

2. 营销管理者

营销管理者的主要工作包括市场调查分析，顾客需求和心理分析，产品卖点提炼，产品、渠道、价格和促销组合等，目的在于提升组织的知名度、美誉度、竞争力，提高市场占有率。

3. 财务管理者

财务管理者的主要工作包括预算、核算、资金的筹集、投资分析和财务监控等，目的在于控制组织资金安全，保证组织生产等活动的正常进行。

4. 人事管理者

人事管理者的主要工作包括制订完整的人力资源计划，招聘、有效培训和合理任用人才，建立绩效评估、薪酬制度等，目的在于提高员工的技能与积极性，为组织的发展积累人力资本。

5. 其他方面的管理者

除了上述的各种管理者以外，很多组织中还有产品研究与开发方面的管理者、信息系统管理者、行政事务管理者等管理者。

二、管理者的技能

管理者具备良好的素质为其做好管理工作奠定了基础，但要把良好的素质转化为实际工作效率，还要通过管理者的管理技能体现出来。管理技能是相对于管理者在具体管理方面的能力而言的，是对管理能力的概括和总结。1974 年美国管理学者罗伯特·卡茨（Robert L. Katz）在《哈佛商业评论》发表的《有效管理者的技能》中指出，管理者要具备三种基本技能——技术技能、人际技能和概念技能，以确保管理目标的实现。任何管理者，不管其所处的地位，都必须不同程度地具有这三种技能。

（一）技术技能

技术技能又称专业技能，是指使用某一专业领域有关的技术和知识完成组织活动的能力，包括在工作中运用具体的知识、经验、技术、程序、工具或技巧的能力，主要是解决、处理事务的技能。例如，科研主管的研发能力、财务经理的核算能力、营销经理的销售能力等。

虽然没有必要一定要成为某一领域的专家，但管理者必须掌握一定程度的与工作相关的技术技能。管理者要对相应的专业领域进行有效管理，就必须了解和初步掌握与其管理的专业领域相关的基本技能，否则，不但自身的工作难以顺利开展，也将因为无法与组织内的专业技术人员有效沟通而无法履行相应的管理职责。某些技术技能是一个管理者应当具备的基本技能。

技术技能主要与专业知识的储备有关，是一种通过教育、培训、学习等途径掌握的技能。专业知识掌握得越多，技术技能的水平一般也就越高。常见的管理者技能培训大多是针对技术技能进行的。

（二）人际技能

人际技能又称人事技能，是指在组织目标实现过程中与人共事的能力。人际技能包括：观察人、理解人、掌握人的心理规律的能力；人际交往、融洽相处、与人沟通的能力；了解并满足下属需要，进行有效激励的能力；善于团结他人，增强向心力、凝聚力的能力等。

人际技能是管理者应当掌握的最重要的技能之一。管理活动最根本的是对人的管理，人际技能要求管理者了解他人的信念、思考方式、感情、个性，以及每个人对自己、对工作、对集体的态度和个人的需要，还要掌握评价和激励员工的一些技术和方法，平衡各方利益关系、协调矛盾，最大限度地调动员工的积极性和创造性。既坚持原则，又有灵活性，是人际技能的核心和精髓。

（三）概念技能

概念技能又称思想技能，是指管理者能够纵观全局、洞察组织与环境相互影响的能力。概念技能包括对复杂环境和管理问题的观察、分析能力；对全局性的、战略性的、长远性的重大问题的处理与决断能力；对突发性紧急处境的应变能力等。其核心是观察力和思维力。

具有概念技能的管理者胸怀全局，通常把组织看成一个整体，了解组织内部的相互关系，了解组织行动的过程和结果，能识别问题，发现机遇和威胁，选定方案进行决策；

同时，能把握宏观环境中的政治、社会、科技和经济力量对组织的影响。

> 思考：怎么理解外行管理内行的合理性？

上述三种技能是各个层次的管理者都需要具备的，只不过不同层次的管理者对这三种技能的需要程度不同。一般来说，处于高层的管理者，需要制订全局性的决策，需要更多地掌握概念技能。处于基层的管理者，他们每天更多的工作是与从事具体作业活动的作业人员打交道，检查作业人员的工作，及时解答并同作业人员一起解决实际工作中出现的各种具体问题。可见，基层管理者要掌握与工作相关的技术技能。而不管是哪个层次的管理者，都必须与他人进行有效的沟通，以共同完成组织目标，故人际技能对高、中、基层管理者同等重要。

依据卡茨的理论，美国《财富》杂志对美国银行业、工业、保险业、公共事业、零售业和运输业中最大的 300 家公司进行了调查，调查的结果支持了卡茨的理论，如表 1-2 所示。

表 1-2 　　　　　　　　　　　管理者在不同管理层次时技能的最优组合

管理层次	技能		
	技术技能	人际技能	概念技能
高层管理	17.9%	42.7%	39.4%
中层管理	34.8%	42.4%	22.8%
基层管理	50.3%	37.7%	12.0%

调查结果表明，在从基层管理到高层管理的层次变化中，技术技能的占比逐渐降低（最终降低了 32.4%），概念技能的占比逐渐提高（最终提高了 27.4%），而人际技能的占比变化不大（最终提高了 5%）。这充分说明，概念技能是高层管理者的重要技能，技术技能是基层管理者的重要技能，而人际技能是管理者普遍应具备的技能。

卡茨有关管理者技能的理论，不仅明确了管理者应具备的技能类型，还指出了在管理者地位变化的过程中能力变化的大致趋势，也告诉了管理者在管理工作中应如何科学地转换自我的能力结构，以适应工作和自我发展的需要。需要指出的是，尽管很多组织的高层管理人员都有一定的技术背景，他们甚至是技术方面的权威，如有些大学校长是"两院"院士，但和基层管理者（如教研室主任）不同，他们在日常的管理工作中很少需要运用具体的技术技能，技术技能对他们而言，可以获得更大的影响力。

三、提升管理者能力的途径

管理者能力是指管理者把各种管理理论与业务知识应用于实践、进行具体管理、解决实际问题的本领。一般来说，管理者应该具备开拓创新、科学决策、环境应变、社会交往、知人善任等能力。管理者提升管理能力的途径有两种：一是通过间接经验，即教育、培训等学习方式，获得管理知识和技能；二是通过直接经验，即实践锻炼，提升管理能力。

1. 通过学习获得管理知识和技能

扫一扫

提升管理能力的途径

学习是提升管理者能力最根本的途径。学习的过程可以分为两个阶段：一是对学习内容的吸收阶段，也就是继承性学习阶段；二是对学习内容的深化阶段，也就是创造性学习阶段。在创造性学习阶段，管理者要用所学到的新知识、新观点对自己原有的知识、观点进行分析、鉴别。

一个管理者要获得管理上的成功，接受正规的管理教育是极为必要的。近年来，我国高等院校的管理专业招生人数日益增多，致力于培养大量管理人才。

2. 通过实践提升管理能力

实践是提升管理能力最有效的方法。一个人即使把管理的理论、原则、方法背得滚瓜烂熟，也不一定能成为一个成功的管理者。要想成为一个成功的管理者，就必须进行实践。

实践是将知识转化为能力的主要途径，从书本以及间接经验中学来的知识能在实践中得到应用、总结和强化，这一过程是对原有知识的深化和再创造。管理者能在这种转化过程中不断找到事物发展的规律，从而不断提升管理能力。

学习和实践对提升管理者能力来说缺一不可。正如美国管理学家彼得·德鲁克所说：如果你理解管理理论，但不具备管理技术和运用管理工具的能力，那你就还不是一个有效的管理者；反过来，如果你具备管理技术和运用管理工具的能力，而没有掌握管理理论，那么你充其量只是一个技术员。因此，管理者一定要坚持不断地通过学习和实践来完善和提升自己，以取得更大的成就。

第三节 管理学

管理学是研究人类管理活动一般规律的科学。管理学原理阐明了管理的实质及基本任务，蕴涵着管理的基本观念和基本指导思想，提供了管理的基本手段、途径和技巧。学习管理学的目的是用管理学的一般规律指导不同情境下的管理实践。管理学已经发展成为一个拥有众多分支学科的科学体系。

一、管理学的特点

（一）管理学既是一门科学又是一种艺术

自从 20 世纪初泰勒（Taylor）的科学管理理论产生以来，管理学逐渐形成了一套能反映管理活动内在规律的理论体系，这个由一系列基本概念、管理方法和管理原理等组成的理论体系在此后的管理实践中，一方面指导人们的管理实践，使人们的管理水平得到不断的提高，另一方面又随着人们管理实践经验的不断丰富而得到不断的完善和发展。因此，从这个意义上说，管理学是一门科学，它是人们在长期的管理实践中，经过无数次的成功和失败，从实践中归纳、提出假设、验证假设而形成的管理理论体系，其中具有内在的规律性，存在着普遍适用的管理理论、管理原理和管理方法，有一套独立于其他学科的分析问题、解决问题的科学方法。例如，通过本书可以学到许多作为管理者要用到的管理知识，懂得怎样编制计划，怎样决策，怎样设计组织结构，怎样激励员工，怎样进行有效的控制等。管理的科学性表明，管理是有规律可循的，有可能通过学习掌握系统的管理知识。

当然，管理学也是一门不精确的科学。一方面，相对于自然科学而言，管理学发展历史较短；另一方面，管理工作所处的环境和处理的许多事物是复杂多变的，管理学并不能为管理者提供一切问题的标准答案。管理者在应用管理理论指导管理实践时，不可能像应用自然科学的定理和原理去指导自然科学实践那样严谨、精确。

管理是一种随机性很强的创造性工作，具有很强的实践性。在管理实践中，仅凭停留在书本上的管理理论，或背诵原理和公式来进行管理活动是不能保证成功的。管理的艺术性就是强调管理活动除了要求管理者掌握一定的理论和方法外，还要求管理者有灵活运用这些知识的技巧和经验。

管理学的科学性与艺术性，对于学习管理学和从事管理工作的管理者来说是十分重要的，它可以促使人们既注重对管理理论的学习，又不忽视在实践中因地制宜、灵活运用管理理论和方法。因此，一个管理者要想成为一个有效的管理者，不但要学好管理理论，还要掌握管理的艺术。前者需要的是系统的理论学习，而后者则需要个人具有人格魅力、智慧、经验与创新思维。

> 思考：怎么理解海尔前 CEO 张瑞敏所言"管理有模式，无定式"？

（二）管理学是一门综合性的科学

从管理学的知识来源和构成来看，管理学吸收了许多社会科学和自然科学的知识，概括起来有数学、哲学、政治学、社会学、生产技术学、行为科学、心理学、信息学、仿真学、统计学、运筹学、经济学、伦理学、计算机科学等。也就是说，管理学与社会科学、自然科学两大领域的多个学科有着广泛而密切的联系。管理学只有综合利用社会科学和自然科学的成果，才能发挥自身的作用，它具有社会科学与自然科学相互渗透、相互交叉的特点。

管理学的综合性特征，要求管理者掌握广博的知识，但并不一定要成为某个学科的专家。

（三）管理学是一门应用性、实践性很强的科学

管理学来源于实践又应用于实践，其目的是为人们提供高效率的管理。由于管理对象的复杂性和管理环境的多变性，运用管理知识时要注意技巧性、灵活性和创造性，需

要在实践中不断创新。如果对管理学的学习和研究仅仅停留在某些理论方面，那管理学就失去了其本身的作用。

（四）管理学具有一般性

管理学主要研究管理活动中的一般原理和基础理论，管理学原理既适用于学校、政府、军队等非营利性组织，也适用于企业等营利性组织。为了实现组织的目标，需要履行包括计划、组织、领导和控制等一系列管理职能，协调各种关系，用管理学中普遍的原理和方法指导实践。

彼得·德鲁克认为，在所有组织中，90%的问题是共同的，不同的只有 10%。只有这 10%的问题需要适应这个组织特定的使命、特定的文化和特定的语言。

二、管理学的研究和学习方法

（一）归纳法

归纳法的逻辑是由个别到一般。归纳法是通过对一系列典型的事物进行观察分析，从各种因素之间的因果关系中找出事物发展变化的一般规律的方法。由于管理过程十分复杂，影响管理活动的相关因素极多，并且相互交叉，人们所能观察到的往往只是综合结果，很难把各个因素的影响分解出来，所以，大量的管理问题都只能用归纳法进行研究。在管理学研究中，归纳法应用最为广泛。

（二）试验法

试验法是人为地为某一试验创造某种条件，观察其实际试验结果，再与未给予这些试验条件的结果进行比较分析，以寻找外加条件与试验结果之间的因果关系的方法。如果经过多次试验，总是得到相同结果，就可以得出其中存在着某种普遍适用的规律性的结论。在第二章介绍的霍桑试验就是采用试验法研究管理中行为科学的典型事例。

试验法在微观管理工作中，如生产管理、现场管理、工作程序、设备布置、操作方法、质量管理、营销方法、组织行为、工资奖励制度、劳动组织、商务谈判、劳动心理等许多领域都得到了广泛的应用。

（三）演绎法

演绎法的逻辑是由一般到个别。演绎法是对某些较复杂的管理问题，从一般规律出发，建立起能反映某种逻辑关系的经济模型或模式（这种模型与被观察的事物并不完全一致，它所反映的是简化的事实、完全合乎逻辑的推理）的方法。例如投入产出模型、回归分析模型、现金流量模型、库存储蓄量模型等，都是建立在一定理论概念基础上的。

（四）案例分析法

案例分析法是指在学习、研究管理学的过程中，通过对典型的管理案例进行分析、讨论，从中总结出管理经验、方法和原则，以加强对管理理论的理解与方法的运用。通过对实际案例的调查和分析，锻炼学习者运用管理的基本理论和方法发现问题、分析问题和解决问题的能力，也帮助学习者深刻理解管理的科学性和艺术性，从而有效开展管理活动。

需要说明的是，在学习和研究国外的管理理论与经验时，要考虑到我国的具体国情，有分析、有选择地学习和吸收，不能全盘照搬照抄。

三、管理学的重要意义

（一）管理在现代社会中的地位和作用决定了学习管理学的重要性

管理与科学技术是现代社会前进的两大车轮。就科学技术和管理二者的关系来看，科学技术是第一生产力，是社会发展的原动力；而管理则为科学技术作用的充分发挥和进一步发展提供了保证。换言之，先进的科学技术必须通过有效的管理才能充分发挥出应有的作用。我国的现代化建设，管理是关键，管理必须先行。只有这样，才能使资金和技术发挥更大的效能，才能推广先进的科学技术，才能形成新的生产力。要做到这一点，就要认真学习、掌握、运用并普及管理的基础知识，掌握管理理论。

（二）学习管理学是提升管理人员管理能力的重要途径

当前，我国正在发展社会主义市场经济，需要大批合格的管理人员，而我国的管理人员大多是经验型的，或者是刚从专业技术岗位走向管理岗位的，这些管理人员要迅速提升管理能力，必须加强对管理学的学习和研究。学习管理学是获得他人成功经验最有效、最迅速的途径。管理人员只有通过学习和研究管理学，才能掌握扎实的管理理论与方法，才能更好地指导管理实践，并取得成效。

（三）学习和研究管理学是每一个人在社会中生存的需要

人们在生活中可以切实地感受到高效的管理对整个社会乃至每个人的重要性。试想：假如你去学校食堂办一张饭卡要耗时几个小时，你到百货商店购物售货员都不搭理你，你买到一个质量有问题的商品而企业售后服务不佳，你会是怎样的心情？这些低水平的管理导致的不良后果直接影响着每一个人的生活质量。

学习管理学，可以帮助人们更好地了解管理者的行为方式和所在组织的内部运作方式，从而可以更好地适应组织，增强生存竞争能力。

第四节 | 管理伦理与企业社会责任

随着知识经济时代的来临，企业经营管理价值观也发生了深刻的变化，管理从以所有者为中心的管理、以员工—所有者为中心的管理，以及以顾客—员工—所有者为中心的管理阶段进入以利益相关者为中心的管理阶段。从传统意义上讲，企业只要合法经营，在谋求自身利益的同时就会使公众受益。但由于一般只有在违反法律，产生了不良后果的情况下才可能实施惩戒，因此，法律不可能解决所有问题。商业活动中的虚假广告、以次充好、缺斤少两、漫天要价、偷税漏税、做假账等行为都应该受到企业道德和伦理的约束。企业作为社会的重要组成部分，需要承担社会责任。

一、管理伦理

（一）管理伦理的含义

伦理是指人们处理相互关系时遵循的各种道德规则和规范。有人际交往的地方，就有伦理关系的存在。伦理不仅从人们的主观意识上控制和引导着人们的行为，使人们在做出社会行为时会有意无意地考虑是否符合伦理道德，而且在客观上也制约着人们的行为。伦理通过社会舆论、习惯、良心、道德等发挥其管理作用，它通过对人们的潜移默化，获得一种内在的威严与力量，从而实现其社会管理职能。管理伦理是伴随企业经营生产过程中的一系列问题出现的。

20世纪50年代末60年代初，美国企业出现了一系列经营中的丑闻，包括内部交易、行贿、欺诈等，对公众和政府影响较大，企业伦理开始受到关注。

20世纪70年代初期，一系列经济丑闻事件不断发生和频频曝光，如美国洛克希德飞机制造公司的贿赂案，美国国际电话电报公司、海湾石油公司、埃克森公司、默克公司等的贿赂事件等。企业伦理问题引起了社会公众的广泛关注。学术界对企业社会责任、企业伦理问题进行了热烈的讨论。

管理伦理是指管理领域内所涉及的是非规则或准则。企业管理者在经营全过程中，考虑社会公认的伦理道德规范，使其经营理念、管理制度、发展战略、职能权限设置等符合伦理道德要求，处理好企业与员工、股东、顾客、供应商、竞争者、政府等社会利益相关者的关系，维系合理、和谐的市场经济秩序。企业管理伦理的内容主要有以人为本的人力资源管理伦理、以诚信为本的经营管理伦理和以可持续发展为本的生态管理伦理。

（二）提高管理伦理水平的途径

提高管理伦理水平有很多途径，如挑选道德素质高的员工、建立恰当的道德准则、管理者以身作则、设定合理的工作目标、进行严格而独立的社会审计与监督等。在这些措施中，单个措施的作用是极其有限的，但把其中的多数或全部结合起来就很可能收到预期的效果。

1. 挑选道德素质高的员工

员工的选择标准应该是德才兼备。甄选员工过程中，把握好"德"与"才"、"德"

与"能"之间的平衡点，尽量做到"能人"与"贤人"的结合，同时改善考核办法，多用直接考核的形式，在实际考核中掌握被考察对象的道德状况与道德发展水平。全体员工具有良好的职业道德修养是提高管理伦理水平的有效保证。

2. 建立恰当的道德准则

道德准则是一个组织基本的价值观和希望其成员遵守的道德规则。一方面，道德准则应尽量具体，以向员工表明他们应以什么精神工作；另一方面，道德准则应当足够宽松，从而允许员工有判断的自由。

3. 管理者以身作则

道德准则要求管理者尤其是高层管理者以身作则。管理者如果不能严于律己、以身作则，则会在组织内部形成上行下效、管理松弛、纪律涣散的状况。管理者只有以身作则，才能军令如山、执法如山。

4. 设定合理的工作目标

从表面上看，工作目标的合理性似乎与管理伦理无关，但实际上许多管理伦理问题都与工作目标的合理性有关。因此，在确定组织的工作目标时，首先，工作目标必须具体明确，同时要有一个严格的评估标准，这样可以防止怠工现象的发生，也可以防止投机取巧。其次，工作目标必须合理，不合理的工作目标可能会使员工为了完成目标而不择手段，违背伦理与道德。

5. 进行严格而独立的社会审计与监督

进行严格而独立的社会审计与监督是提高管理伦理水平的重要手段。组织的道德评价决策和管理的独立审计，提高了发现非道德行为的可能性。很多国家都依靠注册会计师的作用来保证企业披露的财务会计信息的真实可靠，收到了良好的效果。

二、企业社会责任

在一个社会中，各种不同的组织扮演着不同的社会角色，为社会做出不同的贡献。企业的主要责任是以自己的产品和服务来满足社会需要，以促进社会发展。与此同时，由于企业存在于社会之中，企业的每一项行为都会对社会产生影响，企业发展也离不开社会的支持。因此，企业必须正确认识其社会责任，处理好自身与社会的关系。在阐述企业社会责任之前，先认识企业。

（一）企业的含义与特征

1. 企业的含义

企业是指以营利为目的，把各种生产要素组织起来，经过转换，为消费者或其他企业提供产品或劳务的经济实体。企业是能够做出统一生产决策的单个经济单位。企业的内部要素主要包括人、财、物、信息技术。

2. 企业的特征

在市场经济中，企业是最重要的市场活动主体。作为市场活动主体，企业必须具备自主经营、自负盈亏、产权明晰的特征。企业自主经营，才能对市场变化做出迅速的反应，根据市场变化做出恰当的经营决策。只有自负盈亏的企业才能作为独立的利益主体，既有压力也有动力，按照市场规律调整生产和经营。只有产权明晰，企业资产的利用才会真正受到产权所有者的关注和保护，使自主经营和自负盈亏落到实处。具备自主经营、自负盈亏、产权明晰特征的企业，才能积极自主参与竞争，发挥市场在资源配置方面的作用。

（二）企业的类型

企业从不同的角度划分，有不同的类型。常见企业类型如表 1-3 所示。

表 1-3 常见企业类型

分类依据	企业类型
出资方式与责任	个体业主制企业、合伙制企业、公司制企业
企业规模	特大型企业、大型企业、中型企业、小型企业和微型企业
所有制结构	国有（全民所有制）企业、集体企业、私营企业、联营企业、股份合作企业、外资企业等
生产要素比重	劳动密集型企业、资本密集型企业、知识技能密集型企业
行业	农业企业、工业企业、建筑安装企业、运输企业、商业企业、邮电企业、金融企业、咨询企业等

下面重点介绍在市场经济中常见的，按照出资方式与责任划分的三种企业类型：个体业主制企业、合伙制企业与公司制企业。

1. 个体业主制企业

个体业主制是最原始的企业组织形式，个体业主制企业是指由一个人所有并经营的企业。个体业主制企业只有一个产权所有者，业主直接经营，享有全部经营所得，并对企业债务负有无限责任。

个体业主制企业一般结构简单，规模较小。其优点是决策简便，经营灵活，责任与权益明确。其缺点是资金有限，获得贷款和偿债的能力较弱，抗风险能力较弱，规模难以迅速扩张。个体业主制企业多分布在农业、零售商业、服务业、为大企业配套服务的行业。从法律上看，个体业主制企业不是法人，是自然人。

2. 合伙制企业

合伙制企业是有两个或两个以上具有无限责任的所有者合资经营的企业。合伙人合作经营企业，分享企业所得，共同承担债务责任。合伙制企业的经营规模大于个体业主制企业经营规模，获得贷款和偿债的能力强于个体业主制企业，分工明确、专业化较强。

合伙人在法律上要对合伙制企业的所有债务负责，承担无限责任。无限责任制使每一个合伙人都面临巨大风险。合伙制不是主要的企业组织形式，主要适用于一些法律规定必须采取合伙制的企业，如会计师事务所、律师事务所。

3. 公司制企业

公司制企业是指依法设立，具有法人资格，并以营利为目的的企业。法人对自己的民事行为所产生的法律后果承担全部法律责任。

公司制是现代社会最重要的企业组织形式，在市场经济中占据支配地位，大中型企业通常都采取公司制形式。公司是企业法人，有独立的法人财产，享有法人财产权。公司以其全部财产对公司的债务承担责任。有限责任公司的股东以其认缴的出资额为限对公司承担责任，股份有限公司的股东以其认购的股份为限对公司承担责任。

公司制企业实行法人治理结构，由股东（大）会、董事会、监事会和总经理组成，公司由股东所有，公司控制权在董事会监督下的总经理手中。股东（大）会是公司的权力机构，决定公司的经营方针、投资计划等重大事项，并选举董事和监事；董事会是公司的经营决策和业务执行机构，向股东（大）会负责，并聘任总经理；总经理负责组织实施董事会决议和日常经营管理；监事会是公司内部的监督机构，对经营管理者涉及法律、法规或公司章程的行为进行监督。

> 思考：你有创办企业的想法吗？

（三）企业社会责任的内容

企业社会责任是企业为所处社会的全面和长远利益而必须关心、全力履行的责任和义务，表现为企业对社会的适应和发展的参与。企业社会责任既有强制的法律责任，也有自觉的道义责任。

1. 企业对投资者的责任

企业要为投资者提供有吸引力的投资回报，以确保投资者在企业中的利益。只有保证了投资者的利益，才能确保企业基本的资金运营，使企业持久地生存下去，企业才有可能考虑其他的社会责任。此外，企业还要将其财务状况准确、及时地报告给投资者，而不能用假财务报表欺骗投资者。

2. 企业对员工的责任

现代企业的竞争最终都归结为人力资源的竞争，拥有知识和技能的员工是企业竞争制胜的决定性因素。企业对员工的责任是多方面的，既包括在《中华人民共和国劳动法》意义上保证员工享有其就业和择业权、劳动报酬索取权、休息权、劳动安全卫生保障权、社会保障取得权等法律权利，也包括企业按照高于法律规定的标准对员工承担的道德责任。

3. 企业对消费者的责任

企业要为消费者提供符合社会需要的产品和服务，提供的产品价格要合理，产品要安全、方便、环保。企业要尊重消费者的权利，消费者的权利包括获取有关产品和服务正确信息的权利、得到售后服务的权利、得到必要的指导以便正确使用产品的权利、自主选择产品的权利等。

4. 企业对竞争者的责任

虽然竞争者会和企业竞争相关的原材料、顾客、人才等资源，但在竞争过程中，企业要遵守竞争规则，处理好和竞争者的关系，在竞争中合作，在合作中竞争，不采取不正当的竞争手段。企业要与竞争者共同建立和维系良好的行业秩序。

5. 企业对环境的责任

企业既受环境的影响又影响环境。从企业自身的生存与发展的角度来看，企业有保护环境的责任。企业必须努力保证生态效益，以绿色产品和生态技术为研究和开发的主要对象，并设法实现产品与服务的完整生命周期。

6. 企业对社区的责任

企业不仅要为所在社区提供一定的就业机会，而且企业应有意识地把创造的利润回报给社区，积极寻找途径参与社区活动，比如支持当地基础设施建设、提高当地人们的生活质量、保护当地环境、为当地的文化事业发展提供资金等。通过这些活动，企业不仅能回报社区，还能树立良好的公众形象。

本章小结

管理活动自古就有。管理是通过计划、组织、领导、控制等活动，协调人的行为，有效实现目标的过程。管理职能包括计划、组织、领导、控制等职能。目标是组织在一定时期内要达到的具体成果。

从组织层次来看，管理者可分为高层管理者、中层管理者和基层管理者；从组织职责来看，管理者可分为生产管理者、营销管理者、财务管理者、人事管理者和其他方面的管理者等。管理者需要具备技术技能、人际技能和概念技能三种技能。不同层次的管理者对管理技能的需要不同。

管理学是研究人类管理活动一般规律的科学。管理学的特点体现在管理学既是一门科学又是一种艺术；管理学是一门综合性的科学；管理学是一门应用性、实践性很强的科学；管理学具有一般性。管理学的研究和学习方法有：归纳法；试验法；演绎法；案例分析法。学习管理学，对社会、组织和个人都具有重要意义。

管理伦理是指管理领域内所涉及的是非规则或准则。提高管理伦理水平的途径有挑选道德素质高的员工；建立恰当的道德准则；管理者以身作则；设定合理的工作目标；进行严格而独立的社会审计与监督。企业在创造利润、对股东利益负责的同时，还要承担社会责任，包括对投资者、员工、消费者、竞争者、环境与社区等方面的责任。

思考练习

一、名词解释

1. 管理

2. 目标

3. 管理者

4. 管理伦理

5. 企业

二、判断题

1. 管理自从有了人类集体活动以来就开始了。（   ）

2. 管理既要追求效果，也要追求效率。前者就是要做正确的事情，后者则是正确地做事情。应当说，前者是第一位的，后者是第二位的。（   ）

3. 组织中管理人员所做的工作就是管理工作。（   ）

4. 主管人员由于在组织中所处的层次不同，他们所履行的管理职能数量也有多有少。（   ）

5. 拥有了高超概念技能的高层管理者一定能带领企业走向成功。（   ）

6. 在管理者所要具备的技能中，人际技能相对来说最重要。（   ）

7. 管理的基本活动对任何组织都有着普遍性，但营利性组织比非营利性组织更需要加强管理。（   ）

8. 鉴于管理工作的复杂性，迄今为止，管理学仍然是一门不精确的科学。（   ）

9. 不做假账是企业管理伦理的体现。（   ）

10. 企业不应该承担社会责任。（   ）

三、单项选择题

1. 凡是存在（   ）的地方，就存在管理。

    A. 人　　　　　　　B. 人群　　　　　　C. 组织　　　　　　D. 工作

2. 管理的本质是（   ）。

    A. 组织　　　　　　B. 协调　　　　　　C. 领导　　　　　　D. 控制

3. 王总是一家大型企业新上任的总经理，经过调查研究后，他发出四道指令：一是调整企业发展方向；二是调整部门结构；三是采取激励措施，进一步调动员工积极性；四是加强对工作绩效的考核。这四道指令分别对应企业管理的（   ）职能。

    A. 计划、控制、组织、领导　　　　　B. 计划、组织、领导、控制

    C. 组织、计划、控制、领导　　　　　D. 领导、组织、计划、控制

4. 某位管理人员把大部分时间都花费在直接监督下属人员工作上，那他一定不会是（   ）。

    A. 工长　　　　　　B. 总经理　　　　　C. 领班　　　　　　D. 车间主任

5. 一般认为，基层管理者在（   ）职能上最为侧重。

    A. 计划　　　　　　B. 组织　　　　　　C. 控制　　　　　　D. 领导

6. 下列几项活动中，（   ）不属于管理活动。

    A. 部队中的班长与战士谈心

    B. 企业的总会计师对财务部门进行检查

    C. 钢琴家制订自己的练习计划

    D. 医院的外科主任主持会诊

7. 某造船厂有两位车间主任，上班提前到岗，下班后工人都走了，他们还逐一熄灯、关门，起早贪黑，活儿没少干，但所在车间的管理工作却不够理想，纪律松散，生产率低下，产品不合格率居高不下。厂长将他们免职，有人提出异议，厂长却说："这样的同志可以当组长、工长，甚至劳动模范，却不能当称职的车间主任。"这说明（　　）。

　　A. 管理者精力是有限的，一般不应再兼任作业工作

　　B. 中层管理者的工作应该是通过下属并同下属一道完成组织交付的任务

　　C. 厂长对领导干部要求过高，求全责备

　　D. 两位车间主任被撤职，可能是缺乏技术技能与人际技能

8. 管理是一种艺术，是强调管理的（　　）。

　　A. 精确性　　　　B. 延续性　　　　C. 随意性　　　　D. 实践性

9. 市场经济中要提倡"以义治商"和"以义取利"，这里的"义"指的是（　　）。

　　A. 义气　　　　　B. 法律　　　　　C. 和气　　　　　D. 伦理道德

10. 以下行为中不属于企业社会责任的表现的是（　　）。

　　A. 治理污染　　　　　　　　　　B. 定期或不定期培训员工

　　C. 为顾客提供售后服务　　　　　D. 开发新产品

四、简答题

1. 怎样理解管理的含义？

2. 制订自己本学期的三个目标。

3. 管理者所处的管理层次与管理者所需具备的技能的关系是怎样的？

4. 如何正确地理解管理学"既是一门科学，也是一种艺术"这一说法？

5. 以一家知名企业为例，分析该企业近5年来承担的社会责任。

五、案例分析题

张总经理的无奈

江南某电子公司是一家拥有员工1 000多人，年产值近10亿元的企业。总经理张朋虽然年过半百，但办事仍风风火火。张总每天都要处理公司大大小小的事务，从高层决策、人事安排，到员工的生活起居，可以说事无巨细，员工每天都可以见到张总穿梭于公司内外。正因为这样，张总在公司里的威信很高，大家有事都找他，他也有求必应。

不过，张总也的确过得很累，有人劝他少管些员工鸡毛蒜皮的事。他说："我作为总经理，员工的事就是我自己的事，我不能坐视不管。"张总这么说，也这么做。

为了提高公司的生产经营效益，改善员工的生活，张总一心扑在事业上。他每天从两眼一睁忙到熄灯，根本没有节假日，妻子患病也没时间照顾，把全部的时间和心血都花在了公司。正因为这种勤勤恳恳、兢兢业业的奉献精神，他多次被市委市政府评为市先进工作者。

在公司里，张总事必躬亲，大事小事都要过问，能自己办的事决不交给他人办；可办可不办的事也一定自己办；交给下属的一些工作，总担心他们办不好，常要插手过问，

有时弄得下属不知如何是好，心里憋气。但大家都了解张总的性格，并为他的好意所动，不便直说。

虽然张总的事业心令人钦佩，可张总的劳苦并没有得到回报。随着市场环境的变化，公司的生产经营每况愈下，成本费用急剧上升，效益不断下滑，急得张总常常难以入眠。

不久，张总决定在全公司推行成本管理，厉行节约，他以身作则，率先垂范。但员工并不认真执行，浪费现象照样存在，考核成了一种毫无实际意义的表面形式。

张总常感叹员工没有长远眼光，却总也拿不出有力的监管措施，就这样，公司经营变得困难。最后，在有关部门的撮合下，公司决定与一家外国公司合作，由外方提供一流的先进设备，公司负责生产。合作后公司的生产、技术和管理都能跃上一个新台阶，因此大家都对此次合作充满信心。经多方努力，合作的各项准备工作已基本就绪，就等双方领导举行签字仪式。

仪式举行的前一天，公司一个单身员工生病住院，张总很可怜他，到医院陪他。第二天，几乎一夜未合眼的张总去车间查看生产进度，秘书几次提醒他晚上有重要会议，劝他休息，但他执意不肯。下午，张总在车间听员工反映情况时病倒了。晚上，张总带病出席签字仪式，但最终没能支撑下去，中途不得不被送进医院。

外方领导在了解事情的经过后，一方面为张总的敬业精神所感动，但同时也对张总的能力表示怀疑，因此决定推迟合作事宜。

张总出院后，在公司里的威信也因此大为下降。对此，张总有苦难言，十分无奈。

思考题：

1. 张总是一个好人无疑，你认为张总是一名优秀的管理者吗？

2. 如果你是张总，公司哪些事情你不会做？还应该做哪些事情？

六、应用分析题

1. 很多在学术上有杰出成就的科技工作者成为管理者后往往并不称职，原因有哪些？

2. 在生意场上，吃回扣、拿好处的事情比比皆是，有人认为这样可以套牢双方的业务关系。你是怎样看待这个问题的？

七、实训题

分析一位管理者的管理技能。要求：

1. 以现实中的或历史上的或影视剧中的管理者为对象；

2. 要有适当的事例表明其具备的管理技能；

3. 分析其在管理技能方面可能存在的不足。

管理思想及其发展 | 第二章

在人类历史上，还很少有什么事比管理的出现和发展对人类产生的影响更为重大和更为激烈。

——彼得·德鲁克

学习目标：

> 掌握科学管理理论的主要内容。
> 掌握一般管理理论的要点。
> 了解霍桑试验的过程。
> 掌握人际关系学说的基本内容。
> 了解管理学的发展。

 导引案例

回到管理学的第一个原则

MN公司的利润在过去的一年里一直下降，而同行的利润在不断上升。公司总裁章总非常关注这一问题。为了找出利润下降的原因，他花了几周的时间考察公司的各个方面。接着，他决定召开各部门经理人员会议，把他的考察结果和他得出的结论连同一些可能的解决方案告诉他们。

章总说："公司利润一直下降，我们的工作大多数看来也是没问题的。例如，推销策略帮助公司保持住了在市场中应有的份额。公司的产品和竞争对手的一样好，价格也不高，公司的推销工作看来是有成效的，我认为还没必要改进什么。"他继续评论道："公司有健全的组织结构、良好的产品研究和发展规划，公司的生产工艺在同行中也占领先地位。可以说，公司的处境良好。然而，公司却面临这样严重的问题。"

章总继续说道："公司不断给员工提高工资。问题在于，员工没有维持相应的生产率。车间工人一直没能生产足够的产品，可以把利润维持在原有水平上。"

"我的意见是要回到管理学的第一个原则。近年来，公司对工人的需求关注得太多，而对生产率却关注得不够。公司的宗旨是为股东创造财富，不是工人的俱乐部。公司要生存下去，就必须要创造利润。我在上大学时，管理学教授十分注重科学管理先驱为获得更高的生产率所使用的方法，也就是为了提高生产率而广泛采用的刺激性工资制度。在我看来，可以回到管理学的第一个原则——如果工人的工资取决于他们的生产率，那

么工人就会生产更多产品。管理学先驱的理论在今天一样能指导我们。"

思考题：公司为什么要回到管理学的第一个原则？

管理随着人类社会活动的产生而产生。在漫长的人类社会历史中，管理都是经验管理，管理成为一门科学，以 1911 年弗雷德里克·温斯洛·泰勒（Frederick Winslow Taylor，1856—1915）所著的《科学管理原理》的出版为标志。在此后 100 多年的时间里，管理学得到了迅猛的发展，并为人类社会的进步、发展做出了重要贡献。

第一节　泰勒与科学管理理论

19 世纪末 20 世纪初，以美国为代表的西方资本主义由自由竞争向垄断竞争过渡，生产的社会化程度不断提高，企业规模不断扩大，工人劳动时间长、劳动强度高，生产效率低下，工人工资低，劳资关系紧张。传统资本家的经验型管理已经无法满足企业发展的要求。这个时期的一个突出矛盾是管理落后于技术，致使许多生产潜力得不到充分的发挥。企业所有权与经营权的逐步分离，对管理专业化提出了更高的要求，这个时期开始出现致力于总结管理经验、进行各种管理试验的管理人员，科学管理随之产生。

扫一扫

科学管理产生背景

一、泰勒生平简介

1856 年 3 月 20 日，泰勒出生于美国费城一个富裕的律师家庭。良好的家庭教育使泰勒从小养成了追求真理、观察核对事实和根除浪费与懒惰弊病的习惯，对任何事情，他都想探究出一种最好的处理方法。1874 年，18 岁的泰勒以优异成绩考入哈佛大学法律系，但由于学习过于勤奋，第二年因视力与健康原因而中止学业，到一家小机械厂当徒工，一周的收入为 3 美元。

1878 年，泰勒学徒期满，转入费城米德维尔（Midvale）钢铁厂当机械工人，历任车间管理员、小组长、工长、技师、制图部主任等职。由于刻苦学习技术，他只用了 6 年的时间就从普通工人转为总工程师。在米德维尔钢铁厂工作期间，泰勒感到当时的企业管理者不懂得用科学方法进行管理，不懂得工作程序、劳动节奏和疲劳因素等对劳动生产率的影响；而工人缺少训练，没有正确的操作方法和适用的工具。这些都大大影响了劳动生产率的提高。

为了改进管理，1881 年，泰勒开始在米德维尔钢铁厂进行劳动时间和工作方法的研究，这为其以后创建科学管理学派奠定了基础。1883 年，通过业余学习，他获得史蒂文斯技术学院机械工程学位。泰勒的这些经历，使他有充分的机会直接了解工人的种种问题和态度，并看到提高管理水平的极大的可能性。

1890 年，泰勒离开米德维尔钢铁厂，到费城一家造纸业投资公司任总经理。1893 年，他辞去投资公司职务，独立从事工厂管理咨询工作。此后，他在多家公司进行科学管理的试验。1898 年，泰勒以顾问身份进入伯利恒（Bethlehem）钢铁公司，此后在伯利恒进行了著名的生铁搬运试验和铁锹试验等试验。

1901 年，泰勒离开伯利恒钢铁公司，只从事不收取报酬的管理咨询、写作和演讲工作，宣传他的管理理论——科学管理，即通常所称的"泰勒制"，为科学管理理论的传播做出了贡献。1906 年，泰勒当选美国机械工程师协会主席，获得宾夕法尼亚大学名誉科学博士学位。1909 年冬天，泰勒受哈佛大学企业管理研究生院邀请，到哈佛讲授科学管理，一直持续到他去世。1911 年，《科学管理原理》正式出版。

1915 年 3 月 21 日，泰勒因感染肺炎在费城逝世，终年 59 岁，他的墓碑上刻有"科学管理之父——弗雷德里克·温斯洛·泰勒"。

泰勒一生致力于科学管理，他的主要著作包括《计件工资制》（1895 年）、《车间管理》（1903 年）、《科学管理原理》（1911 年）等。《科学管理原理》一书的出版标志着现代管理理论的诞生。这本书阐述了科学管理理论——应用科学方法确定从事一项工作的最佳方法。泰勒在管理理论方面做了许多重要的开拓性工作，为现代管理理论发展奠定了基础。泰勒的理论和研究活动，确立了他作为"科学管理之父"的地位。

> 思考：泰勒成为管理学的奠基者的原因有哪些？

二、科学管理的三大试验

泰勒的大部分工作时间是在米德维尔钢铁厂和伯利恒钢铁公司度过的。泰勒对工人工作的低效率感到震惊，工人采用各种不同的方法做同一件工作，他们倾向于用磨洋工方式工作，同时，工厂的管理者没有明确的责任概念，实际上不存在有效的工作标准，管理者做决定都是凭预感和直觉。泰勒确信工作的生产率只达到应有水平的三分之一，于是，他开始在车间里用科学方法来改善这种状况。他花了 20 年时间以极大的热情寻求从事每一项工作的最佳方法。科学管理的三大著名试验是生铁搬运试验、铁锹试验和金属切削试验。

1. 生铁搬运试验

生铁搬运试验是泰勒科学管理理论中最被广泛引用的试验。1898 年，泰勒到伯利恒钢铁公司工作。不久，生铁的价格急剧上涨，工厂的生意很好。不过，这种好景象也使不少工人累倒在工厂里。这促使泰勒思考既能保证经营又能减轻工人疲劳的解决办法。当时，工人要把 92 磅（1 磅约等于 0.45 千克，余同）重的生铁装到铁路货车上，他们每天的平均搬运量是 12.5 吨。泰勒相信，通过科学地分析装运生铁工作以确定最佳方法，搬运量应该能够提高到每天 47～48 吨。

泰勒的第一步工作是找到合适的工人。泰勒与助手用 4 天时间观察和研究了 75 个工人，从里面又挑选出 4 个工人，然后又从 4 个工人中选定了强壮的施米特。施米特像其他装卸工人一样每天挣 1.15 美元，这在当时仅够维持生存。泰勒用金钱（从每天 1.15 美元提高到 1.85 美元，提高了约 60%）作为主要手段，要求施米特必须严格按照他的要求去做。

泰勒在试验中试着转换各种工作因素，以观察这些因素对施米特的日生产率的影响。例如，在一些天里施米特可能弯曲膝盖搬生铁，而在另一些天里，他可能伸直膝盖而弯腰去搬生铁。随后，他们还试验了行走速度、持握位置和其他变量，从中获取数据，如从车上或地上把生铁搬起来需要多长时间；带着所搬的生铁在平地上走，每英尺（1 英尺约等于 0.30 米，余同）需要多长时间；带着所搬的生铁沿着跳板走向车厢，每步需要多长时间；把生铁扔下或者堆放起来需要多长时间；空手回到原地，每走一英尺需要多长时间等。

试验结果让泰勒十分振奋，他发现，如果对工人进行训练，把劳动时间和休息时间很好地搭配起来，那工人每天搬运生铁块的重量可以提高到 48 吨。而且，负重时间只占 42%，其余时间是不负重的，工人也不容易感到疲劳。这个方法的实施使工人的积极性大大提高，实现了工厂和工人的双赢。

2. 铁锹试验

1898 年，泰勒在伯利恒钢铁公司发现：工厂中的工人不管铲运何种材料都使用同样大小的铁锹。这在泰勒看来是不合理的，如果能找到每铁锹铲运量的最佳重量，那将使工人每天的铲运量达到最大值。他认为铁锹的大小应当随着材料的重量而变化。泰勒找了两名优秀的搬运工用不同大小的铁锹做试验，每次都使用秒表记录时间。最后他发现当一铁锹铲取量为 21.5 磅时，一天的材料搬运量为最大。同时他也得出一个结论：在搬运铁矿石和煤粉时，最好使用不同的铁锹。为了达到这个最佳重量，像铁矿石这种材料应该用小尺寸的铁锹铲运，而像焦炭这样的轻材料则应该用大尺寸的铁锹铲运。根据泰勒的发现，领班将不再仅仅是吩咐工人"去铲那边的那一堆"，而应该按照要铲运的材料性质，决定工人使用何种尺寸的铁锹去完成工作。

泰勒从改变铁锹形状（几何学中最大值问题）、铲装的动作、每次铲装的重量（疲劳问题）三方面进行分析，最后确定了铁锹的最佳形状及每次最佳铲装量，结果使工作效率得到极大提高，每人每日铲装量从 16 吨提高到 59 吨，工人的日工资从 1.15 美元提高到 1.88 美元。

结果，三年以后，原本需要五六百名工人进行的作业，只要一百四十名工人就可以完成，材料浪费率也大大降低。

3. 金属切削试验

1881 年，在米德维尔钢铁厂，为了解决工人的怠工问题，泰勒进行了金属切削试验。他自己具备一些金属切削的作业知识，于是他对车床的效率问题进行了研究，主要是研究用车床、钻床、刨床等工作时，用什么样的刀具、多快的速度等才能获得最高的加工效率。这项试验非常复杂和困难，原来预计 6 个月完成实际却用了 26 年，进行的各项试验超过了 3 万次，花费了巨额资金，这项试验还获得了一个重要的副产品——高速钢。

试验结果发现了能大大提高金属切削机床产量的高速钢，并取得了各种机床适用的转速和进刀量以及切削用量标准等资料。金属切削试验为泰勒的科学管理思想奠定了坚实的基础，使管理成了一门真正的科学，这对以后管理学理论的成熟和发展起到了非常大的推动作用。

三、科学管理的主要观点

1. 科学管理的根本目的是提高工作效率

泰勒在《科学管理原理》中指出："管理的主要目的应该是使雇主实现最大的富裕，也联系着使每个雇员实现最大限度的富裕。"泰勒认为，最高的工作效率是使工厂主和工人共同达到富裕的基础，它能使较高的工资与较低的劳动成本统一起来，从而使工厂主得到较多的利润，使工人得到较高的工资。这样，就能引起工厂主扩大再生产的兴趣，促进生产的发展。所以，提高工作效率是泰勒创立科学管理理论的出发点和基础。

2. 达到最高工作效率的重要手段是用科学的管理方法代替旧的经验管理

泰勒对工人在工作中的"磨洋工"问题深有感触。他认为磨洋工的主要原因在于工人担心工作干多了可能会使自己失业，因而他们宁愿少生产而不愿意多干。泰勒认为，生产率是劳资双方都忽视的问题，部分原因是管理人员和工人都不了解什么是一天合理的工作量和一天合理的报酬。此外，泰勒认为管理人员和工人都过分关心在工资和利润之间的分配，而对如何提高生产效率使劳资双方都能获得更多报酬则几乎一无所知。

泰勒相信，用科学的管理方法代替惯例和经验，可以不必多费人们的精力和努力，就能取得较高的生产率。泰勒认为，管理是一门科学，为了提高工作效率，在管理实践中必须制定各种明确的规定、条例和标准，科学化、制度化是提高管理效率的关键。

3. 实施科学管理的核心是要求管理人员和工人双方在精神上和思想上进行彻底变革

在泰勒所处的时代，工厂管理人员与工人都认为，他们之间存在着固有的对立，他们不是为相互的利益而合作，他们之间的关系是一种"零和对策"。泰勒认为，科学管理是一场重大的精神变革，这场变革的核心是认清每一个人的责任，树立起强烈的责任感。他要求工人树立对工作、对同事、对雇主负责的观念，同时也要求管理人员改变对同事、对工人以及对日常问题的态度，增强责任观念。通过这种精神变革，可以使管理人员和工人"双方都把注意力从盈利的分配上转移到增加盈利上"。当他们用友好合作和互相帮助代替对抗和斗争时，他们就能够创造出比过去更多的盈利，从而使工人的工资大大增加，使工厂主的利润大大提高。泰勒宣称："科学管理在实质上要求任何一个具体机构或机构中的工人及管理人员进行一场全面的心理革命，没有这样的心理革命，科学管理就不存在。"

思考："分饼子"与"把饼子做大"的思维有哪些利弊？

四、科学管理理论的主要内容

1. 工作定额原理

制订标准工作定额是科学管理的基础。泰勒认为，要制订出有科学依据的工人的"合理的日工作量"，就必须进行工时和动作研究。泰勒通过挑选合适且技术熟练的工人，把他们的每一项工作都分成尽可能多的简单基本动作，把其中无效动作去掉，寻找出每一个基本动作的最好、最快的操作方法，并将熟练工人操作过程中的每一项动作、每一道工序所用的时间记录下来，加上工作过程中不可避免的延误时间和必要的休息时间，得出完成该项工作所需的总时间，据此制订出一个工人的"合理的日工作量"。生铁搬运试验是制订工作定额的一个典型例子。

2. 标准化管理

提高劳动生产效率要实施标准化管理。标准化管理是指工人在工作时采用标准化的操作方法，使用标准化的工具、机器设备、原材料、工作场地等。泰勒认为，通过标准化，消除各种不合理的因素，把各种最好的因素结合起来，能形成一种最好的方法，他把这叫作管理者的首要职责。铁锹试验就是工具标准化的一个典型例子。

3. 科学挑选和培训工人

泰勒为工作挑选第一流的工人，推行"最好的工人拿最高的工资"的理念。所谓第一流的工人，即每一种类型的工人都能找到某些工作使他成为第一流的工人，除了那些完全能做好这些工作而不愿做的人。在制订工作定额时，泰勒是以"第一流的工人在不损害其健康的情况下维护较长年限的速度"为标准的。泰勒认为，管理者的责任在于为雇员找到最合适的工作。培训工人成为第一流的工人是管理者的职责。

4. 差别计件工资制

泰勒认为工人磨洋工的一个重要原因是报酬制度不合理。计时工资不能体现劳动的数量，计件工资虽然能体现劳动的数量，但工人担心劳动生产率提高后雇主会降低工资报酬。针对这种情况，泰勒提出了差别计件工资制。差别计件工资制是在"工资支付对象是工人而不是职位"思想的指导下，按照工人是否完成其定额而采取高低不同的工资率的制度（即完成工作定额标准的以正常工资率支付报酬，未达到工作定额标准的以低工资率支付，超过工作定额标准的发放高工资）。例如，超额完成的可按工资标准的125%计算工资，而完不成定额的只按工资标准的80%计算工资。泰勒认为这样做既能克服消极怠工的现象，更重要的是又能调动工人的积极性，从而促使工人大大提高劳动生产率。

5. 计划职能与执行职能分离

泰勒所说的计划职能实际上就是管理职能，执行职能就是工人的劳动职能。计划职能指由企业管理者建立专门的计划部门进行标准化研究，制订标准，发布命令和指示。工人则按计划部门制订的操作方法和指示进行操作，不得自行改变。把管理从生产中分离出来，是管理专业化、职业化的重要标志，管理因此被公认为是一门需要独立研究的科学。

6. 例外原则

泰勒强调，规模较大的企业的高级管理人员应该把一般的日常事务授权给下级管理人员去处理，而自己只保留对例外事项（重要事项）的决策权和监督权。例外原则对帮助高级管理人员摆脱日常具体事务，以集中精力对重大问题进行决策监督，是必要且有利的。高级管理人员执行这一原则时不仅应当授权给下级，而且应当使日常业务工作标准化、制度化，使下级有章可循。

五、对科学管理理论的评价

科学管理理论在历史上第一次使管理从经验上升为科学，泰勒等人在研究过程中表现出来的讲求效率的优化思想、重视实践的实干精神、调查研究的科学方法都是难能可贵的。

科学管理理论将科学引入了管理领域，并且创立了一套具体的科学管理方法，使生产效率得到了较大的提高，适应了资本主义经济在当时的发展需要。但科学管理理论把工人当作会说话的"活机器"，工人异常劳累、紧张，工人的感受被忽视，引起怠工、罢工，劳资关系日益紧张。资本家认为科学管理理论给了工人太多好处，如提高了工资；管理人员被分离出来，增加了非生产人员方面的开支；用科学的管理代替经验管理，影响了资本家的权威。

 小知识

海尔 OEC 管理法

OEC：Overall Every Control and Clear，全面质量管理法。O-Overall，代表全方位；E-Every（one、day、thing），代表每人、每天、每件事；C-Control and Clear，代表控制和清理。

OEC管理法：日事日毕，日清日高。每天的工作每天完成，每天的工作要清理并要每天有所提高。

OEC管理法由三个体系构成：目标体系、日清体系、激励体系。确立目标；日清，即做完成目标的基础工作；将日清的结果与正负激励挂钩，这样才有效。

第二节

法约尔与一般管理理论

在漫长而卓有成效的管理生涯中，亨利·法约尔（Henri Fayol，1841—1925）对组织管理进行了系统的、独创的研究，他关于管理组织和管理过程的职能划分的理论，对后来的管理理论研究具有深远影响。法约尔是一位概括和阐述一般管理理论的先驱者，是伟大的管理教育家，被后人称为"管理过程理论之父"。

一、法约尔生平简介

法约尔于 1841 年出生于法国一个资产阶级家庭，15 岁就读于里昂一所公立中等学校，两年后经考试转入圣艾蒂安国立矿业学院，19 岁毕业时取得矿业工程师资格，毕业后进入法国康门塔里—福尔香堡采矿冶金公司。从此，他的人生就和这个公司联系在一起。法约尔的工作生涯可分为四个阶段。

第一阶段，1860—1872 年。法约尔主要从事采矿工程方面的工作，特别是防止火灾事故。1866 年，他被任命为矿井矿长。

第二阶段，1872—1888 年。法约尔被提升为矿井经理。这一阶段他主要考虑的是决定这些矿井经济情况的各种因素，这不仅要从技术方面考虑，还要从管理和计划方面考虑，从而促使他对管理进行研究。

第三阶段，1888—1918 年。1888 年，当公司处于破产边缘时，法约尔被任命为总经理，他按照自己的管理思想对公司进行了改革和整顿，关闭了一些经济效益不好的冶金工厂，并吸收资源丰富的新矿来代替资源枯竭的老矿。在这一阶段，法约尔运用他的才干和知识培养了一批管理、技术上的骨干力量，把原来濒于破产的公司整顿得欣欣向荣。1916 年，法约尔发表了划时代名著——《工业管理与一般管理》。

第四阶段，1918—1925 年。在 1918 年退休后到 1925 年去世的这段时间里，法约尔致力于普及和宣传自己的管理理论。在这一时期，他主要从事两项工作：第一项工作是创办一个管理学研究中心，并负责领导工作；第二项工作是试图说服政府对管理原则多加注意。

二、一般管理理论的要点

1. 企业经营的 6 种基本活动

法约尔通过对企业全部活动进行分析，指出任何企业的经营都包括六种基本活动，而管理就是其中之一，如图 2-1 所示。法约尔认为："所谓经营，就是努力确保六种固有活动的顺利运转，以便把企业拥有的资源变成最大的成果，从而导致企业实现它的目标。"在企业发展实践中，经营是先于管理出现的，管理是经营发展到一定阶段后的产物。经营的目的是效益最大化，经营是以客户为中心，为客户服务的。管理要服从于经营的目的，以工作绩效为核心，提高企业的效率。

经营包括的六种活动分别是：

（1）技术活动，指生产、制造、加工等活动；

（2）商业活动，指采购、销售、交换等活动；

（3）财务活动，指资金的筹措、运用和控制等活动；

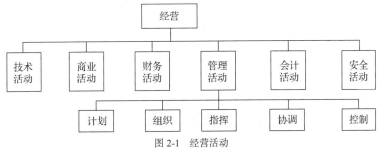

图 2-1　经营活动

（4）安全活动，指设备维护、商品和人员的保护等活动；

（5）会计活动，指存货盘点、成本统计、成本核算等活动；

（6）管理活动，指组织内行政人员所从事的计划、组织、指挥、协调和控制活动。

法约尔经过分析后发现，工人主要需要的是技术能力。随着在组织层次中职位的升高，人员的技术能力的重要性降低，对管理能力的要求逐渐提高。随着企业规模的扩大，管理能力显得越来越重要。

2.　管理的 5 项职能

法约尔把管理职能分为计划、组织、指挥、协调与控制五大职能，并对这五大职能进行了详细的分析和研究。法约尔认为："计划就是预测未来和制订行动方案；组织就是建立企业的物质和社会的双重结构；指挥就是使企业人员发挥作用；协调就是连接、联合、调和所有的活动和力量；控制就是注意一切是否按已制定的规章和下达的命令进行。"法约尔还认为，管理的这五大职能，并不是企业经理或领导人个人的责任，而是一种分配于领导人与整个组织成员的职能。

3.　管理的 14 条原则

法约尔在《工业管理与一般管理》一书中提出了一般管理的 14 条原则，并指出这些原则不是一成不变的。

（1）劳动分工原则。法约尔认为，劳动分工属于自然规律，通过分工，每个人能对自己的工作更加熟悉，工作的效率也就更高。劳动分工不只适用于技术工作，也适用于管理工作，应该通过分工来提高管理工作的效率。法约尔同时也强调，分工过细会阻碍效率提高。

 小知识

亚当·斯密《国富论》论分工

我见过一个小工厂，只雇用十个工人，因此在这一个工厂中，有几个工人承担两三种工作。像这样一个小工厂的工人，虽很穷困，他们必要的机械设备都很简陋，但如果他们勤勉努力，一日也能成针十二磅。以每磅中等针有四千枚计，这十个工人每日就可成针四万八千枚，即一人一日可成针四千八百枚。如果他们各自独立工作，不专习一种特殊业务，那么，他们不论是谁，绝对不可能一日制造二十枚针，说不定一日连一枚针也制造不出来。他们不但不能完成今日由适当分工合作而制成的针的数量的二百四十分之一，就连这数量的四千八百分之一，恐怕也制造不出来。

（2）权力与责任原则。管理者必须有命令下属的权力，职权赋予管理者的就是这种权力。但是，责任应当是权力的孪生物，凡行使职权的地方，就应当建立责任。法约尔认为，要贯彻权力与责任相符的原则，就应该有有效的奖励和惩罚制度，即应该鼓励有益的行动而制止与其相反的行动。

（3）纪律原则。纪律是企业领导人同下属之间在服从、勤勉、积极、举止和尊敬方面达成的一种协议。法约尔认为纪律是一个企业兴旺发达的关键，纪律的实质是对协议的尊重。纪律是领导人创造的。不管纪律制定得多好，如果领导人都带头违背，那么这个组织的纪律一定不会很好。任何一级的管理者和其下属，都必须受纪律的约束，而且执行纪律时要严明、公正。

（4）统一指挥原则。无论什么时候，一个下属都应接受而且只应接受一个上级的命令。这是一条普遍的、永久不变的准则。如果两个领导人同时对同一个人或同一件事行使他们的权力，就会出现混乱的现象。组织中的冲突、不稳定往往源于双重命令。

（5）统一领导原则。统一领导原则讲的是组织机构设置的问题，即通过建立完善的组织机构来实现一个社会团体的统一领导。在设置组织机构时，一个下级不能有两个直接上级。而统一指挥原则讲的是组织机构设置以后运转的问题，即当组织机构建立起来以后，一个下级不能同时接受两个上级的指令。

（6）个人利益服从整体利益原则。任何雇员个人或群体的利益不应当置于组织的整体利益之上。法约尔认为，成功坚持这个原则的办法是：领导人贯彻坚定性和树立好的榜样；尽可能签订公平的协定；认真地监督。

（7）合理的报酬原则。法约尔认为，确定人员的报酬首先要考虑的是维持职工的最低生活消费和企业的基本经营状况，这是确定人员报酬的一个基本出发点。在此基础上，再考虑根据职工的劳动贡献来采用适当的报酬方式。

（8）集权与分权原则。提高下属重要性的做法就是分权，降低这种重要性的做法就是集权。决策制订是集中（集中于管理者）还是分散（分散给下属），只是一个适当程度的问题，管理者的任务是找到在每种情况下适合的集中程度。

（9）等级链和跳板原则。从最高层管理人员到最低层管理人员的职权等级系列被称为等级链。等级链形成等级制度，贯彻等级制度原则，有利于组织加强统一指挥原则，保证组织内信息联系的畅通。依据这个途径来传递信息，对于各层统一指挥是非常重要的，但它并不一定是最迅速的途径。如果企业的规模很大，则这样做会影响速度和效率。为了解决这个矛盾，法约尔专门设计了一个跳板，以便组织中同级之间横向沟通。这个跳板被称为"法约尔桥"，如图 2-2 所示。为了维护统一指挥原

扫一扫

等级链和跳板原则

则，法约尔认为，在下级横向沟通之前要取得各自的上级的同意，事后要立即向各自的上级汇报。

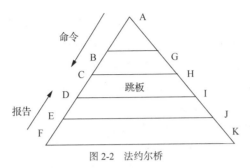

图 2-2 法约尔桥

（10）秩序原则。秩序原则包括物品的秩序原则和人的社会秩序原则。物品的秩序原则，指每一件物品都在它应该放的位置上。人的社会秩序原则，则是指每个人都有长处和短处，要确定适合每个人的能力发挥的工作岗位，然后使每个人都在最能发挥自己能力的岗位上工作。

（11）公平原则。领导者在对待下属时，应该特别注意他们希望公平、希望平等的愿望，这样下属容易感到公平。当员工感到不公平时，容易产生不满，从而降低工作积极性。

（12）人员稳定原则。雇员的高流动率是低效率的表现，管理者应当提供有规划的人事计划，并保证有合适的人选接替空缺职务。法约尔特别强调指出，这条原则对企业管理人员来说尤其重要。

（13）首创精神原则。首创精神是指人在工作中的主动性和创造性。领导者需要极有分寸地、有某种勇气来激发和支持大家的首创精神。

（14）团结精神原则。法约尔认为，团结就是力量，要努力在企业内部营造和谐与团结的气氛。人们往往由于管理能力不足，或者自私自利，或者追求个人的利益等而忘记组织的团结。

对于管理的 14 条原则，法约尔指出："没有原则，人们就处于黑暗和混乱之中；没有经验与尺度，即使有最好的原则，人们仍将处于困惑不安之中。原则是灯塔，它能使人辨明方向，它只为那些知道自己目的的人所利用。"

4. 进行管理教育和建立管理理论的必要性

针对当时法国的实际情况（即不少企业领导者认为，只有实践和经验才是走上管理职位的途径，学校也不讲授管理方面的课程），法约尔认为，人的管理能力可以通过教育来获得，管理能力像其他技术能力一样，首先在学校里学习，然后在工作中获得。法约尔非常强调管理教育的必要性与可能性，认为当时缺少管理教育是因为缺少管理理论，一般管理者都按自己的方法、原则、个人经验行事，没有人把可以被大家共同接受的规则和经验教训总结概括为管理理论，于是，他自己创立了管理理论。

思考：通过学习本课程，你对提升自己的管理能力充满强烈的期待吗？

三、对一般管理理论的评价

法约尔与泰勒生活在同一时期，泰勒关注的是车间层的管理，侧重于作业研究与生产管理，采用的是科学管理方法；法约尔关注的是所有管理者的活动，并且把他丰富的个人经验上升为理论。法约尔从企业最高管理者的角度概括总结的管理理论具有普遍意义，也适用于政治、军事及其他管理领域，故称为一般管理理论。继泰勒的科学管理理论之后，一般管理理论被誉为管理学史上的第二座丰碑。

法约尔的管理思想具有较强的系统性和理论性，他对管理职能的分析为管理科学提供了一套科学的理论构架。后人根据这套构架，建立了管理学。法约尔对管理学的贡献，被认为是直到 20 世纪上半叶为止，欧洲对管理做出的最杰出的贡献。

第三节
行为科学理论

泰勒的科学管理理论与法约尔的一般管理理论是古典管理理论的杰出代表。古典管理理论确立了管理学这门科学，建立了一套有关管理理论的原理、原则、方法和组织理论。古典管理理论为后来的行为科学和现代管理学奠定了管理学理论的基础，当代许多管理技术与管理方法皆来源于古典管理理论。但古典管理理论基于当时的社会环境，对人性的探索仅仅停留在把人看作是单纯追求金钱的经济人的范畴之内，把工人当作机器的附属品，没有把人作为管理的中心，没有考虑到人的社会需求，这使得古典管理理论存在很大的局限性。

20 世纪 30 年代，资本主义经济危机爆发，市场普遍不景气，在这种背景下，将人类学、社会学、心理学和经济学等知识综合起来，着重研究人们在工作中的行为以及这些行为产生的原因，以协调组织内部人际关系，达到提高工作效率目的的行为科学理论产生了。

早期的行为科学被称为人际关系学说，1949 年以后被正式称为行为科学，在 20 世纪 60 年代又发展为组织行为学。

一、梅奥与霍桑试验

（一）梅奥生平简介

1880 年 12 月 26 日，乔治·艾顿·梅奥（George Elton Myao，1880—1949）出生在澳大利亚，20 岁在阿福雷德大学取得逻辑学和哲学硕士学位，后来他还在苏格兰的爱丁堡学习过医学，研究精神病理学。在第一次世界大战期间，梅奥运用心理治疗来帮助被爆炸震伤的士兵早日康复，是澳大利亚心理疗法的先驱。

1922 年，梅奥移居美国，到宾夕法尼亚大学沃顿商学院任教，开始研究工业心理学问题。1926 年，梅奥到哈佛大学商学院担任工业研究部副教授、主任。1927 年，梅奥因参与霍桑试验而闻名世界，并当选美国艺术与科学院院士。他以霍桑试验为主要依据撰写的两部巨著《工业文明的人类问题》《工业文明的社会问题》分别于 1933 年和 1945 年出版，是管理学界和社会学界的经典著作。

1947 年，梅奥在哈佛大学退休后，移居英国写作，并继续担任顾问工作。1949 年 9 月 7 日，梅奥在英国吉尔福德去世。

（二）霍桑试验

20 世纪 20 年代位于美国芝加哥郊外的西方电器公司的霍桑（Hawthorne）工厂，是一家制造电话交换机的专用工厂。霍桑工厂设备完善，福利优越，具有良好的娱乐设施、医疗制度和养老金制度，但是工人仍然有很强烈的不满情绪，生产效率也很不理想。

霍桑试验是一项以科学管理的逻辑为基础的试验，从 1924 年开始到 1932 年结束。1924 年 11 月至 1927 年 5 月，霍桑试验是在美国国家科学委员会赞助下进行的；1927 年至 1932 年，由梅奥主持进行。整个试验前后经过了四个阶段。

1. 第一阶段：工厂照明试验（1924—1927 年）

当时关于生产效率的理论中占统治地位的是劳动医学的观点，该观点认为影响工人生产效率的因素是疲劳和单调感等，于是试验假设"提高照明度有助于减少疲劳，使生产效率提高"。试验是在挑选来的两组绕线工人中间进行的，一组是试验组，另一组是对照组。在试验过程中，研究人员不断地增加试验组照明度，如将试验组的照明度从 14、26、46、76 烛光逐渐递增，而对照组的照明度始终保持不变。研究人员企图通过试验知道照明度的变化对生产的影响，但是试验结果是两组的产量都提高了。后来，他们又采取了相反的措施，逐渐降低试验组的照明度，还把两名试验组的女工安排在单独的房间里劳动，使照明度一再降低，甚至降到 0.06 烛光，其产量亦无明显下降；当照明度降到几乎和月光差不多、实在看不清时，产量才开始急剧下降。研究人员在这次试验结束时的报告中说："这次试验的结果，两组的产量均大大增加，而且增加量几乎相等，两组的效率也几乎没有差异，纵然有某些微小差异，也属在许可误差范围之内。因此，仍然不能确定改善照明对工作积极性的影响。"照明度影响生产的假设被否定了。

研究人员还从工作报酬（集体工资和个人计件工资）、休息时间、工作日和工作周等方面进行了试验，试验结果均表明，这些条件的变化与生产效率之间并不存在明确的因果关系。由此只能得出结论：工作条件与生产效率没有直接关系。但该如何解释工人的行为呢？研究人员感到毫无意义，并纷纷退出试验小组，霍桑试验陷入了困境。

思考：学习条件与学习效率有直接的关系吗？

2. 第二阶段：福利试验（1927—1929 年）

1927 年，梅奥接受邀请，并组织了一批哈佛大学的教授成立了一个新的研究小组，开始了福利试验。福利试验又称继电器装配室试验，试验进行了几次，其中一次是在继电器装配试验室进行的。该试验的目的是看各种福利待遇的变换对小组生产效率的影响，以便能找到更有效地控制、影响生产效率的因素。

在继电器装配试验室，梅奥选择了5名女装配工和1名女画线工在单独的一间工作室内工作，以便有效地控制各种影响产量的因素。试验过程中逐步增加一些福利措施，如缩短工作日、安排工间休息、调节工厂温度、免费供应茶点等，在工作时间内大家可以互相自由交谈。这些条件的变化使产量提高。后来取消了工间休息和供应的午餐、茶点，恢复每周工作6天后，产量仍维持在高水平上。可见，增加福利措施对生产效率并无直接影响。那原因究竟是什么？后经进一步的分析发现，使生产效率提高的主要原因如下。（1）参加试验的光荣感。试验开始时6名参加的女工曾被召进部长办公室谈话，她们认为这是莫大的荣誉。这说明被重视的自豪感对人的积极性有明显的促进作用。（2）成员间良好的相互关系。

在这个阶段，最后得出"改变监督和控制的方法能改善人际关系，能改进工人的工作态度，促进产量的提高"的结论。这一发现成为霍桑试验的转折点。

3. 第三阶段：访谈试验（1929—1931年）

既然福利试验表明管理方式与工人的士气和生产效率有密切的关系，那就应该了解工人对现有管理方式的意见，以为改进管理方式提供依据。梅奥等人制订了一个征询工人意见的访谈计划，组织了大规模的调查，谈话人数为两万人次以上。在访谈过程中，访谈计划不规定内容，每次访谈的平均时间为1～1.5个小时，研究人员多听少说，详细记录工人的不满和意见。

这次大规模的访问搜集了有关工人态度的大量资料，经过研究分析，研究人员发现影响生产效率最重要的因素是工作中形成的人群关系，而不是待遇和工作环境。同时，这次大规模的访谈还收到了一个意想不到的效果，即在这次谈话试验以后工厂的产量出现了大幅度提高。研究人员经分析后认为，这是由于工人长期以来对工厂的各项管理方式有许多不满，但无处发泄，这次试验使工人发泄了心中的怨气，由此而感到高兴，因而产量大幅度上升。

4. 第四阶段：群体试验（1931—1932年）

为了观察社会因素对工人行为的影响，研究人员进行了霍桑试验的最后一项试验，即群体试验，又被称为继电器绕线组观察室试验。研究人员为了系统地观察在群体中人们之间的相互影响，在车间里挑选了14名男工，其中有9名绕线工，每3人一组，每组再配1名焊接工，还有对绕线工和焊接工的工作质量进行检验的2名检验员，14个人在一个专门的单独房间里工作。

工人的报酬以集体计件工资制为基础，强调在工作中要协作，以便共同提高产量和劳动报酬。研究人员原来设想，实行这套奖励办法会使工人更加努力工作。但是结果出人意料，工厂给工人规定的产量标准是焊接7 312个接点，但他们只完成6 000～6 600个。工人绝不愿意因超额而成为"快手"或因完不成定额而成为"慢手"。当达到定额产量时，他们就自动地松懈下来，因而班组的产量总是维持在一定的水平上。深入调查后发现，这个班组为了维护他群体的利益，自发形成了一些规范。他们约定，谁也不能干得太多，突出自己；谁也不能干得太少，影响全组的产量；并且约法三章，不准向管理者告密，如有人违反这些规定，轻则挖苦谩骂，重则拳打脚踢。那么，工人为什么要自限产量呢？试验小组成员经过对工人访谈发现，根本原因有三个：一是怕工作标准再度提高；二是怕生产效率提高使一部分工人失业；三是为了保护速度慢的同伴，使他们不受惩罚。

研究人员对 14 个人的社会关系进行了分析，分析结果表明，在正式组织中存在着两个小团体。两个小团体各有 5 个人，有 4 个人被排斥在外，其中一个过分自信与他人合不来，一个爱打小报告，一个在语言上有困难，一个是在检验过程中过于认真的检验员。这个阶段的研究人员采取了旁观的态度，所以工人能继续维持过去那套非正式的做法。

这一试验表明，工人为了维护班组内部的团结，可以放弃物质利益。梅奥由此提出非正式组织的概念，认为在正式组织中存在着自发形成的非正式组织，这种群体有自己的特殊行为规范，对人的行为起着调节和控制作用，同时，能加强内部的协作关系。

二、人际关系学说的建立

通过历时 8 年的试验，梅奥认识到，生产效率不仅会受到物理、生理等方面的影响，更重要的是会受到社会环境、社会心理等方面的影响。这个结论与科学管理只重视物质条件，忽视社会环境、社会心理对工人的影响的观点截然不同。根据霍桑试验的结果，梅奥于 1933 年出版了《工业文明的人类问题》一书，标志着人际关系学说的建立。

霍桑试验的研究结果否定了传统管理理论对人的假设，表明工人不是被动的、孤立的个体，他们的行为不仅仅受工资的刺激，影响生产效率的最重要因素不是待遇和工作条件，而是工作中的人际关系。据此，梅奥提出了自己的观点。

1. 企业的员工是社会人而不是经济人

从亚当·斯密到古典管理理论，都把人看作是仅仅追求经济利益而劳动的经济人，认为金钱是刺激企业员工工作积极性的唯一动力。但是，霍桑试验表明，人不是孤立存在的，不应将人视作无差别的机器或机器的一部分，人是属丁某一工作集体并受这一集体影响的；物质条件的改变，不是生产效率提高或降低的决定性原因，甚至集体计件工资制的刺激对产量的影响也不及生产集体所形成的一种自然力量大。因此，梅奥等人创立了社会人假说。梅奥认为，社会人不单纯地追求物质报酬，还追求人与人之间的友情、归属感、安全感和受人尊敬等社会和心理欲望的满足。

2. 员工的士气或情绪是影响生产效率的关键

所谓士气，就是工作积极性、主动性、协作精神等结合成一体的精神状态。科学管理理论认为，生产效率取决于作业方法和工作条件。但是，霍桑试验表明，生产效率与工作条件之间并没有必然的、直接的联系；生产效率的提高，关键在于工作态度的改变，即员工士气的提高。梅奥等人从人是社会人的观点出发，认为士气取决于安全感、归属感、友谊等社会、心理方面的满足程度。满足程度越高，员工士气就越高，生产效率也就越高。

3. 企业中存在非正式组织

企业中除了存在着为了实现企业目标而明确规定各成员相互关系和职责范围的正式组织之外，还存在着非正式组织。古典管理理论仅注重正式组织的作用，这是不全面的。人是社会动物，在共同工作的过程中，必然相互建立关系，产生共同的感情，自然形成一种行为准则或惯例，这种行为准则或惯例无形地左右着人的行为，要求个人服从，这就构成了非正式组织。非正式组织形成的原因很多，有工作关系、地理位置关系、兴趣爱好关系、亲戚朋友关系等。这种非正式组织对员工的行为影响很大，是影响生产效率的重要因素。非正式组织将在第五章详细介绍。

> 思考：列举班级的三个非正式组织。

4. 企业应采用新型的领导方法提高员工的满意度

新型的领导方法主要在于正确处理人际关系，善于倾听和与下属进行沟通，组织好集体工作，提高员工士气，促进协作，使每个员工能与领导真诚持久地合作。在决定生产效率的诸多因素中，首要因素是员工的满意度，而工作条件、工资报酬是第二位。员工的满意度越高，其士气就越高，从而生产效率就越高。

以上是以霍桑试验为基础所提出的人际关系学说。梅奥的人际关系学说克服了古典管理理论的不足，不仅为建立行为科学奠定了基础，而且为管理思想的发展开辟了新的领域，引发了管理上的一系列改革。其中的许多措施，如强调对管理者和监督者进行教育和训练，提倡下级参与企业的各种决策，重视和利用非正式组织等观点至今仍是管理者所遵循的信条。其局限性主要体现在过分强调非正式组织的作用，过多地强调情感的作用，忽视经济报酬、工作条件、外部监督、作业标准对工人生产效率的影响。

三、X 理论-Y 理论

梅奥等人创建了人际关系学说——早期的行为科学以后，许多人都开始从这个角度研究管理问题。1949 年，在美国芝加哥大学召开了一次有哲学家、精神病学家、心理学家、生物学家和社会学家等参加的跨学科的科学会议，讨论了应用现代科学知识来研究人类行为的一般理论，并将这门综合性的学科定名为"行为科学"。行为科学理论强调以人为中心研究管理问题，重视人在组织中的关键作用；强调个人目标和组织目标的一致性；主张在组织中恢复人的尊严，实行民主参与管理。行为科学学派的代表人物很多，其中比较著名的有美国心理学家亚伯拉罕·马斯洛（Abraham H.Maslow，1908—1970）和道格拉斯·麦格雷戈（Douglas M.McGregor，1906—1964）等人。这里重点介绍麦格雷戈提出的 X 理论和 Y 理论，作为后面介绍"目标管理"的铺垫。

麦格雷戈是哈佛大学心理学博士。麦格雷戈认为管理的根本问题在于管理者错误的人性假设，越接近事实的就越理性。有关人的性质和人的行为的假设对决定管理人员的工作方式来讲是极为重要的。各种管理人员以他们对人的性质的假设为依据，可用不同的方式来组织、控制和激励人们。麦格雷戈在 1957 年发表了《企业的人性面》一文，提出了"X 理论-Y 理论"，该文 1960 年以著作的形式出版。他认为当时的组织设计基于错误的人性假设，他将当时的一般看法称为 X 理论，又提出不同的看法，称之为 Y 理论。

麦格雷戈认为，管理者因为对员工持有两种不同的看法，相应地采取了两种不同的管理方式。以下是他归纳出的两种管理方式的特点。

1．X 理论

按照 X 理论来实施管理的管理者，对员工持有以下人性判断。

（1）人的天性都是好逸恶劳的，只要有可能就会逃避工作。

（2）人生来就以自我为中心，个人目标与组织目标是矛盾的，个人会漠视组织的要求。

（3）一般人缺乏进取心，逃避责任，甘愿听从指挥。

（4）人们安于现状，反对变革，把安全看得高于一切。

（5）大多数人都是缺乏理智的，不能克制自己，很容易受外界影响。

基于上述对员工的人性判断，这样的管理者关心的是如何提高劳动生产率、完成任务，在管理工作中对员工采用强制、惩罚、解雇等手段迫使他们工作，而不考虑在情感上和道义上如何给人以尊重。

然而麦格雷戈认为，虽然当时工业组织中人的行为表现同 X 理论所提出的各种情况大致相似，但是人的这些行为表现并不是人固有的天性所引起的，而是工业组织的性质、管理思想、政策和实践造成的。他确信 X 理论所用的传统研究方法是建立在错误的因果观念的基础上的。

2．Y 理论

麦格雷戈认为，需要有一个关于人员管理工作的新理论，把它建立在对人的特性和人的行为动机的更为恰当的认识基础上，于是他提出了 Y 理论，其主要内容如下。

（1）一般人并不是天性就是好逸恶劳的，工作中体力和智力的消耗就像游戏和休息一样自然。

（2）外界控制与惩罚并不是促使人们为实现组织目标而努力工作的唯一手段，如果让人们参与制订自己的工作目标，则有利于实现自我指挥和自我控制。

（3）人的自我实现的要求和组织要求的行为之间是不矛盾的，如果给人提供适当的机会，就能将个人目标和组织目标统一起来。

（4）在适当条件下，人们不但能接受任务，而且能主动承担责任。

（5）在解决组织的困难问题时，大多数人都具有一定的想象力和创造力。

（6）在现代社会中，一般人的智慧和潜能只部分地得到了发挥。

基于上述对员工乐观的人性判断，管理者的重要任务是安排好组织工作的条件和作业方法，创造一个使人得以发挥才能的工作环境，发挥出员工的潜能，在管理工作中实行以人为中心的、宽容的、民主的管理方式，以使员工个人目标同组织目标很好地结合起来。

麦格雷戈认为，X 理论对人的行为管理建立在错误的因果观念的基础上，不适应人类科学文明水平不断提高的需要。而 Y 理论则是建立在正确认识人的本性与人类行为关系的基础上，适应了工业化社会经济发展的需要，应该是 X 理论的合理替代物。他主张在管理中采用 Y 理论。

第四节 现当代管理理论

随着科学技术的发展，进入 20 世纪 50 年代以后，一些新的学科门类的出现为各学科的发展提供了基础和条件。如系统论、控制论和信息论的广泛研究，就影响到其他许多学科，包括管理科学。在这个时期，管理思想的基本特点之一就是流派众多，如管理科学学派、权变理论学派、经验主义学派等，这些理论和学派在内容上相互联系并相互影响，被美国管理学家哈罗德·孔茨称为"管理理论的丛林"。

一、管理科学学派

管理科学学派又称数学学派，产生于 20 世纪 30 年代末到 40 年代，是科学管理理论的延续和发展。管理科学学派主要不是探求有关管理的原理和原则，而是依据科学方法和客观事实来解决管理问题，并且要求按照最优化的标准为管理者提供决策方案，设法把科学的原理、方法和工具，如数学、统计学的方法和电子计算机技术应用于管理过程，为现代管理决策提供科学的依据，侧重于追求经济和技术上的合理性。管理科学理论认为，管理就是制定和运用数学模型与程序的系统，就是用数学符号和公式来表示计划、组织、控制和决策等合乎逻辑的程序，求出最优解，以达到企业的目标。管理科学学派的代表人物有美国的布法（E.S.Buffa）等人。布法的代表作是《现代生产管理》（1975 年）。

管理科学学派的主导思想是使用先进的数学方法和计算机技术研究管理问题，重点研究的是操作方法和作业方面的管理问题。该学派较少考虑人的行为因素，这使其在实际应用中的效果受到一定的影响。

二、权变理论学派

20 世纪 70 年代，权变理论在美国兴起，受到广泛的重视。权变理论的兴起有深刻的历史背景，20世纪70年代的美国，社会不安、经济动荡、石油危机爆发，对西方社会产生了深远的影响，企业所处的环境很不稳定。但以往的管理理论主要侧重于研究如何加强企业内部组织的管理，而且大多都在追求普遍适用的、最合理的模式与原则，而这些管理理论在企业面临瞬息万变的外部环境时又显得无能为力。正是在这种情况下，人们不再相信管理会有一种最好的行事方式，而是必须随机应变地处理管理问题，于是形成了一种管理取决于所处环境状况的理论，即权变理论。权变的意思是权宜应变。

权变理论认为，世界上不存在最好的、能适应一切情况的、一成不变的管理理论、方法和模式，每一种管理理论、方法和模式的提出都有其具体的适应性，要根据企业所处的内外条件随机应变。管理者在管理实践中，要根据所处的内外部环境条件和形势的发展变化而随机应变，针对不同的具体条件寻求不同的最合适的管理模式、方案或方法。

权变理论的核心内容是环境变量与管理变量之间的函数关系，即权变关系。环境变量与管理变量之间存在着"如果—那么"（if-then）的权变关系。也就是说，如果（if）存在某种环境条件，那么（then）采用某种管理技术和方法可以比采用其他管理技术和方法能更有效地达成组织目标。这就是权变理论的基本分析框架。

应当肯定地说，权变理论为人们分析和处理各种管理问题提供了一种十分有用的方法。它要求管理者根据组织的具体条件及其面临的外部环境，采取相应的组织结构、领导方式和管理方法，灵活地处理各项具体管理业务。这样就使管理者把精力转移到对现实情况的研究上来，并根据对具体情况的具体分析，提出相应的管理对策，从而有可能使其管理活动更加符合实际情况、更加有效。但权变理论学派存在一个根本性的缺陷，即没有统一的概念和标准。权变理论强调变化，却既否定管理的一般原理、原则对管理实践的指导作用，又始终无法提出统一的概念和标准，每个管理学者都根据自己的标准来确定自己的理想模式，未能形成普遍的管理模式。权变理论使实际从事管理的人员感到缺乏解决管理问题的能力，也使初学者无所适从。

三、经验主义学派

经验主义学派又称为经理主义学派，以向大型企业的高层经理提供管理企业的成功经验和科学方法为目标。经验主义学派的主要代表人物是彼得·德鲁克。经验主义学派认为，管理学就是研究管理经验的科学，通过对管理人员在个别情况下成功的和失败的经验教训的研究，人们会懂得在将来相应的情况下如何运用有效的方法解决管理问题。

 小知识

彼得·德鲁克

彼得·德鲁克（Peter F. Drucker，1909—2005），生于维也纳，祖籍荷兰，1931年获法兰克福大学法学博士。1937年移居美国。作为第一个提出管理学概念的人，德鲁克被誉为"现代管理学之父"。

德鲁克的代表作包括《管理的实践》（1954年），他在其中提出了目标管理的思想；《卓有成效的管理者》（1966年）；《管理：任务，责任，实践》（1973年），该书被誉为管理学的"圣经"；《创新与企业家精神》（1985年）；《21世纪的管理挑战》（1999年）。

"假如世界上果真有所谓大师中的大师，那个人的名字，必定是彼得·德鲁克"——著名财经杂志《经济学人》对彼得·德鲁克的评价。

德鲁克认为，"归根结底，管理是一种实践，其本质不在于'知'，而在于'行'；其验证不在于逻辑，而在于成果；其唯一权威就是成就"。因此，管理理论"自实践而产生，又以实践为归宿"。经验主义学派认为管理知识的真正源泉就是优秀大型企业中"伟大的组织者"（如杜邦、斯隆等人）的成功管理经验，主要是他们非凡个性和杰出的才能的具体体现，而这些正是任何管理理论都难以完整描述的内容。从这一观点出发，经验主义学派主张要以大量的企业管理实践中总结出来的经验为依据，找出成功经验中具有共性的东西，并使其系统化、理论化，以此向管理人员提供实际的建议。

四、学习型组织理论

学习型组织理论兴起于20世纪80年代末90年代初。1990年，美国麻省理工学院教授彼得·圣吉（Peter Senge）出版了《第五项修炼：学习型组织的艺术与实践》（以下简称《第五项修炼》），标志着学习型组织理论的诞生。

学习型组织是指通过培养弥漫于整个组织的学习气氛，充分发挥员工的创造性思维能力而建立起来的一种有机的、高度柔性的、扁平化的、符合人性的和能持续发展的组织，这种组织具有持续学习的能力，具有高于个人绩效总和的综合绩效。彼得·圣吉认为学习型组织是21世纪全球企业组织的新趋势。创建学习型组织需要进行五项修炼，五项修炼告诉人们一个人从一般的人变成学习型的人、一个企业从一般的企业变成学习型企业的方法。《第五项修炼》被西方企业界誉为21世纪的企业管理"圣经"。

学习型组织的基本特征是：拥有一个共同的愿景；善于不断地学习；组织结构扁平化；组织拥有创造性团队；自主管理。

《第五项修炼》的核心是强调以系统思考代替机械思考和静止思考，涉及个人和组织心智模式的转变，它深入哲学的方法论层次，强调以企业全员学习与创新精神为目标，在共同愿景下进行长期而终身的团队学习。《第五项修炼》的主要内容有自我超越、改善心智模式、建立共同愿景、团队学习、系统思考等五项修炼，试图通过这些具体的修炼办法来提升人类组织整体运作的群体智力。

第一项修炼：自我超越。自我超越是学习型组织的精神基础。这项修炼使每个人不断理清并加深个人的真正愿望，集中精力，培养耐心，并客观地观察现实。组织整体的学习意愿和学习能力根植于组织成员的自我超越能力。

第二项修炼：改善心智模式。心智模式是一个人思考问题、观察世界的基本模式。这种模式是在长期的生活、工作和学习中形成的，是以个人的价值观与世界观为基础的。这项修炼要求组织成员要善于改变传统的认识问题的方式和方法，要用新的眼光看世界。

第三项修炼：建立共同愿景。共同愿景是指一个组织所形成的能感召组织成员的共同目标和理想。共同愿景为学习型组织提供了焦点与能量，并激发组织成员形成不断向前超越的力量。

第四项修炼：团队学习。现代组织的基本单位是工作团队，学习的基本单位也由个人变成团队。只有会学习的团队，才有可能发展成善学习的组织。团队学习的关键是深度会谈。深度会谈是团队所有成员敞开心扉，进行心灵沟通（不分等级），从而进入真正统一思考状态的方法或过程。

第五项修炼：系统思考。系统思考是五项修炼的核心，系统思考要求扩大思考的时空范围，了解问题所在系统的全貌，以更动态的眼光与思维来把握全局。

> 思考：怎么把班级建设成学习型班级？

彼得·圣吉认为，在五项修炼中，第五项修炼即系统思考是核心，改善心智模式和团队学习是基础，自我超越和建立共同愿景这两项修炼形成向上的力量。

本章小结

1911 年，泰勒所著的《科学管理原理》的出版，标志着管理学的诞生。古典管理理论代表人物——泰勒、法约尔从车间工人和企业总经理的角度，来解决企业和社会组织的管理问题，为当时的社会解决企业组织中的劳资关系、管理原理和原则、生产效率等方面的问题，提供了管理思想的指导和科学理论方法。

霍桑试验的研究结果否定了古典管理理论对人的假设，认为企业的员工是社会人，而不是经济人；员工的士气或情绪，是影响生产效率的关键；企业中存在非正式组织；企业应采用新型的领导方法。X 理论-Y 理论是行为科学理论的后期发展。

进入 20 世纪 50 年代以后，管理学进入了"管理理论的丛林"时代，产生了很多有代表性的理论和思想，如管理科学学派、权变理论学派、经验主义学派、学习型组织理论等。

思考练习

一、名词解释

1. 例外原则
2. 法约尔桥

3．霍桑试验

4．Y理论

5．学习型组织

二、判断题

1．泰勒在1911年出版的《科学管理原理》，标志着管理学的诞生。（　　　）

2．泰勒的科学管理理论是建立在经济人假设基础上的。（　　　）

3．法约尔认为每个雇员只能听命于一个上司，否则无法把事情做好。（　　　）

4．法约尔提出的14条管理原则已不再对现在的管理活动有指导意义。（　　　）

5．霍桑试验的结论中，认为人是社会人。（　　　）

6．人际关系学说认为，员工的士气越高，生产效率就越高。（　　　）

7．管理科学学派的主要目标是应用科学的方法来解决生产和管理的问题。（　　　）

8．支持Y理论的管理者认为，对员工必须采用强制、惩罚、解雇等手段来迫使他们工作。（　　　）

9．经验主义学派主张要以大量的管理实践中总结出来的经验为依据。（　　　）

10．权变理论认为人是复杂人。（　　　）

三、单项选择题

1．管理学形成的标志是20世纪初出现的（　　　）。

    A．法约尔的管理过程理论　　　　　　B．泰勒的科学管理理论

    C．韦伯的理想行政组织理论　　　　　　D．梅奥的霍桑试验理论

2．泰勒认为，科学管理的中心问题是（　　　）。

    A．提高生产效率　　　　　　　　　　B．增加工资

    C．时间动作分析　　　　　　　　　　D．增加利润

3．法约尔提出过著名的管理五大职能，在计划、组织、领导、控制四个职能中，（　　　）职能是法约尔没有提到的。

    A．计划　　　　　B．领导　　　　　C．控制　　　　　D．组织

4．法约尔一般管理理论的主要贡献为（　　　）。

    A．提出了科学管理理论

    B．研究了管理的一般性，构筑了管理理论的科学框架

    C．提出了行为科学理论

    D．提出了权变理论

5．人际关系学说认为，生产效率主要取决于（　　　）。

    A．工人的士气　　　B．工作条件　　　C．工资制度　　　D．作业方法

6．霍桑试验的结论中对职工的定性是（　　　）。

    A．经济人　　　　　B．社会人　　　　C．自我实现人　　　D．复杂人

7．企业中存在着非正式组织的观点来源于（　　　）。

    A．现代管理理论　　　　　　　　　　B．管理过程理论

C. 科学管理理论   D. 霍桑试验结论

8. 某企业有一种不成文的惯例：新分配来的大学毕业生都必须到最艰苦的部门进行两年左右甚至更长时间的所谓的"锻炼"，以消除他们"消极被动"的工作态度；并且用严格的监督和控制手段，迫使他们在工作中较快地进入角色。该企业的做法基于（ ）。

  A. X 理论   B. Y 理论   C. Z 理论   D. 超 Y 理论

9. "企业管理应随机应变，不存在普遍适用的最好的技术和方法"是（ ）的观点。

  A. 社会系统学派 B. 经验主义学派 C. 权变理论学派 D. 管理科学学派

10. 彼得·德鲁克是（ ）的代表人物。

  A. 决策学派   B. 管理科学学派 C. 权变理论学派 D. 经验主义学派

四、简答题

1. 简述科学管理理论的主要内容。

2. 法约尔一般管理理论的要点有哪些？

3. 人际关系学说的主要内容有哪些？

4. 权变理论学派的主要观点有哪些？

5. 简述学习型组织的五项修炼。

五、案例分析题

行政部李经理的难题

  DL公司是一家经营绩效良好的公司，前些年有过骄人的业绩，但近几年来，公司盈利水平不断下降。公司上下对此颇感迷惑，人心浮动，公司面临严峻考验。

  公司总经理把行政部李经理叫到办公室。总经理与李经理简单地讨论了公司目前的经营状况，并明确表示了对现状的担忧。总经理交给李经理一项特殊任务：深入调查本公司目前盈利水平下降的主要原因，并提出对策建议。

  李经理来这个公司的时间并不长。他曾系统学习过管理理论，他对总经理交办的这项任务高度重视，决心运用所学的管理理论分析与解决公司所面临的问题。

  李经理首先将目光投向市场，在竞争激烈的今天，市场是决定公司盈利水平的首要因素。在调查过程中，李经理了解到，本公司为开拓市场，建立了本地同行业中最庞大的营销队伍，每年的营销预算也高于其他公司，但也占据了与本地其他几家大公司旗鼓相当的市场份额。他觉得营销环节的问题不大。接着他调查了本公司产品开发与价格情况。他了解到，本公司有很强的技术力量，有一支高水平的科技研发队伍，产品不比同行的产品差，而且价格合理。他觉得这一环节也没什么问题。

  他又深入车间了解一线生产情况。生产线运行正常，员工工作也较认真。当然，也有些员工积极性不是很高，工作效率较低。车间主任抱怨说："去年每个人都涨了一级工资，工资在本地工厂中是最高的，可是这些人的积极性一点儿也没有提高。"关于严格管理，车间主任说："其实工厂管理是很严格的，有很多规章制度。我本人也非常严格，对迟到早退、生产不合格产品、材料损失浪费的工人从不客气，都会狠狠地批评。可是，这些现象就是屡禁不止，生产率就是无法提高。有的工人好像在和工厂作对。其实，工厂倒闭了工人的工作也就丢了，这不是明摆着的道理吗？我是没办法了。"

李经理还了解到公司的管理机构庞大，管理费用高，产品生产成本也普遍高于同行，据说原材料进价也偏高……

调查情况千头万绪，一下子把李经理给难住了。李经理决心运用管理理论进行分析，并提出有效的对策方案，以出色完成总经理交办的任务。但他似乎觉得在运用泰勒的经济刺激手段与运用行为科学理论之间，还存在一些冲突或需要进一步理顺的地方。

思考题：

1. 你认为要解决该公司问题，需应用泰勒的科学管理理论还是行为科学理论？哪个更有效？为什么？

2. 请你为李经理制订解决该公司问题的对策方案。

六、应用分析题

1. 查阅资料，分析我国某个知名企业在不同阶段主要运用的管理学理论。

2. 从自我角度分析，你本人更偏向于 X 理论还是 Y 理论所假设的员工类型。

七、实训题

以每两个小时为单位（6:20—22:20），记录自己一周的生活、学习情况（见表 2-1）。在此基础上分析怎样利用时间可以更好地提高时间利用效率。

表 2-1　　　　　　　　　　　　　　个人周记录卡

时间	日期						
	周一	周二	周三	周四	周五	周六	周日
6:20—8:20							
8:20—10:20							
……							
20:20—22:20							

計划 | # 第三章

管理的计划工作是针对所要实现的目标去设法取得一种始终如一的、协调的经营结构。如果没有计划，行动就必然成为纯粹杂乱无章的行动，只能产生混乱。

——高茨（Goetz）

学习目标：

➤ 理解计划的含义。
➤ 掌握计划的作用。
➤ 能编制一份完整的计划。
➤ 能在日常学习、生活、工作中运用目标管理。

 **导引案例**

K 公司计划部经理的烦恼

刘宁是 K 公司的计划部经理，主要负责工作计划的编制和监督执行。年底是刘宁最痛苦的时候，这时他不仅要准备向总经理汇报当年的计划完成情况，还要牵头组织下一年度工作计划的编制工作。为此，他几乎每天都要向各部门要数据、催进度，对于实在拖拉的部门，他还会动用罚款等措施。最后，好不容易各部门的工作计划上报完毕，可等到刘宁汇总时，结果却往往会使他变得很沮丧：有些部门的计划纯粹是在不切实际地喊口号、唱高调，有些部门则是想通过工作计划来争资源，有些部门的工作计划则根本没有给出任何约束性指标……

然而，刘宁还是得依据这些来自各部门的原始资料完成下一年度计划的编制工作。从前些年公司的业绩看，这样编制出来的计划可以说是一纸空文，计划数据与实际数据相差太大。

刘宁常常会听到这样的抱怨："我们连公司下一步要往哪里走都搞不清，怎么制订计划啊？"刘宁作为计划部经理，觉得自己有责任把这些意见反馈给总经理。但每当看到总经理忙碌的身影时，他都是话刚到嘴边又咽了下去。

又该编制下一年度的工作计划了，刘宁再次感到一股无形的压力。但这次他不想重蹈覆辙，为公司的前途着想，他决定和总经理沟通，谈谈公司的未来。

思考题：刘宁应该在计划方面向总经理反映哪些意见？

经营常常被作为有风险的事业，因为许多事情很难预料，而计划正是减少风险的一项重要手段。在竞争日益激烈的现代社会里，计划已成为组织生存和发展的必备条件。良好的计划是增强组织竞争力的重要途径和有力工具。

第一节 计划概述

计划是管理的首要职能，在管理活动的过程中占有支配地位，是管理其他职能（组织、领导、控制）的前提与基础。计划决定管理全过程是否有效，在管理活动中有重要的作用。

一、计划的含义

计划有广义和狭义之分。广义的计划包括制订计划、执行计划和检查计划执行情况三个紧密衔接的工作过程。检查计划执行情况实际上属于管理的控制职能，就是把管理活动纳入一个全面计划的过程中。狭义的计划就是制订计划，即通过科学的预测，权衡客观的需要和主观的可能，提出未来一定时期内要达到的目标以及实现目标的途径、方法。本书中的计划是指狭义的计划。

一般情况下计划在制订出来以后是不变的，这样有助于计划执行者"依计而行"，开展卓有成效的工作，同时也有助于发挥计划的激励作用。但是在某些情况下，当制订计划的条件和情况发生变化时，就必须调整计划，尤其是在"计划赶不上变化"的情况下，计划已失去了指导作用，此时就必须修订原计划。因此，计划具有两种特性：其一是严肃性，即计划一旦出台，在条件不变或变化不大的情况下，必须严格执行计划；其二是灵活性，即当制订计划的条件发生较大变化时，必须调整计划以适应变化了的条件。

> 思考：怎么理解"计划赶不上变化"？

计划工作的任务，就是根据社会需要以及组织的自身能力，确定出组织在一定时期内的目标，计划的编制、执行和检查，能协调和合理安排组织中各方面的经营和管理活动，有效地利用组织的人力、物力和财力资源，取得最佳的经济效益和社会效益。

为了更好地理解计划的内涵，将其内容归纳为"5W2H"，见表3-1，每个计划都要能明确"5W2H"七个要素。

Why——为什么要做？即明确计划工作的原因和目的、制订计划的依据。

What——做什么？即明确所要进行的活动内容及要求。

Who——谁去做？即规定由哪些部门和人员负责实施计划。

When——何时做？即规定计划中各项工作的起始时间和完成时间。

Where——在何地做？即规定计划的实施地点。

How——怎么做？即制定实现计划的手段和措施。

How much——多少成本？即制定完成计划所需的资金和费用。

表3-1　　　　　　　　　　　　　　　　　5W2H 分析层次

要素	层次 1	层次 2	层次 3	层次 4	结论
Why	什么原因	为什么是这个原因	有更合适的理由吗	为什么是更合适的理由	定原因
What	什么事情	为什么做这件事情	有更合适的事情吗	为什么是更合适的事情	定事情
Who	是谁	为什么是他	有更合适的人吗	为什么是更合适的人	定人
When	什么时候	为什么在这个时候	有更合适的时间吗	为什么是更合适的时间	定时间
Where	什么地点	为什么是这个地点	有更合适的地点吗	为什么是更合适的地点	定地点
How	如何去做	为什么采用这个方法	有更合适的方法吗	为什么是更合适的方法	定方法
How much	花费多少	为什么有这些花费	有更合理的花费吗	为什么是更合理的花费	定花费

二、计划的作用

计划是为实现组织目标而拟订方案和措施的过程。计划对管理的重要性已经被管理者认识到，任何组织为了达到预定的目标都需要计划。特别是近年来，生产技术日新月异，生产规模不断扩大，分工与协作的程度空前增加，只有科学地制订计划，才可能协调与平衡多方面的活动，求得组织的生存与发展。

扫一扫

计划的作用

（一）计划是管理协调工作的依据

计划为管理工作提供基础，是管理者行动的依据。管理者要根据计划分派任务并确定下属的权力和责任，以保证达到计划所设定的目标。计划本身是一个协调的过程，当组织成员都目标明确时，就能协调工作、互相配合。

（二）计划是降低未来不确定性的手段

当今世界处于变化中，社会在变革，技术在革新，人们的价值观念也在不断变化。计划是预测这种变化并且设法消除变化对组织造成的不良影响的一种有效手段。计划是针对未来的，这就使计划制订者必须对未来的变化进行预测，根据过去的和现在的信息推测未来可能出现哪些变化、这些变化将对达成组织目标产生何种影响、在变化确实发生的时候应该采取什么对策，并制订出一系列备选方案。一旦发生变化，就可以及时采取措施。

（三）计划是提高效率与效益的工具

计划工作要对各种方案进行分析，选择最适当的、最有效的方案来达到组织目标。计划有利于组织成员统一思想、激发干劲，组织成员的努力将合成一种组织效应，这将大大提高工作效率，从而带来经济效益。计划工作还有助于用最短的时间完成工作，减少迟滞和等待时间，减少盲目性工作造成的浪费，促使各项工作能够均衡稳定地开展。

（四）计划是管理者实施控制的标准

建立目标和指标是一份好的计划所应包括的内容。这些目标和指标将被用来进行控制。这些目标和指标可能不能被直接地用在控制职能中，但其确实提供了一种标准，控制的所有标准几乎都源于计划。计划职能与控制职能具有不可分离的联系。计划的实施需要控制活动给予保证，在控制活动中发现的偏差又可能使管理者修订计划，建立新的目标。

三、计划的类型

由于计划工作的普遍性，计划的目标、内容、应用情况千差万别，这使计划的具体表现形式多种多样。按照不同的标准，可以将计划分为不同的类型。

1. 战略计划、战术计划与作业计划

按照计划对企业经营影响范围和影响程度的不同、计划制订者所处管理层次的不同，可以将计划分为战略计划、战术计划与作业计划。

战略计划由高层管理者制订，是关于组织活动长远发展方向、基本目的的计划，规定组织总的发展方向、基本策略和具有指导性的政策、方针。战术计划一般由组织的中基层管理者制订，是规定总体目标如何实现的细节，其需要解决的是组织的具体部门或职能在未来各个较短时期内的行动方案。作业计划是由基层管理者制订的。战术计划虽然已经相当详细，但在时间、预算和工作程序方面还不能满足实际实施的需要，还必须制订作业计划。作业计划根据管理计划确定计划期间的预算、利润、销售量、产量以及其他更为具体的目标，确定工作流程，划分合理的工作单位，分派任务和资源，以及确定权力和责任。

2. 长期计划、中期计划和短期计划

按照计划执行时间的长短，可以将计划分为长期计划、中期计划和短期计划。

长期计划通常又称远景规划，是为实现组织的长期目标服务的，是具有战略性、纲领性指导意义的综合发展规划。长期计划主要规定组织在未来为实现长期目标而采取的主要行动步骤和重大措施，其时间跨度一般为 5 年以上。通常，战略计划是一种长期计划，但长期计划不一定都是战略计划。

中期计划是根据长期计划提出的战略目标和要求，并结合计划期内的实际情况所制订的较为详细和具体的计划，具有衔接长期计划和短期计划的作用，其时间跨度一般为 1～5 年。

短期计划一般是中期计划具体安排和落实的体现，是指导组织具体活动的行动计划，其时间跨度为 1 年或 1 年以下。

3. 指导性计划和具体性计划

按照计划内容的详尽程度，可以将计划分为指导性计划和具体性计划。

指导性计划只规定某些一般性的目标、方向、方针和政策，并由高层决策部门制订，给予行动者较大的自由处置权。指导性计划指出重点，但不把行动者限定在具体的目标上或特定的行动方案上，适用于战略计划、中长期计划等。具体性计划具有明确的目标和措施，具有很强的可操作性，一般由基层制订，适用于总计划下的专业计划或具体的项目计划，如技术改造计划、新产品开发计划等。

四、计划工作遵循的原理

计划工作是科学性、指导性、预见性很强的管理活动，同时又是一项复杂而困难的任务。计划工作应遵循限定因素原理、许诺原理、灵活性原理和改变航道原理。

（一）限定因素原理

限定因素，是指妨碍组织目标得以实现的因素，也就是说，在其他因素不变的情况下，抓住这些因素，就能实现组织目标。限定因素原理是指在计划工作中，主管人员越是能够了解和找到对达到目标起限制性和决定性作用的因素，就越能有针对性、有效地拟订各种行动方案。

限定因素原理有时又被形象地称作"木桶原理"，其含义是木桶能盛多少水，取决于桶壁上最短的那块木板。管理者在编制计划时，必须全力找出影响计划目标实现的主要限定因素，有针对性地采取措施。如果对问题面面俱到，不仅会浪费时间和资金，而且还有可能把主要注意力转移到决策的非关键性问题上，从而影响目标的预期实现。

> 思考：列举三个限制你完成下周某个计划的因素。

（二）许诺原理

在计划工作中选择合理的期限应当遵循许诺原理。许诺原理可以表述为：任何一项计划都是对完成各项工作所做出的许诺，许诺越多，实施许诺的时间就越长，实现目标的可能性就越小。因此，许诺原理涉及计划期限的问题。合理的计划工作要确定一个未来的时期，这个时期的长度取决于实现所许诺的任务必需的时间。

许诺原理要求对计划的许诺不能太多，因为许诺（任务）越多，则计划时间就越长，时间越长，相应的计划工作和对计划工作的预测就越费力，耗资也就越大。再则计划时间越长，未来的不确定性就越大，从而越影响计划工作的准确性，在人力、物力、财力上都是不合算的。因此，在计划工作中要选择合理的期限，还应加强对短期计划和长期计划的协调，即长计划短安排，如果短期计划实现了，那么长期计划的实现就会更顺利。

（三）灵活性原理

灵活性原理强调的是计划要能适应变化。计划工作是面向未来的，而未来又是不确定的，所以在制订计划时，就要尽可能更多地预见计划在实施过程中可能出现的问题，并制订出具体的应变措施，一旦发现问题，可以及时解决，从而确保计划尽可能地顺利实施。必须指出，灵活性原理是指在制订计划时要留有余地，至于执行计划，则一般不应有灵活性。例如，必须严格准确执行生产作业计划，否则就会出现组装车间停工待料或在制品大量积压的现象。

对于主管人员来说，灵活性原理是计划工作中最主要的原理。在承担的任务重、目标期限长的情况下，灵活性便显示出它的作用。本身具有灵活性的计划又被称为弹性计划，即能适应变化的计划。当然，灵活性也是有一定限度的。

（四）改变航道原理

改变航道原理是指计划的总目标不变，但实现目标的进程可以因情况的变化而改变。计划制订出来后，计划工作者就要管理计划，促使计划实施，而不能被计划管理、被计划框住。必要时可以根据当时的实际情况对计划做必要的检查和修订。就像航海家一样，必须经常核对航线，一旦遇到障碍及时绕道而行，故此原理被称为改变航道原理。

改变航道原理与灵活性原理不同，灵活性原理是使计划本身具有适应性，而改变航道原理是使计划工作者在计划执行过程中具有应变能力。为此，计划工作者就必须经常检查计划，重新调整、修订计划，以此达到预期的目标。

第二节　计划的编制

计划是管理工作的重要基础，编制科学的计划需要遵循一定的步骤。计划工作的效率和质量在很大程度上取决于所采用的方法和技术。编制计划的方法有很多种，如甘特图法、滚动计划法、网络计划法、运筹学法等。本书重点介绍滚动计划法和网络计划法。

一、编制计划的步骤

虽然各类组织编制的计划内容差别很大，但科学地编制计划所遵循的步骤具有普遍性。管理者在编制完整的计划时，实际上都应遵循图 3-1 所示的步骤，即使是编制一些小型的简单计划，也应该按照以下完整的思路去构思整个计划过程。

（一）估量机会

估量机会在实际的计划工作之前就要着手进行，是计划工作中不可缺少的起点。管理者利用收集到的资料对组织的内外部环境进行分析，对将来可能出现的机会进行估计，并全面清楚地了解这些机会。分析组织的优势和劣势，了解组织所处的竞争地位，做到知己知彼。计划目标是否现实可行，便取决于这一步骤的工作。如果分析机会后，发现不是一个好机会或是把握不了的机会，就可以暂时放弃。

（二）确定目标和目标分解

在估量机会的基础上，计划工作的下一步就是要为组织以及各组成部分确立目标。目标是组织各项活动所要实现的结果，它决定了组织的发展方向并指导组织的行动。确定目标，就是通过估量机会，明确各种环境因素的影响，分析组织的优势、劣势，确定组织总方针和总目标。

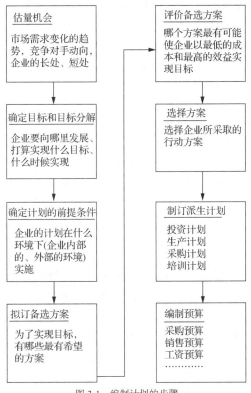

图 3-1 编制计划的步骤

目标分解就是将决策确定的组织总体目标分解为组织中各个部门和各个环节的目标，将长期目标分解为各阶段的分目标。通过分解，确定组织的各个部分在未来各时期的具体任务，从而构成一个统分结合的目标体系，形成目标网络。通过各领域、各层次目标的相互支持、相互协调，形成一个完整的目标系统。

（三）确定计划的前提条件

计划的前提条件就是计划的假设条件，即计划实施时预期的内外部环境条件。对计划工作的前提条件了解得越细、越透彻，越能始终如一地运用它，则计划工作就做得越好。

由于未来环境的复杂性，要搞清楚每一个细节是不现实的，因此，组织所要确定的计划前提条件必须限于关键性的、对计划的实施影响大的条件。为了使组织或组织的各领域、各部门的计划协调一致，各级、各类管理人员所依据的计划前提条件也必须协调一致。

（四）拟订备选方案

计划前提条件确定后，就要拟订各种可行的计划方案以供评价和选择，从理论上说，拟订可行方案要做到既不重复又不遗漏。如果所拟订出来的各可行方案之间在执行中互相重复交叉，就很难对各方案的优劣进行独立的评价。如果不能找出所有可行方案，就可能会遗漏某些好的计划方案，从而影响所确定的计划方案的质量。但实际上，由于认识能力、时间、经验和费用等，管理者并不可能找到所有可行方案，而只能拟订出若干个比较有利于预期目标实现的可行方案，并对其进行评价分析。当然，管理者应当牢记：如果看起来似乎只有一种可行方案，那这一方案很可能就是错误的。

（五）评价备选方案

根据环境和目标来权衡各种因素，以此对各个方案进行评价。备选方案可能有几种情况：有的方案利润高，但成本也高；有的方案利润低，但风险也高；有的方案对长远规划有益；有的方案对当前工作有好处。在这几种方案并存的条件下，就要根据组织的目标选择一种较合适的方案。一般来说，由于备选方案多，而且有大量的可变因素和限定条件，因此评价备选方案的工作往往是非常复杂的，为此常需借助运筹学、数学方法和计算机技术等各种手段来进行方案评价。

（六）选择方案

选择方案是做出决策的一步，即选出组织将采取的行动方针。管理人员或者依据自己的经验，或者通过对备选方案进行实验，或者对备选方案进行分析研究后做出选择。为了保持计划的灵活性，选择的结果往往可能是两个或更多方案，并且决定首先采取哪个方案，而将其余的方案也进行细化和完善，作为备选方案。

（七）制订派生计划

选择好方案后，计划工作并没有完成，还须为涉及计划内容的各个部门制订总计划的派生计划。几乎所有的总计划都需要派生计划的支持和保证，完成派生计划是实施总计划的基础。例如，一家航空公司为在激烈的市场竞争中赢得优势，决定购买一批客机以增加航班数量，获得经营的规模优势。这一基本计划需要制订很多派生计划来支持，如雇佣和培训各类人员的计划、建立维修设施的计划、飞行时刻表的计划，以及广告筹资和办理保险的计划等。

（八）编制预算

预算是用数字特别是财务数字的形式来描述企业未来的活动计划，预估企业在未来时期的经营收入和现金流量，同时也规定各部门或各项活动在资金、劳动、材料、能源等方面支出的额度。

计划的最后一步是把计划转化为预算，使之数字化。预算是汇总组织各种计划的一种手段，它将各类计划数字化后汇总。预算用数字表述计划，并把这些数字化的计划分解成与组织的职能业务相一致的各部分，这样预算就与计划工作相联系。预算将资源使用权授予组织各部门，但又对资源使用状况进行控制。

思考：如果你要在校园内开设一家打字复印社，按照编制计划的步骤，应怎样编制这个计划？

二、滚动计划法

对于中长期计划而言，由于环境的不断变化，在制订计划时存在着诸多不确定因素，因而在计划实施一段时间之后就可能出现与实际不符的情况。这时如果仍然按照原计划实施，就可能导致巨大的错误和损失。滚动计划法就是将短期计划、中期计划和长期计划有机地结合起来，根据近期计划的执行情况和环境变化情况，定期修订计划的方法。

滚动计划法的具体做法是：在制订计划时，同时制订未来若干期的计划，但计划内容采用近细远粗的方法，即把近期的详尽计划和远期的粗略计划结合在一起。在已编制出的计划的基础上，每经过一段固定时期（如一年或一个季度，这段固定的时期被称为滚动期），便根据变化了的环境条件和计划的实际执行情况，从确保实现计划目标出发对原计划进行调整；每次调整时，保持原计划期限不变，而将计划期限顺序向前推进一个滚动期。滚动计划编制过程如图 3-2 所示。

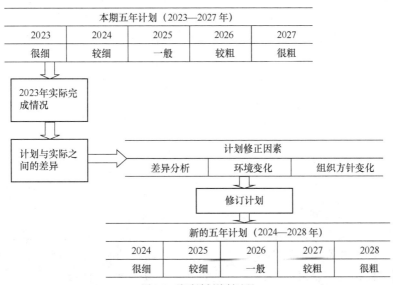

图 3-2　滚动计划编制过程

滚动计划法加大了计划编制的工作量，但其优点是明显的，这种方法推进了对远期计划的决策，提高了对未来估计的准确性，提高了计划的质量；同时，其使长、中、短期计划相互衔接，保证了组织能够根据环境的变化及事件及时进行调整，使各期计划能够基本上协调一致，大大增强了计划的弹性，从而提升了组织的应变能力。

三、网络计划法

网络计划法源于 20 世纪 50 年代末，1965 年由数学家华罗庚在我国推广。网络计划法又称计划评审法或关键路线法，是把一项工作或项目分解成多种作业，然后根据作业顺序进行排列，通过网络图的形式对整个工作或项目进行统筹规划和控制，以便用最短的时间和最少的人力、物力、财力完成既定的目标或任务的方法。

> 思考：华罗庚在《统筹方法平话及补充》中讲到烧水泡茶。烧水泡茶有五道工序：烧开水、洗茶壶、洗茶杯、拿茶叶、泡茶。烧开水、洗茶壶、洗茶杯、拿茶叶是泡茶的前提。各道工序用时分别为：烧开水 15 分钟，洗茶壶 2 分钟，洗茶杯 1 分钟，拿茶叶 1 分钟，泡茶 1 分钟。
>
> 方法 1：第一步，烧水；第二步，水烧开后，洗刷茶具，拿茶叶；第三步，沏茶。
>
> 方法 2：第一步，烧水；第二步，烧水过程中，洗刷茶具、拿茶叶；第三步，水烧开后沏茶。
>
> 比较这两个方法有何不同，哪个方法更优。

网络图是网络计划法的基础。任何一项任务都可分解成许多步骤的工作，根据这些工作在时间上的衔接关系，用箭线表示它们的先后顺序，画出一个由各项工作相互联系并注明所需时间的箭线图，这个箭线图被称作网络图。图 3-3 所示是简单的网络图。

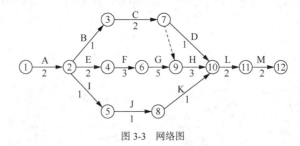

图 3-3　网络图

1. 网络图的构成要素

（1）"→"代表工序。其是一项工作的过程，有人力、物力参加，经过一段时间才能完成。图中箭线下的数字便是完成该项工作所需的时间。此外，还有一些工序既不占用时间，也不消耗资源，是虚设的，叫作虚工序，用虚箭线表示。网络图中应用虚工序的目的是为了避免工序之间关系含糊不清，以正确表明工序之间先后衔接的逻辑关系。

（2）"○"代表事项。其是两个工序间的连接点。事项既不消耗资源，也不占用时间，只表示前道工序结束、后道工序开始。一个网络图中只有一个始点事项、一个终点事项。

（3）线。其是网络图中由始点事项出发，沿箭线方向前进，连续不断地到达终点事项为止的路线。一个网络图中往往存在多条路线，图 3-3 中，从始点①连续不断地走到终点⑫的路线有 4 条，即：

①→②→③→⑦→⑩→⑪→⑫

①→②→③→⑦→⑨→⑩→⑪→⑫

①→②→④→⑥→⑨→⑩→⑪→⑫

①→②→⑤→⑧→⑩→⑪→⑫

比较各路线的路长，可以找出一条或几条最长的路线，这种路线被称为关键路线。关键路线上的工序被称为关键工序。关键路线的路长决定了完成整个计划任务所需的时间。关键路线上各工序完工时间提前或推迟都直接影响着整个活动能否按时完工。确定关键路线，以此合理安排各种资源，对各工序活动进行进度控制，是利用网络计划法的主要目的。

思考：图 3-3 中的关键路线是哪一条？

2. 网络图的绘制原则

（1）有向性：各项工序都用箭线表示。

（2）无回路：网络图中不能出现循环回路。

（3）两点一线：两个连接点之间只能有一条箭线。

（4）源汇各一：网络图只能有一个起点和一个终点。

（5）连接点编号应从小到大、从左到右，不能重复。

一般来说，网络计划法特别适用于项目性的作业，如大型设备的制造、各种工程建设等。它的优势体现在：它能把整个工程的各项任务的时间顺序和相互关系清晰地表现出来，指出完成工程的关键环节和路线，使管理者在制订计划时既可统筹安排，又不失重点；它通过调动非关键路线上的人力、物力和财力，加强关键作业，对工程的时间进度与资源利用进行优化；可事先评定达到目标的可能性，指出实施中可能出现的困难点及其影响，可减少计划完成的风险；便于组织和控制，特别是对于复杂的大项目，可将其分成许多子项目来调整。

第三节 目标管理

目标管理（Management by Objective，MBO）于 20 世纪 50 年代中期出现于美国，由彼得·德鲁克提出，盛行于 20 世纪 60 年代和 70 年代。1954 年，德鲁克在《管理的实践》一书中提出了目标管理的思想。德鲁克认为，并不是有了工作才有目标，而是有了目标才能确定每个人的工作。所以，组织的使命和任务，必须转化为目标。他认为必须将组织的任务转化为目标并层层分解，组织的各级管理人员才能通过这些目标对下属进行领导，以实现组织的总体目标。如果只有总目标而无分目标来指导各个部门和成员的工作，则组织规模越大、人员越多，就越有可能产生冲突和浪费。每个成员的分目标，就是组织总目标对其的要求，同时也是其对组织的贡献。如果每个组织成员都能实现自己的分目标，则组织的总目标必然能实现。可见，目标管理的实质就是将组织的总目标分解为各部门和成员的分目标，上级管理人员根据分目标对下属进行管理。

> 思考：你喜欢被他人（家长、老师）整天"盯"着吗？他人为什么要整天"盯"着你？在怎样的情况下可能实现"我的地盘我做主"？

一、目标管理的含义

目标是行动的方向，任何一个组织要有效运用其有限的资源，首先必须明确其目标。没有明确的目标，整个组织的活动就是杂乱无章的，更无从评价管理的效率与效果。目标对组织有着非常重要的作用。

目标管理在指导思想上是以 Y 理论为基础的，即认为在目标明确的条件下，人们能够对自己负责。目标管理是一个全面的管理系统，它用系统的方法，将组织的任务转化为目标，并层层分解成组织各部门和成员的分目标，以有效实现组织的总目标和个人目标。

目标管理的概念可以从以下几个方面来理解。

1. 目标管理具有目标体系，是一种总体的管理

目标管理方法是通过"手段—目的"链，将组织目标层层分解，形成目标体系。具体来说就是，组织确定了总目标，各单位根据所属部门目标设置本单位的目标，依此类推，直到设置出每个组织成员的个人目标，这样就产生了目标的连锁，这种连锁就会形成组织的目标体系。只有每个成员和部门完成了各自的分目标，整个组织的总目标才能够完成。

2. 目标管理是一种参与管理

目标管理中的目标设定不是像传统的目标设定那样，由上级给下级单向规定目标，而是用参与的方式由上级与下级一起共同确定目标。首先由各级管理者和员工共同制订出总目标，然后对总目标进行分解，通过上下协商，制订出企业各部门、各车间直至每个员工的目标；用总目标指导分目标，用分目标保证总目标，形成一个"目标—手段"链。因此，目标管理的目标转化过程既是自上而下的，又是自下而上的。

3. 目标管理强调"自我控制"，是一种自觉的管理

德鲁克认为，员工是愿意负责的，是愿意在工作中发挥自己的聪明才智和创造性的，如果控制的对象是一个社会中、组织中的人，则应控制的是行为的动机，而不应是行为本身，也就是说，必须以对动机的控制来达到对行为的控制。目标管理实行自我控制，是一种主动的管理方式，用自我控制的管理代替压制性的管理，使员工能够控制员工自己的行为。这种自我控制可以成为员工更为强烈的动力，推动他们尽最大努力把工作做好，而不仅仅是"过得去"。

4. 目标管理是一种注重成果的管理

目标管理强调成果，注重目标的实现，以制定目标为起点，以考核目标完成情况为终点。工作成果既是评定目标完成情况的标准，也是考核和奖惩的依据，因此成为评价管理工作绩效的标志。采用目标管理能如实地评价员工的表现，克服了以往凭印象、主观判断等进行评价的传统管理方法的不足。对于完成目标的具体过程、途径和方法，上级则不做太多干预。所以，在目标管理制度下，监督的成分很少，而目标实现的能力却很强。

5. 目标管理促使权力下放

集权和分权的矛盾是组织的基本矛盾之一，唯恐失去控制是阻碍管理者大胆授权的主要原因之一，推行目标管理有助于协调这一矛盾。促使权力下放，有助于在保持有效控制的前提下使组织气氛更有生气。

目标管理还力求将组织目标与个人目标更密切地结合起来，以增强员工的工作满足感，这对调动员工的积极性、增强组织的凝聚力起到了很好的作用。

二、目标管理的过程

1. 目标设置与建立目标体系阶段

实现目标管理，首先要建立一套完整的目标体系。目标设置与建立目标体系是目标管理最重要的阶段，此阶段可以细分为以下四个步骤。

（1）高层管理者预定目标。这是一个暂时的、可以改变的目标预案，该目标预案必须由上下级共同商量决定。高层管理者必须根据组织的使命和长远战略，估计客观环境带来的机会和挑战，对组织的优劣有清醒的认识，对组织应该和能够完成的目标做到心中有数。

（2）重新审议组织结构和职责分工。目标管理要求每一个分目标都有确定的责任主体。因此预定目标之后，需要重新审查现有组织结构，根据新的目标分解要求进行调整，明确目标责任者和协调关系。

（3）确立下级目标。首先上级应明确组织的规划和目标，然后商定下级的分目标。在讨论中上级要尊重下级，平等待人，耐心倾听下级意见，帮助下级发展一致性和支持性目标。每个员工和部门的分目标要和其他的分目标协调一致，支持本单位和组织目标的实现。

（4）上级和下级就实现各项目标所需的条件以及实现目标后的奖惩事宜达成协议。分目标制订后，要授予下级相应的资源配置的权力，实现权责利的统一。由下级写成书面协议，编制目标管理卡（见表3-2），整个组织汇总所有资料后，绘制出目标图。每个组织的目标管理卡根据组织自身状况进行设计。

表 3-2 员工目标管理卡

员工姓名		部门				签发人	
目标项目	目标值	权限及保障条件	工作进度				奖惩规定
			第一季度	第二季度	第三季度	第四季度	
自我评价		主管评价		考评得分		奖惩	

2. 目标实施阶段

在组织实施目标时，一方面依靠执行者自主管理、自我控制，即由执行者主动地、创造性地完成各自的分目标；另一方面，还需上级管理者充分授权，由直接管理转变为间接管理，即针对下级目标实施情况提出问题，利用双方接触的机会和正常的信息反馈渠道，对下级进行指导、给予帮助，并且为下级更好地完成目标创造良好的工作环境。

3. 考评与反馈阶段

在达到预定期限后，对各级目标的完成情况要进行检查和考核。检查的依据就是事先确定的目标。对检查的最终结果，应当根据目标进行评价，并及时反馈评价结果。反馈对绩效有积极的影响，它可以使执行者认识到自己的成绩和不足。如果目标没有完成，应分析原因、总结教训，切忌相互指责，以保持相互信任的气氛。通过总结经验教训，分享成功的经验，保留好的做法，并加以完善，使之科学化、系统化、标准化、制度化；对不足之处进行原因分析，采取措施加以改进，从而把好的经验用于新的目标管理周期。

三、目标管理的优缺点

目标管理在全世界产生了很大影响，但实施中也出现许多问题，因此必须客观分析其优缺点，这样才能扬长避短、收到实效。

（一）目标管理的优点

1. 提高管理水平

以最终结果为导向的目标管理，迫使各级管理人员认真思考计划的效果，而不仅是考虑计划的活动。为了保证目标的实现，各级管理人员必然要深思实现目标的方法和途径，考虑相应的组织机构和人选，以及需要哪些资源和哪些帮助。

扫一扫

目标管理的优点

2. 改进职责分工

目标管理能够促使管理人员根据目标确定组织的任务和结构。目标作为一个体系，规定了各层次的分目标和任务，那么，在允许的范围内，组织结构要按照实现目标的要求来设置和调整，各职位也应当围绕所期望的成果来建立，这就会使组织结构更趋合理与有效。为了取得成果，各级管理人员必须根据他们期望的成果授予下属人员相应的权力，使其与组织的任务和岗位责任相对应。

3．调动员工的主动性、积极性和创造性

由于目标管理强调自我控制、自我调节，将个人利益和组织利益紧密联系起来，因而提高了士气，对员工起到良好的激励作用，能有效调动员工的主动性、积极性和创造性。

4．改善人际关系

目标管理强调组织内部的纵向和横向沟通，增进了上下级、同级之间的意见交流和相互了解，改善了人际关系，特别是改善了上下级之间的关系。

（二）目标管理的缺点

1．目标难以制订

组织内的许多目标难以定量化、具体化；许多团队工作在技术上不可分解；组织环境中可变因素越来越多，变化越来越快，组织内部活动的日益复杂使组织活动的不确定性越来越大。这些都使得组织的许多活动很难制订数量化目标。

2．目标管理的假设不一定都存在

目标管理是以相信人的积极性和能力为基础的，对人性的假设基于 Y 理论。Y 理论对人的动机做了过分乐观的假设，实际上，人是有机会主义本性的，尤其是在监督不力的情况下。因此，在许多情况下，目标管理所要求的承诺、自觉、自治气氛难以形成。

3．目标商定增加管理成本

目标商定要上下沟通、统一思想，这很费时间；每个部门、员工都关注自身目标的完成，很可能会忽略相互协作和组织目标的实现，易滋长本位主义，出现临时观点和急功近利倾向。

4．目标短期化

在实行目标管理的组织中，确定的目标一般都是短期的，很少有超过一年的，其原因是组织外部环境的可能性变化使各级管理人员难以做出长期承诺。短期目标会导致短期行为，有可能损害企业长期利益。

目标管理和绩效考核极大推动了我国企业管理基础工作的完善，促进了质量改进、管理水平提高和生产效率提升。需要说明的是，在实践中推行目标管理时，除了应掌握具体的方法以外，还要有一定的思想基础和科学管理基础，即员工要有全局观念、长远利益观念，企业制度要比较完善，能较为准确地度量和评价工作成果；培养员工的合作精神，建立健全各项规章制度，改进领导作风和工作方法；要逐步推行、长期坚持、不断完善，从而使目标管理发挥预期的作用。

本章小结

计划是管理的首要职能。一个完整的计划要清楚地回答 5W2H。计划是管理协调工作的依据，是降低不确定性的手段，是提高效率与效益的工具，是管理者实施控制的标准。从不同的角度，可以将计划分为不同的类型。为了做好计划工作，要遵循限定因素原理、许诺原理、灵活性原理和改变航道原理。

编制计划要遵循估量机会、确定目标和目标分解、确定计划的前提条件、拟订备选方案、评价备选方案、选择方案、制订派生计划、编制预算八个步骤。编制计划的方法有滚动计划法和网络计划法等。

目标管理强调组织的成员参与目标的制订，通过自我控制实现目标，注重成果管理，促使权力下放。目标管理具有目标体系，是一种总体的管理。目标管理能提高管理水平，改进组织结构的职责分工，调动员工的主动性、积极性、创造性，改善人际关系。

思考练习

一、名词解释

1．计划

2．战略计划

3．限定因素原理

4．滚动计划法

5．目标管理

二、判断题

1．就管理的过程而言，计划位于管理职能之首。（　　　）

2．计划工作的前提条件就是计划在实施过程中的预期环境。（　　　）

3．计划必须具有灵活性，即当出现意外情况时，有能力改变方向且不必花很大的代价。（　　　）

4．战术计划是战略计划的依据，战略计划是在战术计划指导下制订的，是战术计划的落实。（　　　）

5．当环境不断变化时，计划也要不断调整，因此计划的意义不大。（　　　）

6．滚动计划法是根据计划执行的情况和环境变化的情况定期调整未来计划的一种计划方法，其工作量较小且连接性较好。（　　　）

7．网络图中最长的路线是关键路线，关键路线的路长决定了完成整个计划任务所需的时间。（　　　）

8．目标管理就是上级给下级制定目标，并据此对下级进行考核。（　　　）

9. 在目标管理中，从某种意义上说，目标的制订者就是目标的执行者。（　　）

10. 目标管理中所强调的自主管理是指下属自主制定目标。（　　）

三、单项选择题

1. 在管理中，居于主导地位的工作是（　　）。

  A．计划　　　　　B．组织　　　　　C．人员配备　　　　D．指挥

2. 一家企业因为要做一个新的项目，急需筹措资金。其想到了向银行贷款。企业厂长找到财务科长，向他布置这样的任务："张科长，企业要上新的项目，需要资金，你也知道企业目前缺乏这笔资金。请你想办法从银行申请到贷款。"对于该企业厂长的这一指示，主要在（　　）方面还不够明确。

  A．贷款目的　　　B．贷款地点　　　C．向谁贷款　　　D．何时贷款

3. 在当前飞速变化的市场环境中，人们常常会感到"计划永远赶不上变化"，有人甚至怀疑制订计划是否还有必要，对此，应当采取的正确措施是（　　）。

  A．坚持计划工作的必要性，批判怀疑论者

  B．"赶不上变化"不以人的意志为转移，应当经常修改计划

  C．如果形势变化快，可仅制订短期计划

  D．针对变化的环境，更倾向于制订指导性计划和短期计划

4. 确定合理的计划期限遵循了计划工作的（　　）。

  A．限定因素原理　　　　　　　B．许诺原理

  C．灵活性原理　　　　　　　　D．改变航道原理

5. 计划工作的第一步是（　　）。

  A．估量机会　　　　　　　　　B．确定计划的前提条件

  C．确定目标和目标分解　　　　D．拟订备选方案

6. 某化工企业为了在竞争中处于有利地位，开发了某种投资很大的新产品，投产后产品非常畅销，企业领导也倍感欢欣。但不久便得知，由于该产品对环境有害，国家正在立法，准备逐步取缔该产品。企业顿时陷入一片阴影之中。从计划过程来看，该企业最有可能在（　　）环节上做得不到位。

  A．估量机会、确立目标和目标分解

  B．确定计划的前提条件

  C．拟订备选方案、评价备选方案、选择方案

  D．制订派生计划、编制预算

7. 滚动计划法最突出的优点是（　　）。

  A．使计划编制和实施工作的任务减轻

  B．计划更加切合实际，并使战略性计划的实施更加切合实际

  C．缩短了计划时期，提高了计划的准确性和可操作性

  D．大大加强了计划的弹性，提升了组织的应变能力

8. 某企业在推行目标管理中，提出了以下目标："质量上台阶，管理上水平，效益创一流，人人争上游。"该企业所设定的目标存在的不合理之处是（　　）。

    A. 目标缺乏鼓动性   B. 目标表述不够清楚

    C. 目标无法考核   D. 目标设定得太高

9. 目标管理中，主管对员工人性的判断基于（　　）。

    A. X 理论   B. Y 理论   C. 复杂人假设   D. 经济人假设

10. 实施目标管理的主要难点是（　　）。

    A. 不易于有效地实施管理   B. 不易于调动积极性

    C. 难以有效地控制   D. 设置目标及量化存在困难

四、简答题

1. 计划的作用有哪些？

2. 计划工作应遵循的原理有哪些？

3. 简述编制计划的步骤。

4. 滚动计划法的具体做法是什么？

5. 简述目标管理的过程。

五、案例分析题

南新公司目标管理

南新公司熊总经理在一次职业培训中学习到目标管理。他对这种理论逻辑的简单清晰及其预期的收益印象非常深刻。因此，他决定在公司内部实施这种管理方法。

首先熊总经理为公司的各部门制订工作目标。熊总经理认为：由于各部门的目标决定了整个公司的业绩，因此应该由他本人为他们确定较高目标。确定了目标之后，他就把目标下达给各个部门的负责人，要求他们如期完成，并口头说明在计划完成后要按照目标的要求进行考核和奖惩。

但是他没有想到的是，中层经理在收到任务书的第二天，就集体上书表示无法接受这些目标，致使目标管理方案无法顺利实施。熊总经理感到很困惑。

思考题：

1. 熊总经理的做法存在哪些问题？

2. 熊总经理应该如何更好地实施目标管理？

六、应用分析题

1. 你从早上起床到上学要做以下几件事：叠被子（2 分钟）、洗脸（3 分钟）、刷牙（2 分钟）、刷锅（1 分钟）、煮鸡蛋（10 分钟）、吃早点（10 分钟）。你完成这些事情最少需要多少分钟？

2. 确定你下学期的三个目标。你准备采取哪些措施来实现这三个目标？

七、实训题

假如你从现在开始，10 个月后将参加大学英语等级考试，请你根据本章的相关知识，结合你的实际情况，编制一份为期 10 个月的通过大学英语等级考试的计划。

决策 | 第四章

决策是管理的心脏，管理是由一系列决策组成的，管理就是决策。

——赫伯特·西蒙

学习目标：

➤ 掌握决策遵循的原则。

➤ 理解决策的类型。

➤ 能运用决策的程序进行决策。

➤ 能运用头脑风暴法。

 **导引案例**

任正非：这十几年，华为所有决策出自团队

2018年4月4日下午，深圳市政府和华为在华为位于坂田的总部签署合作协议，华为将扎根深圳发展，建设国际化总部。会后，华为创始人任正非接受了记者专访，畅谈改革开放、企业发展和内部管理，以及新技术的道路。以下内容为记者专访摘录。

记者："华为刚刚完成董事会换届选举，把轮值CEO制度改为轮值董事长制度。新一届董事会延续集体领导模式，这是出于什么考虑？"

任正非："三位轮值董事长在当值期间是公司最高领袖，处理日常工作拥有最高权力，但受常务董事会的集体辅佐与制约，并且所有文件需要经过董事会全委会表决通过；董事长是管规则的，有主持持股员工代表会对治理相关规则及重大问题表决的权力；最高领袖群的权力受规则的约束，并受监事会对董事会行为的监督，监督最高领袖。最高权力放在集体领导、规则遵循、行为约束的'笼子'里，以此形成循环。三位轮值董事长循环轮值，主要是避免'一朝天子一朝臣'，避免优秀干部和优秀人才流失。"

记者："董事会新成员也来后，外界说华为实际领导者还是您？"

任正非："这十几年来，华为采用集体管理决策机制，所有决策都不是我一个人做的。我只是有发言权，跟大家讲讲我的想法，其实他们有时候也不听，我的很多想法也没有被实施。"

记者："新董事会会给华为未来的发展带来什么变化？"

任正非："新董事会只是迭代更替，引入了一些新鲜血液。大多都是继续被选进来了。公司的第一代奋斗集体本着开放进取的哲学，历经三十年，与十八万员工共同努力，把一盘'散沙'转变成了团粒结构的'黑土地'，把'航母'划到了起跑线；第二代奋斗集体要与全体员工一道，继续刨松'土地'，努力增加土地肥力，坚决为战略崛起而奋斗，

67

再用二三十年时间，建立起方向清晰、组织有序、顽强奋斗的集体，与西方优秀公司一同为人类社会繁荣发展稳定服务。"

思考题：轮值董事长制度有何利弊？

管理活动的成功、组织目标的达成必须基于成功的决策，决策是管理工作的核心。在某种意义上，整个管理过程都是围绕着决策的制订和实施展开的。决策的目的是使组织未来的发展更符合决策者的意愿和要求。不同层次的管理者做出不同层次的决策，在管理的不同阶段做出不同性质的决策。

第一节 决策概述

决策是计划的核心或灵魂，它对管理具有决定意义。管理者只有善于在预测的基础上进行科学的决策，才能达到管理目标。随着社会经济和科学技术的发展，决策已成为一门科学，掌握决策技术是管理人员必须具备的素质。

一、决策的含义

在汉语中，"决"是指决定、决断，"策"是指计谋、主意、计策等，决策二字的含义是决定对策。对于管理决策的概念，不同的学者有不同的看法，但其基本内涵大致相同，主要区别在于对决策概念做狭义的还是广义的定义。狭义地说，决策是在几种行动方案中进行选择的一个过程。通俗地讲，狭义的决策就是指拍板、做出决定。

广义的决策是在对组织的内外部环境进行综合分析的基础上，确定组织目标，并用科学的方法拟订、评估各种可行方案，从中优选出合理方案并予以实施的过程。决策理论学派代表人物、诺贝尔经济学奖获得者赫伯特·A. 西蒙（Herbert A.Simon）认为，管理就是决策，决策充满了整个管理过程。决策可以划分为四个主要阶段：找出制定决策的理由；找出可能的行动方案；对诸多行动方案进行评价和抉择；对付诸实施的方案进行评价。决策过程的前三个阶段主要关心的是：问题是什么？备选方案是什么？哪个备选方案最好？显然，前三个阶段是决策过程的核心，然后经过执行过程中的评价阶段，又进入一轮新的决策循环。因此，决策贯穿全部管理活动的始终，即贯穿计划、组织、人员配备、指导与领导和控制活动。

 小知识

赫伯特·西蒙

西蒙1916年出生于美国，早年就读于美国芝加哥大学，1943年获得加利福尼亚大学政治学博士学位，其后又获得多所大学科学、法学、哲学、经济学博士学位。西蒙

1969年获得美国心理学会杰出科学贡献奖，1975年获得美国计算机协会图灵奖，1978年获得诺贝尔经济学奖，1983年获得美国管理科学院学术贡献奖。他在管理学方面的主要著作有《管理行为》（1947年）、《经济学中的决策理论和行为科学》（1959年）、《管理决策新科学》（1960年）等。西蒙1978年获得诺贝尔经济学奖时，瑞典皇家科学院致贺词说，其科学成就远远超过他所教的任何一门学科——政治学、管理学、心理学和信息科学。他的研究成果涉及科学理论、应用数学、统计学、运筹学、经济学和企业管理等方面，在这些领域中西蒙都发挥了重要的作用。

决策的概念包括以下几个要点。

（1）决策要有明确合理的目标，这是决策的出发点和归宿。

（2）决策要有两个或两个以上的可行方案供选择，但只能选择其中一个作为行动方案。

（3）决策要经过科学的分析、评价和选择，必须知道采用各种方案后可能出现的各种结果。

（4）决策是一个过程。

> 思考：你或你家所做的最艰难的决定是什么？最终怎么解决的？现在后悔吗？

二、决策的作用

（一）正确的决策是企业生存和发展的重要保证

在市场经济条件下，企业面临复杂多变的市场环境，它要求企业的行为具有很强的方向性和适应性。一方面，企业的长期战略目标应符合社会和市场的长期利益，要有远见；另一方面，企业的生产经营活动应能满足社会和市场不断变化的需要，要有灵活的适应性。所以，企业必须有正确的决策，以使自己的行为有利于社会和市场，得到认可，并取得经济效益，不断发展壮大。而决策一旦失误，在错误的决策指导下，企业将无法在复杂多变的市场中生存，一切管理活动将以失败告终，遭受重大损失。美国兰德咨询公司认为，世界上每100家破产倒闭的大企业中，85%是因为企业管理者的决策不慎。

（二）科学的决策是实现企业管理现代化的关键

随着市场经济的发展，企业面临的市场竞争、市场需求日益复杂多样，客观上要求企业的管理水平现代化，有效地发挥企业管理的各项职能。而企业管理职能的基础就是决策。没有决策的现代化，各项职能的效用就难以提升，就不可能实现管理的全面现代化。

（三）合理的决策是促进企业整个系统协调统一的重要手段

决策为企业规定的经营目标，是企业一切经济活动和全体职工共同奋斗的总目标。建立目标体系，能调动员工的积极性和创造性，为实现总目标做出贡献。

决策为企业规定的经营方针，是企业各项管理工作应遵循的行动准则，它能统一全体职工的思想和行动，使其相互协调、相互配合。

决策为企业规定的经营策略，是企业落实经营方针和实现经营目标的具体对策和途径，可以使企业的各项管理工作按统一步调有秩序地进行。

三、决策遵循的原则

（一）满意原则

满意原则是针对最优原则而言的。最优原则的理论假设是把决策者作为完全理性的人，决策是以绝对理性为指导，按最优原则行事的结果。对决策者来说，要使决策达到最优，必须满足以下条件：容易获得与决策有关的全部信息；真实了解全部信息的价值所在，并据此制订所有可能方案；准确预估每个方案在未来的执行结果。但在现实中，这些条件往往得不到满足。因此，决策遵循的原则是满意原则，而不是最优原则。

扫一扫

满意原则

满意决策，就是能够满足合理目标要求的决策，具体包括以下内容。

（1）决策目标追求的不是使企业及其期望值达到一种理想的完善状态，而是使其能够得到切实的改善，实力得到增强。

（2）决策的备选方案不是越多越好、越复杂越好，而是要能抓住外部环境提供的机会，较好利用内部资源，满足分析对比和实现决策目标的要求。

（3）决策方案的选择不是避免所有风险，而是对可实现决策目标的方案进行权衡，做到利中取大、弊中取小。

> 思考：如果有一片西瓜地，你只能摘一个西瓜，只能前进不能后退，你能摘到瓜田最大的西瓜吗？为什么？

（二）分级原则

决策在组织内部分级进行，是组织业务活动的客观要求。

（1）组织需要的决策一般都非常广泛、复杂，是高层管理者难以全部胜任的，必须按其难度和重要程度分级进行。

（2）组织管理的重要原则是权责对等、分权管理。实现分级决策，把部分重复进行的、程序化的决策的权力下放给下属，有利于分权管理。分级决策是分权管理的核心。

（3）组织要建立领导制度和层级管理机构，而领导制度和层级管理机构要有效运行，必须遵循一定的原则，其中包括确定决策机构的具体形式、明确决策机构同执行机构之间的关系等。这些规则的建立和运行也要以决策的分级原则为基础。

（三）集体决策与个人决策相结合原则

决策要减少风险，就要充分利用机会，关键时刻要敢于负责、当机立断。否则，就会错失良机。因此，既不能事事集体决策，人人参与，又不能事事个人决策，一个人拍板。要坚持集体决策与个人决策相结合的原则，根据决策事务的轻重缓急选择决策方式。由集体制订带有战略性的、非程序化的、非确定性的、事关组织全局的决策，其他的应酌情选择个人决策或集体决策。

决策作为决策者意志的反映，由少数人进行，意见最易统一；而决策要得到顺利实施，就需要较多人参与。因此，组织在建立决策体系时，要让各方面人士参加，把不同看法、意见、分歧解决在决策过程之中，应注意发挥个人和集体的智慧，把决策的制订和执行紧密地衔接起来。无论是集体决策还是个人决策，都要建立在广泛的民主基础上，在民主基础上实行集中，这是提高决策质量的保证。

（四）整体效用原则

组织作为独立个体，内部有许多单元。这些单元同组织之间存在着局部和整体的关系。组织作为社会的一环，又是社会的一个单元，同社会存在着局部与整体的关系。局部与整体在利益上并不总是一致的。因此，决策者在决策时，应正确处理组织内部各个单元之间以及组织与社会、组织与其他组织之间的关系，在充分考虑局部利益的基础上，把提升整体效用放在首位，实现决策方案的整体满意。

第二节　决策类型与程序

一、决策的类型

决策作为一种组织活动，有着丰富的内容与多样的形式。在组织内处于不同的位置、执行不同管理任务的管理者，随着组织的发展，面对的决策类型是不同的。各类决策之间又存在着一定的联系。管理者应该把握决策的基本类型，以及各类决策之间的相互联系，并有针对性地选择相应的决策方法，或者综合利用各类决策方法，只有这样，才能更好地行使决策职能。

根据决策问题的性质、可控程度和决策主体等，决策可以被划分为多种不同的类型。按决策问题的性质，可以把决策分为程序化决策和非程序化决策；按决策问题的可控程度，可以把决策分为确定型决策、风险型决策和不确定型决策；按决策主体，可以把决策分为个人决策和群体决策。

（一）程序化决策与非程序化决策

组织中的问题可被分为两类：一类是例行问题，另一类是例外问题。程序化决策涉及的是例行问题，非程序化决策涉及的是例外问题。

1. 程序化决策

若问题或情况经常发生，那么解决问题的办法通常是制订一个例行程序。程序化决策按原来规定的程序、处理方法和标准解决管理中经常重复出现的问题，故又称重复性决策、常规决策或例行决策。如管理者日常遇到的产品质量欠佳、设备故障、现金短缺、供货单位未按时履行合同等问题。企业大量的决策都是程序化决策，而且，不同的管理层面对的程序化决策情况不同，如图 4-1 所示。高层管理者所做出的程序化决策在 40% 左右，中层管理者可达 60%～70%，基层管理者或操作者则高达 80%～90%。不少管理者在处理这类重复出现的问题时得心应手，凭经验感觉就能找出问题的症结并提出解决问题的办法。如果把这些经验和解决问题的过程用程序、规章、标准、制度等文件规定下来，将这些包含管理实践的真知灼见和有效成果的文件作为以后处理类似问题的依据和准则，将使组织受益无穷。

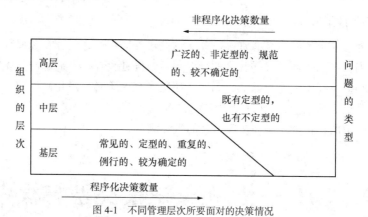

图 4-1　不同管理层次所要面对的决策情况

程序化决策能简化决策过程，缩短决策时间，也能使方案的执行较为容易。程序化决策，能使管理工作趋于简化和便利，使组织能聘用学历较低、经验较少的人员担任层次较高的职位。程序化决策能使大量的重复性管理活动权限下放到下一级管理层中，这样使较高管理层特别是最高管理者能避免陷入日常繁忙的事务中。

2. 非程序化决策

非程序化决策用于解决以往无先例可循的新问题，所决策的问题具有极大的偶然性和随机性，很少重复发生；或由于问题复杂、牵涉面很广或问题极端重要，因而没有既定的程序可用来处理这类问题。这类决策又称非常规决策。非程序化决策通常是有关重大战略问题的决策，如新产品开发、组织结构调整、海外市场开拓、重要的人事任免等。非程序化决策需要考虑内外部条件变动及其他不可量化的因素，决策者个人的经验、知识、洞察力和直觉、价值观等主观因素对决策有很大的影响。

（二）确定型决策、风险型决策与不确定型决策

1. 确定型决策

确定型决策是在稳定（可控）条件下进行的决策。决策者确切知道自然状态的发生情况，每个方案只有一个确定的结果，方案的选择取决于各个方案结果的直接比较。当然，这种类型的决策比较少见。

2. 风险型决策

多数情况下决策者不可能准确地知道将要发生什么样的自然状态，但可以估测出各

种状态发生的概率。一种方案执行后可能出现几种不同的结果，对每种结果发生的概率可做出客观估计。风险型决策是指处在风险状态下，各方案潜在的收益和风险与估测的概率相关的决策。这类决策的关键在于衡量各备选方案成败的可能性（概率），权衡各自的利弊，择优选择。

3. 不确定型决策

不确定型决策是在不确定条件下进行的决策。决策者不清楚所有的备选方案有哪些，以及与其相关的风险和可能的后果，或者即便知道备选方案，也不知道每种自然状态发生的概率。这种不确定性源于现代组织及其环境的复杂性和动态性。在不稳定条件下进行有效的决策，关键在于决策人员对信息资料掌握的程度、信息资料的质量以及对未来形势的准确判断。这类决策主要是根据决策人员的直觉、经验和判断能力来制订的。

> 思考：高考后确定报考专业是风险型决策还是不确定型决策？

（三）个人决策和群体决策

1. 个人决策

个人决策是指管理者凭借个人的判断力、知识、经验和意志，用个人决定的方式做出的决策。个人决策一般用于日常工作中程序化事情和管理者职责范围内的事情的决策。个人决策的优点是决策速度快，能迅速解决问题；缺点是对决策者要求高，决策者个人的价值观、态度、信仰、背景、知识与能力有一定的局限性，限制了决策者解决问题的思路、方法和能力，使个人决策难以应对复杂的问题。

2. 群体决策

群体决策是在充分发挥集体智慧的基础上，由多人共同参与做出的决策。组织中的许多决策，尤其是对组织的活动和人事有极大影响的重要决策都是由集体制订的。委员会、工作组、研究小组、团队等类似的单位作为制订决策的单位存在于各种组织中。管理者有很多时间花费在开会上，开会时大部分时间花费在研究问题、找出解决问题的方案、决定如何制订实施方案和对以往的决策进行总结与反思上，事实上他们就是在进行群体决策。

群体决策的优点是能集思广益，群策群力，克服个人局限性，提供更多的决策信息，产生更多更可行的备选方案，增加方案的可接受性，减少决策失误；缺点是决策耗时、速度慢，决策责任分散、不明确，群体成员心理相互作用影响，易屈服于权威或大多数人的意见，形成群体思维，影响决策的结果，损害决策的质量。

 小故事

通用电气"全员决策"管理制度

1981年，杰克·韦尔奇接任通用电气公司CEO后，认为公司管理得太多，而领导得太少，"工人对自己的工作比老板清楚得多，经理最好不要横加干涉"。为此，他实行了"全员决策"制度，使平时没有机会互相交流的工人、中层管理人员都能出席决策讨论会。"全员决策"的开展，消除了公司中官僚主义的弊端，减少了烦琐程序。

实行"全员决策"使公司在经济不景气的情况下取得了巨大进展。杰克·韦尔奇本人也被誉为20世纪最杰出的CEO。

二、决策的程序

决策活动是一个科学的动态过程，不能被简单地理解为管理者拍板做决定的瞬时行为。在现代管理中，一些关系到组织存在与发展的重大决策活动往往表现为一个复杂的过程。要达到有效决策的目的，必须遵循科学的决策程序。一般来说，决策的基本程序包括研究现状、确定决策目标、寻求可行方案、方案评价和选择、决策实施和反馈环节，如图4-2所示。

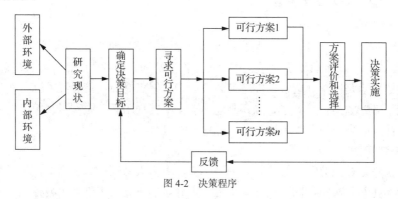

图 4-2　决策程序

（一）研究现状

发现问题是决策的起点。决策是为了解决一定问题而制订的，研究现状的目的是为了找出现状与期望状态之间的差距，这种差距的大小及其根源是组织诊断和进行相应决策的原因和目的所在。在这一阶段，追查问题的根源、正确界定要解决的主要问题是后面各步骤科学有效的基础。

（二）确定决策目标

决策目标既是制订决策方案的依据，又是执行决策、评价决策执行效果的标准。只有明确了决策目标，才能避免决策失误。因此，确定决策目标是决策的重要环节。确定决策目标的目的在于澄清解决问题的最终目的，明确应达成的目标，并对目标的优先顺序进行排序，从而减少以后决策过程中不必要的麻烦。

（三）寻求可行方案

在诊断问题的根由并澄清解决此问题的真正目标后，应寻求所有可能用来消除此问题的对策及有关限制因素。可能的备选方案应互相具有替代作用。选用何种方案应视其在各相关限制因素的优劣地位及成本效益而定。如采购问题的决策考虑因素有价格（成本）、品质、交货持续性、交货时间、互惠条件、售后服务、累计折扣等。在寻求可行方案时，要充分发挥民主讨论、集思广益、群策群力的作用，提出的可行方案应尽可能详尽，方案的数量越多、质量越好，选择的余地就越大。

（四）方案评价和选择

对决策的备选方案进行比较评价，确定满意方案是决策的关键环节。要进行选择，首先要了解各种方案的优势和劣势，为此需要对不同方案加以评价和比较，着重对每个备选方案的可行性、满意度和可能产生的结果进行分析。备选方案分析步骤如图 4-3 所示。

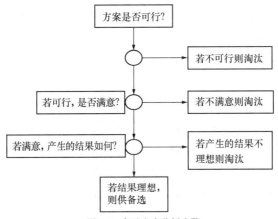

图 4-3　备选方案分析步骤

（1）可行性评估。可行性评估即评估这个方案是否有可能执行。如某些方案会受到资金限制、法律限制、人力与物力的限制，从而无法实现，即无可行性，这些方案就应该被淘汰。

（2）满意度分析。所谓满意就是指某一方案是否满足了决策所处条件下的要求。如果不满意，则淘汰；即使令人满意，但也往往因付出的代价大于收益而被放弃。从费用与效果之比角度看，决策只能是力图以尽可能小的代价换取尽可能大的效益，从而实现最好的决策效益。

（3）可能产生的结果评估。可能产生的结果评估即对该方案可能带来的代价和效益进行分析评估。分析评估的内容有：如果采用了该方案，将会给组织内各部门带来什么影响，这些影响又将付出多少代价、得到多少好处等。

方案的选择主要与决策者的价值观念、决策所面对的不确定性和决策者所掌握的决策信息有关。

（五）决策实施和反馈

从现代决策理论观点来看，决策不只是一个简单的方案选择问题，它还包括决策的实施。决策的实施首先要有广大组织成员的积极参与。为了有效地组织决策实施，决策者应通过各种渠道将决策方案向组织成员通报，争取成员的认同，当然最可取的方法是设计出一种决策模式，争取让所有成员参与决策、了解决策，以便更好地实施决策。

一个方案可能涉及较长的时间，由于组织内部条件和外部环境的不断变化，管理者要不断修订方案来减少或消除不确定性。对与既定目标发生部分偏离的，应采取有效措施，以确保既定目标的顺利实现；对客观情况发生重大变化、原先目标确实无法实现的，则要重新寻找问题或机会，确定新的目标，重新拟订可行的方案，并进行评价、选择和实施，使之不断适应变化了的新形势、新环境和新条件。

三、影响决策的因素

合理决策是管理者提高管理水平所必须行使的重要职能，但是，进行合理决策经常会受到诸多因素的影响，其中环境、过去的决策、决策者、组织文化、时间等因素应该引起决策者的注意。

（一）环境

环境是决策方案产生的载体，也是决策方案得以实现的保障。决策方案能否实现，关键取决于管理者能否全面有效地把握和利用有关的环境信息，能否根据环境信息的各种不同情况做出相关的反应。所以，管理者在行使决策职能时，首先应该对组织的所有环境条件进行详尽的调查和分析，并合理确定组织在未来活动中的起点和预期目标，使组织决策保持良好的连续性和发展性。

（二）过去的决策

过去的决策是当前决策的起点。过去决策的实施，会给组织内部状况和外部环境带来某种程度的变化，进而给"非零起点"的当前决策带来影响。

过去的决策对当前决策的影响程度取决于过去的决策与现任决策者的关系。如果过去的决策是由现任决策者做出的，则决策者考虑到要对自己当初的选择负责，就不会愿意对组织活动做重大调整，而倾向于将大部分资源继续投入过去决策的实施中，以证明自己一贯正确。相反，如果现任决策者与过去的决策没有什么关系，则重大改变就有可能被其接受。

（三）决策者

决策者是影响决策过程的关键因素。决策者对决策的影响，主要通过决策者的知识、心理、观念、能力等各种因素产生。

在决策时，决策者必须具备承担决策风险的心理承受能力。喜好风险的人通常会选取风险程度较高但收益也较高的行动方案，而厌恶风险的人通常会选取较安全同时收益水平也较低的行动方案。

（四）组织文化

组织文化会影响组织及其成员的行为以及行为方式，进而影响组织对方案的选择与实施。

在具有开拓、创新气氛的组织中，人们以发展的眼光来分析决策的合理性，渴望变化、欢迎变化、支持变化。显然，欢迎变化的组织文化有利于新决策的实施。相反，在偏向保守、怀旧、维持传统的组织中，人们总是根据过去的标准来判断现在的决策，人们总是对将要发生的变化产生怀疑、害怕和抵御的心理并做出相应行为。抵御变化的组织文化可能会给任何新决策的实施都带来灾难性的影响。

（五）时间

时间本身就是决策的重要组成部分，同时又是限制决策的重要因素。美国学者威廉・R. 金和大卫・I. 克里兰把决策划分为时间敏感型决策和知识敏感型决策。

时间敏感型决策是指必须迅速且尽量准确做出的决策。这种决策对速度的要求远胜于质量。管理者应该充分认识时间对决策的影响作用，并充分利用有限的时间做出正确的决策。战争中军事指挥官的决策多属于此类决策。

 小故事

救妻子还是救孩子

一个农民从洪水中救起了他的妻子，他的孩子却被淹死了。

事后，人们议论纷纷。有人说他做得对，因为孩子可以再生一个，妻子却不能复活。有人说他做错了，因为妻子可以另娶一个，孩子却不能复活。

如果只能救一人，究竟应该救妻子还是救孩子呢？

有人去拜访那个农民，问他当时是怎么想的。

他答道："我什么也没想。洪水袭来，妻子在我身边，我抓住她就往附近的山坡游。当我返回时，孩子已经被洪水冲走了。"

知识敏感型决策是指对时间要求不高而对质量要求较高的决策。决策者通常有宽裕的时间来充分利用各种信息。这种决策着重于未来，而不是现在；着重于机会的运用，而不是避开威胁。这类决策的执行效果主要取决于质量而非速度。组织中的战略决策大多属于知识敏感型决策。

第三节　决策方法

随着决策理论和实践的不断发展，人们在决策中所采用的方法也不断得到充实和完善。彼得・德鲁克在《卓有成效的管理者》中指出，有效的决策方法具有五个方面的要求。

（1）要明确问题的实质是否属于常态，以找出能够建立一种规则或原则的决策方案。

（2）要找出解决问题所必须满足的条件，即边界条件。

（3）先弄清什么是能够充分解决问题的正确方案，然后考虑使方案得以被接受所需的必要的妥协和让步。

（4）要有保证决策得以实施的具体措施。

（5）在执行决策的过程中，注意信息反馈以检查决策的正确性和有效性。

企业经营决策方法一般分为两大类：一类是定性决策法，另一类是定量决策法。定性决策法是指在决策过程中充分发挥专家集体的智慧、能力和经验的作用，在系统调查研究分析的基础上，根据掌握的情况与资料进行决策的方法。定性决策是一种主观决策。定性决策法有头脑风暴法、德尔菲法、环比法与归类法等，本书重点介绍头脑风暴法与德尔菲法。定量决策法是指根据现有数据，运用数学模型进行决策的一种方法，它能使决策精确化和程序化。本书重点介绍定量决策法中的盈亏平衡分析法和不确定型决策方法。

一、头脑风暴法

头脑风暴法是现代创造学创始人——美国学者亚历克斯·F. 奥斯本（Alex Faickney Osborn，1888—1966）于 1939 年首次提出、1953 年正式发表的一种激发性思维的方法。头脑风暴法也叫作思维共振法，是一种通过小型会议的组织形式，让所有参加者在融洽、轻松、畅所欲言的气氛中自由发表意见和看法，并以此激发与会者的创意及灵感，因而可以迅速收集到各种意见和建议的决策方法。它适合解决比较简单、需要严格确定的问题，如产品名称、广告口号、销售方法、员工激励等的确定，以及需要大量的构思、创意的行业，如广告业。

头脑风暴法可以分为直接头脑风暴法（通常简称为"头脑风暴法"）和质疑头脑风暴法（也被称为"反头脑风暴法"）。前者是在专家群体决策的基础上尽可能地激发创造力，产生尽可能多的设想和方案的方法；后者则是对前者提出的设想、方案逐一质疑，分析其现实可行性的方法。

1. 头脑风暴法的程序

（1）确定议题。一个好的头脑风暴法从对问题的准确阐明开始。因此，必须在会前确定一个目标，使与会者明确通过这次会议需要解决的问题，同时不能限制可能的解决方案的范围。

（2）会前准备。为了使头脑风暴会的效率较高、效果较好，可在会前做一些准备工作。会场可做适当布置，座位可排成圆环形。在头脑风暴会正式开始前还可以出一些创造力测验题供大家思考，以便活跃气氛、发散思维。

（3）确定人选。与会者一般以 8～12 人为宜，也可略有增减。与会者人数太少将不利于交流信息、激发思维；而人数太多则不容易掌握，并且每个人发言的机会相对较少，也会影响会场气氛。只有在特殊情况下，与会者的人数才可不受上述限制。

（4）明确分工。要推定一名主持人，1～2 名记录员（秘书）。主持人的作用是在头脑风暴会开始时重申讨论的议题和纪律，在会议进程中启发引导，掌握进程。如通报会议进展情况，归纳某些发言的核心内容，提出自己的设想，活跃会场气氛，或者让大家静下来认真思索片刻再组织下一个发言高潮等。记录员应将与会者的所有设想都及时进行编号，简要记录，最好写在黑板等醒目处，让与会者能够看清。记录员也应随时提出自己的设想，切忌持旁观态度。

（5）规定纪律。根据头脑风暴法的原则，可规定几条纪律，要求与会者遵守。如要集中注意力，积极投入；不要私下议论，以免影响他人思考；发言要针对目标，开门见山，不必做过多的解释；与会者之间要相互尊重，平等相待，切忌相互褒贬等。

（6）掌握时间。经验表明，创造性较强的设想一般在会议开始 10～15 分钟后逐渐产生。会议时间最好安排在 30～45 分钟。若需要更长时间，则可把议题分解成几个小问题分别进行专题讨论。

2. 头脑风暴法的成功要点

一次成功的头脑风暴除了在程序上有要求之外，更为关键的是探讨方式、心态上的转变，概言之，即充分的、非评价性的、无偏见的交流。具体而言，可归纳为以下几点。

扫一扫

头脑风暴法的成功
要点

（1）自由畅谈。与会者不应该受任何条条框框的限制，而应放松思想，让思维自由驰骋，从不同角度、不同层次、不同方位，大胆地展开想象，尽可能地标新立异、与众不同，提出独创性的想法。

（2）延迟评判。头脑风暴法必须坚持当场不对任何设想做出评价的原则，即既不能肯定某个设想，又不能否定某个设想，也不能对某个设想发表评论性的意见，一切评价和判断都要延迟到会议结束以后进行。

（3）禁止批评。参加头脑风暴会的每个人都不得对别人的设想提出批评意见，因为批评对创造性思维的产生无疑会产生抑制作用。同时，发言人的自我批评也在禁止之列。自我批评性质的说法同样会破坏会场气氛，影响自由畅想。

（4）追求数量。头脑风暴会的目标是获得尽可能多的设想，追求数量是它的首要任务。参加会议的每个人都要抓紧时间多思考，多提设想。在某种意义上，设想的质量和数量密切相关，产生的设想越多，其中的创造性设想就可能越多。

> 思考：现在手机里有什么功能是没有实现，而又是人们需要的？

二、德尔菲法

德尔菲（Delphi）原为古希腊的城市名，相传太阳神阿波罗（Apollo）在德尔菲杀死了一条巨蟒，成了德尔菲的主人。阿波罗不仅年轻英俊，而且对未来有很强的预见能力。

德尔菲法，又叫作专家预测法、专家调查法，是以匿名方式通过几轮函询征求专家的意见，组织决策小组对每一轮的意见进行汇总整理后作为参考再发给各专家，供他们分析判断以提出新的论证的方法。几轮反复后，专家意见渐趋一致，最后供决策者进行决策。

1946 年，美国兰德公司为避免集体讨论存在的屈从于权威或盲目服从多数的现象，首次用德尔菲法来进行定性预测，后来该方法被迅速广泛采用。这种方法的要旨是听取专家关于处理某一问题的意见。专家可以是来自第一线的管理人员，也可以是高层经理，既可以来自组织内部，也可以来自组织外部，包括在该问题方面有经验的大学教授、研究人员和管理者。

德尔菲法实施的主要步骤如下。

（1）组成专家小组。按照课题所需要的知识范围确定专家。专家人数的多少，可根据预测课题的大小和涉及面的宽窄而定，一般不超过 20 人。

（2）向所有专家提出所要预测的问题及有关要求，并附上有关这个问题的背景材料，同时请专家提出还需要什么材料，然后由专家做书面答复。

（3）各位专家根据他们所收到的材料，提出自己的预测意见，并说明自己是怎样利用这些材料并提出预测意见的。

（4）逐轮收集意见并向专家反馈信息。这是德尔菲法的主要环节。收集意见和反馈信息一般要经过三轮或四轮。在向专家进行反馈的时候，只给出各种意见，但并不说明发表各种意见的专家的姓名。这一过程重复进行，直到每一个专家不再改变自己的意见为止。匿名性是德尔菲法极其重要的特点。匿名是指从事预测的专家不知道还有哪些人参加预测，他们是在完全匿名的情况下交流思想的，以保证各成员能独立做出自己的判断。

（5）对专家的意见进行综合处理。一般来说，经过三四轮调查后（典型的德尔菲法共进行四轮），专家意见会比较集中，这时就可以把最后一轮调查所得到的结果取作专家小组的意见。需要说明的是，并不是所有被预测的事件都要经过四轮，可能有的事件在第二轮就达到意见统一；另外，专家对各事件的预测也不一定最终都会达到统一。

德尔菲法能充分发挥专家作用，背对背的形式可以排除心理影响，避免从众行为，而且带有反馈地进行意见测试，可使各种意见相互启迪，从而做出正确的决策。该方法的缺点是比较费时间，成本高，不易邀请到合适的专家，不适用于日常决策。

三、盈亏平衡分析法

确定型决策问题只存在一个确定的自然状态，决策者可依科学的方法做出决策。其主要方法是盈亏平衡分析法。

由于确定型决策存在着两种或两种以上的可供选择的方案，而且每种方案的最终结果是确定的，因此，决策者可以凭个人判断做出精确的决策。

盈亏平衡分析主要是通过对企业产量（或销售量）、成本以及利润水平进行分析来对企业的销售价格、成本控制以及是否进行生产等问题进行决策。

在盈亏平衡分析中，为了分析方便，可将成本分为固定成本和可变成本两类。其中，固定成本是指在一定业务量范围内，不随着产销量的变化而变化的成本，如设备的折旧费、厂房的租赁费用等；可变成本则是指在一定业务量范围内，随着产销量的变化而变化的成本，如直接材料、直接人工成本等。

量本利三者之间的基本关系可以表示为：

利润=销售量×单价-（固定成本+可变成本×销售量）

根据这一基本关系，企业可以决定其是否需要进行生产、盈亏平衡时的销售量、在一定销售量下为了实现盈利应该确定多高的价格等。盈亏平衡分析的关键是找出盈亏平衡点。代数法是找出盈亏平衡点的常用方法。假设 P 代表单位产品价格，Q 代表产量或销售量，C 代表总固定成本，V 代表单位变动成本，π 代表总利润。

（1）保本产量：企业不盈不亏时，$PQ=C+VQ$，所以，保本产量 $Q=C/(P-V)$。

（2）保目标利润的产量：设目标利润为 π，则 $PQ=C+VQ+\pi$，所以保目标利润 π 的产量 $Q=(C+\pi)/(P-V)$。

（3）利润：$\pi=PQ-C-VQ$。

（4）安全边际和安全边际率：安全边际=方案带来的产量-保本产量；安全边际率=安全边际/方案带来的产量×100%。

可供参考的经营安全经验数据如表 4-1 所示。

表 4-1　　　　　　　　　　　　　　经营安全经验数据

经营安全率	30%以上	25%~30%	15%~24%	10%~14%	10%以下
经营安全状况	很安全	较安全	过得去	要警惕	危险

例 4-1：某厂生产一种产品，售价为每件 300 元，固定费用总额为 400 万元，每件产品的零件费为 150 元，人工工资为 40 元，其他费用为 60 元。求：

（1）该厂的盈亏平衡点产量；

（2）如果该厂只能生产 100 000 件产品，其经营安全性如何？

解：（1）　　$Q=\dfrac{C}{P-V}$

$$=\frac{4\,000\,000}{300-(150+40+60)}$$

$$-80\,000（件）$$

即当产量为 80 000 件时，处于盈亏平衡点上。

（2）安全边际率　$L=\dfrac{Q_1-Q_0}{Q_1}\times100\%$

$$=\frac{100\,000-80\,000}{100\,000}\times100\%$$

$$=20\%$$

即生产 100 000 件产品，该厂经营安全性过得去。

四、不确定型决策方法

不确定型决策是在对未来自然状态完全不能确定的情况下进行的。由于决策主要凭借决策者的经验、智慧和风格，会产生不同的评选标准，因而形成了多种具体的决策方法。

常用的不确定型决策方法有乐观法、悲观法、后悔值法、平均法等。下面通过举例来介绍这些方法。

例4-2：某公司计划生产一种新产品。据市场预测，该产品在市场上的需求量有四种可能：需求量较高、需求量一般、需求量较低、需求量很低。每种情况出现的概率均无法预测。现有三种方案：A 方案是公司动手，改造原有设备；B 方案是全部更新，购进新设备；C 方案是购进关键设备，其余设备由公司改造。该产品计划生产 5 年。各方案在各种自然状态下 5 年内的预期损益情况如表 4-2 所示。

表4-2　　　　　　　　　　　　　　　　　　预期损益情况

单位：万元

方案	自然状态			
	需求量较高	需求量一般	需求量较低	需求量很低
A 方案	70	50	30	20
B 方案	100	80	20	−20
C 方案	85	60	25	5

（1）乐观法（大中取大法）。乐观法是指把可能达到的最高回收额极大化，即比较各方案所产生的最大收益，选取收益最大的方案。这种决策方法是建立在决策者对未来形势估计非常乐观的基础之上的，即认为极有可能出现最好的自然状态，于是争取好中取好。具体方法是：先从每个方案中选择一个最大的收益值，即 A 方案 70 万元，B 方案100 万元，C 方案 85 万元；然后再从这些方案中选择一个最大值，即 B 方案的 100 万元，将 B 方案作为决策方案。

（2）悲观法（小中取大法）。这种决策方法是建立在决策者对未来形势估计非常悲观的基础上的，认为未来会出现最差的自然状态，因此，无论采取哪种方案，都只能获取该方案的最小收益，故从最坏的结果中选择最好的，即比较各方案所产生的最小收益，而选择其中收益最大的方案。具体方法是：先从每个方案中选择一个最小的收益值，即 A 方案 20 万元，B 方案-20 万元，C 方案 5 万元；然后从这些最小收益值中选取一个最大值，即 A 方案的 20 万元，将 A 方案作为决策方案。

（3）后悔值法（大中取小法）。管理者在选择了某方案后，如果将来发生的自然状态表明其他方案的收益更大，那么管理者会为自己的选择而后悔。后悔值法的基本思想是使选定决策方案后可能出现的后悔值达到最小，即蒙受的损失最小。各种自然状态下的最大收益值与实际采用方案的收益值之间的差额，叫后悔值。

这种决策方法的步骤是：先从各种自然状态下找出最大收益值；再用各种方案的收益值减去最大收益值，求得后悔值；然后从各方案后悔值中找出最大后悔值，并从中选择最大后悔值最小的方案作为决策方案。三个方案最大后悔值分别为 30 万元、40 万元和 20 万元，因为 C 方案的最大后悔值最小（20 万元），故选 C 方案，如表 4-3 所示。

表 4-3　　　　　　　　　　　　　　　最大后悔值比较

单位：万元

方案	自然状态				
	需求量较高	需求量一般	需求量较低	需求量很低	最大后悔值
A 方案	30（100−70）	30（80−50）	0（30−30）	0（20−20）	30
B 方案	0（100−100）	0（80−80）	10（30−20）	40（20+20）	40
C 方案	15（100−85）	20（80−60）	5（30−25）	15（20−5）	20

（4）平均法（等概率法）。平均法是指对每种可能发生的自然状态设定相等的概率，即如果管理人员不知道各种自然状态发生的概率，那他们可以假设所有自然状态都有同等出现的可能性。也就是说，他们可以为每一种自然状态设置相等的概率，从而将决策转化为风险型决策。

A 方案的期望值=（70+50+30+20）÷4=42.5（万元）

B 方案的期望值=［100+80+20+（−20）］÷4=45（万元）

C 方案的期望值=（85+60+25+5）÷4=43.75（万元）

经过比较，B 方案的收益最大，所以选择 B 方案。

上述四种方法在实际中往往是同时运用的，并将四种决策方法中被选中次数最多的方案作为决策方案。

本章小结

决策是管理工作的核心。狭义的决策就是指拍板、做出决定。广义的决策是在对组织的内外部环境进行综合分析的基础上，确定组织目标，并用科学的方法拟订、评估各种可行方案，从中优选出合理方案并予以实施的过程。西蒙认为，管理就是决策，决策贯穿整个管理过程。决策要遵循满意原则、分级原则、集体决策与个人决策相结合原则、整体效用原则。

决策作为一种组织活动，有着丰富的内容与多样的形式。依据不同的角度，决策有不同的分类。决策活动是一个科学的动态过程。一般来说，决策的基本程序包括研究现状、确定决策目标、寻求可行方案、方案评价和选择、决策实施和反馈等几个环节。进行合理决策经常会受到环境、过去的决策、决策者、组织文化和时间等诸多因素的影响。

企业决策方法一般分为定性决策法与定量决策法两大类。定性决策法主要有头脑风暴法与德尔菲法。确定型决策的主要方法是盈亏平衡分析法；常用的不确定型决策方法有乐观法、悲观法、后悔值法、平均法。

思考练习

一、名词解释

1. 决策

2. 程序化决策

3. 非程序化决策

4. 头脑风暴法

5. 德尔菲法

二、判断题

1. 决策就是要选择一个最好的方案去实现组织的目标。（　　）

2. 通常讲的领导拍板就是决策。（　　）

3. 管理者在决策时离不开信息，信息的质量和数量直接影响决策水平，所以管理者要收集尽可能多的信息。（　　）

4. 西蒙是决策理论学派的代表人，他认为管理就是决策。（　　）

5. 必须迅速做出的决策属于时间敏感型决策，时间敏感型决策对速度的要求超过质量。（　　）

6. 只要决策者按正确的决策程序和决策方法办事，就一定能找到最优的决策方案。（　　）

7. 程序化决策涉及的是例外问题，而非程序化决策涉及的是例行问题。（　　）

8. 下级参与决策程度越深，决策的质量就越高。（　　）

9. 直觉决策没有任何依据，因此在实际工作中应该避免。（　　）

10. 运用头脑风暴法时，需要限制参与人发言以保证讨论围绕主题进行。（　　）

三、单项选择题

1. 以下行为不是决策的是（　　）。

  A. 决定开发一种新产品   B. 接受上级指令

  C. 扩大生产规模   D. 对例行问题做决定

2. 有两个卖冰棍的个体户，平时每天每人平均能卖 200 支。某日有雨，甲进货时少进了 100 支，一天全部卖掉，甲对自己的精明能干感到十分高兴。乙进货时，其父嘱咐："多进 100 支，今天的雨不过午，10 点雨停，12 点阳光灿烂，13 点开始闷热。"因其父前一天已看了天气预报，其子遵嘱，进货 300 支，一天也全卖掉了，乙高兴其父精明。据此，你同意的看法是（　　）。

  A．科学预测是正确决策的依据

  B．甲与乙的做法相当于两个企业的相对萎缩和绝对扩大

  C．乙父比乙精明

  D．人算不如天算

 3．有一种说法认为"管理就是决策"，这实际上意味着（　　）。

  A．对于管理者来说，只要善于决策就一定能够获得成功

  B．管理的复杂性和挑战性都是决策的复杂性而导致的

  C．决策能力对管理的成功具有特别重要的作用

  D．管理首先需要的就是面对复杂的环境做出决策

 4．一公司出台了"带薪休假时间一律不得超过一星期"的规定，这一规定遭到多数职工的反对，他们要求公司经理废止这一规定。事实上，这个规定就是为了不给职工取巧的机会而做出的。你认为经理应该（　　）。

  A．接受职工的请求，立即废止这一规定，因为这是大多数人的意见

  B．声明如果上班状况有改进，将很乐意废止这个规定

  C．为了避免将来的麻烦，设法调查这次事件的发起人

  D．坚决执行规定，对继续反对者予以开除

 5．你正面临是否购买某种奖券的决策。你知道每张奖券的售价以及该期发行奖券的总数、奖项和相应的奖金金额。在这样的情况下，该决策的类型和加入后能使该决策变成一个风险型决策的是（　　）。

  A．确定型决策；各类奖项的数量

  B．风险型决策；不需要加入其他信息

  C．不确定型决策；各类奖项的数量

  D．不确定型决策；可能购买该奖券的人数

 6．在管理决策中，许多管理人员认为只要选取满意的方案即可，而无须刻意追求最优的方案。对于这种观点，你认为以下最有说服力的解释是（　　）。

  A．现实中不存在所谓的最优方案，所以选中的都只是满意方案

  B．现实管理决策中常常由于时间太紧而来不及寻找最优方案

  C．由于管理者对什么是最优决策无法达成共识，因此只有退而求其次

  D．刻意追求最优方案，常常会由于代价太高而最终得不偿失

 7．某公司为了寻找改进管理的途径召开头脑风暴会。在会议上大家各抒己见，但是少数人提出的方法荒诞不经，甚至有的让人感觉离题太远。对于这种情况，你应该（　　）。

  A．委婉地打断他，让别人发言

  B．及时断然地打断他，这样才可以防止其他人犯同样的错误

  C．让大家畅所欲言，不应该干预

  D．只有在他谈论和主题无关的话题时才打断他

8. 某企业生产某种产品，固定成本为 20 万元，单位可变成本为 100 元，每台售价 200 元，则该产品的盈亏平衡点产量是（　　）。

　　A. 400 台　　　　　B. 2 000 台　　　　C. 4 000 台　　　　D. 20 000 台

9. 某企业计划开发新产品，有三种设计方案可供选择。不同设计方案的制造成本、产品性能各不相同，在不同的市场状态下的损益值也不同。有关资料如表 4-4 所示。用乐观法、悲观法和后悔值法分别选出的满意方案是（　　）。

表 4-4　　　　　　　　　　　　　损益值比较

单位：万元

方案	市场状态		
	畅销	一般	滞销
方案 X	400	300	200
方案 Y	500	360	150
方案 Z	600	200	−100

　　A. 方案 X、方案 Y、方案 Z　　　　　B. 方案 X、方案 Z、方案 Y

　　C. 方案 Y、方案 Z、方案 X　　　　　D. 方案 Z、方案 X、方案 Y

10. 作为某公司总经理的老张，最应该处理和拍板的管理任务是（　　）。

　　A. 对一位公司内部违纪职工按规章进行处理

　　B. 对一家主要竞争对手突然大幅削价做出反应

　　C. 选择公司各部门办公计算机的分配方案

　　D. 对一位客户的投诉进行例行处理

四、简答题

1. 决策应遵循哪些基本原则？

2. 确定型决策、风险型决策和不确定型决策有何区别？

3. 影响决策的因素有哪些？

4. 列举一个你用头脑风暴法做出决策的例子。在这个过程中，你认为哪些地方需要改进？

5. 简述德尔菲法的基本特点。

五、计算分析题

1. 假定某家具制造厂生产一种书桌，售价为每台 50 元，年固定费用为 66 000 元，每台书桌的材料费为 18 元，人工工资为 6 元，其他变动费用为 4 元。请做出以下决策。

（1）要使工厂不亏本，每年至少应生产多少台书桌？

（2）要获得 22 000 元的盈利，该厂应决定生产多少台书桌？

2. 某企业为了开发一种新产品，有四种方案可供选择：（1）在原有基础上改建一条生产线；（2）重新引进一条生产线；（3）与协作厂商完全联合生产；（4）与协作厂家部分联合生产，即请外厂加工零件。未来这种新产品可能出现四种市场需求状态，即较高、一般、较低、很低。不知道每种状态出现的概率，但可推算出各种方案在未来各种市场需求状态下的损益情况，如表 4-5 所示。试用乐观法、悲观法、后悔值法、平均法进行决策。

表 4-5 损益值对比

单位：元

市场需求状态	生产方案			
	Ⅰ	Ⅱ	Ⅲ	Ⅳ
较高	600	850	300	400
一般	400	420	200	250
较低	−100	−150	50	90
很低	−350	−400	−100	−50

六、案例分析题

领导如何进行决策

A局B公司近年来工作效率低下，缺乏生气，现任经理年龄又较大，即将退休。因B公司内部推荐不出适当人选，于是A局组织人事部门经过考察，把C公司副经理王平调任为B公司经理。

王平是一个政治素质好、事业心强、富有改革创新精神的中年干部。他上任后，感到要当好B公司经理，打开工作新局面，首先必须熟悉B公司的方方面面，因此，他不急于发号施令。通过一段时间的调查研究，他发现B公司机关存在以下问题：一是公司机关过分臃肿，部门林立，职能不清，在工作中出现相互扯皮、互相推诿的现象，有的科室还存在"官多兵少"的现象；二是规章制度不健全，工作纪律松懈；三是工作人员中有相当一部分同志年龄偏大或文化专业素质较低。

王经理感到，要扭转公司机关的不良形象，打开工作新局面，必须对公司的机构和人员配置进行改革；同时，他又感到改革牵涉的面较广，自己又是新来B公司工作的，有关改革的重大事宜还是先与其他几位公司领导商量为妥。于是他找了几位副经理和党委成员，简要谈了自己的改革打算，他们听了以后欣然表示支持。王经理备受鼓舞，对公司机关的改革充满了信心，经过一段时间的深思熟虑后，他想出了一个改革方案，包括以下两个方面的内容。

第一，以事为中心，按照机构设置科学化、合理化原则，精简机构，明确各部门职能，同时在精简机构的过程中，各科室实行优化组合，并引入竞争机制，通过双向选择，组成新的科室领导班子和成员。

第二，加强规章制度建设，各科室必须制定严格的考勤制度和岗位责任制等规章制度，用硬性管理方法整治公司机关的秩序，加强工作人员的纪律性，以提高工作效率。

然后，王经理召开了公司经理扩大会议，请与会者畅所欲言，对改革方案充分发表自己的看法。但没想到，讨论会上出现了各种不同的意见。

有的同志认为主管局要求上下部门之间垂直对口，目前在主管局机构改革未进行的情况下，公司精简机构条件不成熟；有的同志认为在公司相当一部分人员年龄偏大和素质较低的状况下，实行优化组合阻力较大，主张目前应加强对工作人员的岗位业务知识培训，以提高他们的文化专业素质；有的同志认为仅靠规章制度，采用硬性管理方法整治公司机关的秩序，会导致工作人员与领导者关系的紧张，主张在制定规章制度的同时，应注重教育引导，做好工作人员的思想政治工作，采用软硬结合的管理方法来激励他们提高工作责任感和加强工作纪律性……真是仁者见仁，智者见智，众说纷纭。会议整整开了一个下午，意见始终无法统一。究竟应该怎样改革呢？王经理感到很为难，他难以做出最后的决断，因为大家的意见都有一定的道理，会议最终未决而散。

思考题：

1. 王经理的改革方案是否正确？为什么未能在会上取得一致意见？

2. 假如你是新上任的 B 公司经理，在公司机关改革问题上，你将如何决策？

七、应用分析题

1. 分析"三个臭皮匠顶个诸葛亮"的合理性和局限性。

2. 如果你求职，运用德尔菲法，你会选择哪些人咨询？请对这个过程进行模拟。

八、实训题

班级要组织校外游玩，游玩区域距离学校 100 千米以内，人均费用 150 元以内。运用头脑风暴法，确定游玩的地点。

组织 第五章

没有组织就没有管理，而没有管理也就没有组织。管理部门是现代组织的特殊"器官"，正是依靠这种"器官"的活动，才有职能的执行和组织的生存。

——彼得·德鲁克

学习目标：

➤ 掌握组织工作的原则。

➤ 能设计直线职能制、事业部制组织结构。

➤ 具备授权的意识。

➤ 能合理运用非正式组织。

➤ 了解组织变革的阻力。

 导引案例

导引案例：XH 会计师事务所的组织结构

XH会计师事务所是省内知名会计师事务所，现有员工150多人。与其他会计师事务所一样，审计业务是其主力业务，同时也涉及税务、商务咨询等其他业务领域。XH会计师事务所实行主任会计师负责制，现任主任会计师高山毕业于财经大学会计学专业，担任此职位已经有6年。

XH会计师事务所现有的组织结构分为两大块，委托服务部与支持部。主任会计师管理委托服务部和支持部。委托服务部下设审计中心、税务中心、商务咨询中心；支持部下设营销科、财务科、人事科。

这种组织结构已经运作了五年，曾经大大推动了事务所的发展。不过今天看来，面对更为激烈的市场竞争，高山也感觉到有些问题需要解决。

第一，虽然营销对公司的发展至关重要，然而在现有的组织结构中，营销科、人事科对业务工作的支持力度不够，业务部门与营销部门两者之间的沟通协调不足。业务部门本来需要营销部门的宣传活动，需要其为发展客户做些有成效的工作，但营销部门对业务部门的工作并不是非常了解，他们的活动只限于对公司的宣传，而对具体业务却显然知之不多。

第二，在审计中心，集中了公司一半的员工，业务量较多，部门主管不堪重负，员工开展工作的竞争气氛也不浓。

第三，高山感到，事务所现有大小事务都向他请示，由他负责，这对事务所长期发

展极其不利。

思考题：要解决该事务所现有问题，其组织结构应如何调整？画出新、旧组织结构图。

计划工作确定组织目标和战略，安排了实现目标的途径、方法后，需要有合适的人在合适的组织架构下有效完成计划的相关工作。组织是管理的第二个职能，是实现组织目标、促进组织发展的关键职能。

第一节 | 组织概述

一、组织的含义

管理学中的组织有静态组织和动态组织，静态组织对应作为名词的组织（如班级是一个组织），动态组织对应作为动词的组织（如某同学组织能力强）。

1. 作为名词的组织

企业、学校、军队等都是典型的组织。作为名词的组织，是指由两个或两个以上的人组成，通过分工与协作，形成一定的关系结构和内部规范来实现共同目标的有机体。

思考：常见组织——企业、军队、学校、医院等，有哪些共同点？

作为名词的组织包含以下三个特征。

（1）有共同目标。组织和人群的一个重要区别就在于前者有共同的目标，而后者仅仅是人与人在数量上的集合。目标是组织的愿望和外部环境结合的产物，有了目标后组织才能确定发展方向。由于组织中每个成员在价值观、理解能力、思维方式上都有其自身的独特性，组织成员对共同目标的理解往往会存在差异，组织中主管人员的重要作用就是统一组织目标和员工个人目标，使员工的个人目标能融入组织目标之中，提升组织的凝聚力和战斗力。

（2）保持一定的权责结构。这种权责结构表现出层次清晰、任务有明确的承担者，并且权力和责任对等的特点。同时，组织成员要明确了解组织内的权责结构，每一位成员都要有明确的正式信息联系渠道，保证组织信息准确、快捷、高效流通。组织的权责结构形成组织结构。

（3）内部规范。任何一个组织存在的前提，都在于该组织有不同于其他组织的制度、文化等。内部规范是所有成员都要遵循，且区别于其他组织的规范。如果组织成员不能很好地遵循内部规范，即便能创造出一定的成绩，组织也是难以持续发展的。

2. 作为动词的组织

组织作为动词来理解时，是指管理的组织职能。组织职能是指在组织目标已经确定的情况下，将实现组织目标所必须进行的各项业务活动加以分类组合，并根据管理幅度划分出不同的管理层次和部门，将监督各类活动所必需的职权授予各主管人员，以及规定这些层次和部门间的相互合作，创造发挥各自才能的良好环境，从而消除工作或职责方面所引起的各种冲突，使组织成员都能在各自的岗位上为组织目标的实现做出应有的贡献。

管理者的组织职能主要包括的工作内容有：（1）设计并建立组织结构；（2）设计并建立职权关系体系、组织制度规范体系与信息沟通模式，以完善并保证组织的有效运行；（3）人员配备与人力资源开发；（4）组织变革。

二、组织的作用

在人类社会中，组织的作用是显而易见的。一队士兵，数量上没有变化，仅仅由于组织或列队方式的不同，战斗力就会出现明显的差别。一个组织，如果内部结构不合理，指挥不灵，人浮于事，内耗丛生，就会导致出现"三个和尚没水喝"的情况，完不成组织目标。所以，合理组织在管理中会发挥巨大作用。

1. 人力汇集和放大功效作用

组织产生于社会实践活动。在人类活动中，有时会自发地产生组织，比如在盘山公路上自由行驶的汽车司机，若突遇山体滑坡、乱石挡道时，一个人可能搬不动挡路的巨石，这时，虽然他们互不相识，却会自发地"组织"起来，共同清理巨石形成的路障。这说明组织具有人力汇集的作用。合理的组织必然有科学的分工、周密的协作，分工与协作的有机结合就必然产生整体大于部分之和的功效。

2. 纽带和桥梁作用

组织是实施有效领导的前提，是管理者与员工之间信息交流和情感交流的前提。信息交流可使每个员工明确个人的权力和责任。借助组织内部的合理分工，可以形成组织成员间正式的信息联系渠道。另外，一个人从生到死，需要有归属感，需要社会交往，需要得到尊重。在这方面，组织具有满足其成员心理需要的功能，能增进员工之间的感情。因此，组织对成员来说具有纽带和桥梁作用。

3. 资源整合作用

在组织中，除人力资源外，还汇集了其他多种资源。组织通过精心的结构设计和合理的分工协作，使各种资源得到有效整合，从而最大限度地发挥效益。因此，有管理学家这样评论：高水平的组织发挥出的功能就如同原子核裂变。

> 思考：班级为什么要有班委，可以没有吗？

三、组织工作的原则

1. 目标至上原则

组织工作要从组织要实现的目标、任务出发，并为有效实现目标、任务服务。从根本上讲，组织结构是一种实现目标的工具，是落实组织机能或职能的"器官"。完善、明确的目标体系可以为组织建立相互协调的层级制度打下良好的基础。在进行组织结构设计时，无论选择何种形式的组织结构，都必须服从并服务于组织目标的实现。

2. 专业分工与协作原则

分工的实质是将一项工作细分为若干单元，分别由不同的人完成。组织内的分工包括纵向分工和横向分工，纵向分工是将组织划分为不同的层次，横向分工是将组织划分为不同的职能部门。

组织结构应能充分反映为实现组织目标所必要的各项任务和工作分工，以及相互之间的协调。为此，要做到分工合理、协作明确。一般分工越细，专业化水平越高，责任越明确，效率也越高，但却带来了机构增多、协作困难和协调工作量大、员工工作单调等问题；分工太粗，机构减少，易于培养多面手，但专业化水平和效率低，容易出现推卸责任的现象。因此，在进行组织设计时，要根据需要合理确定分工。组织设计中管理层次的分工、部门的分工和职权的分工，以及各种分工之间的协调都是组织专业化分工与协作原则的具体体现。

3. 管理层幅适度原则

在组织设计中，一个十分重要的工作就是确定管理层次，管理层次是组织内部纵向分工的结果。之所以要确定管理层次，进行纵向分工，是因为存在管理幅度的限制。管理层幅适度原则是指在设计组织结构时要处理好管理幅度和管理层次之间的关系。

管理层次是指组织中从最高管理层到最低层次工作人员之间的纵向层级数量。当组织规模很小时，管理人员可以事无巨细，直接管理所有员工。随着组织规模的扩大、业务关系的日趋复杂，组织的最高管理者由于受到时间、精力等诸多因素的限制，能够直接有效地指挥和监督的下属数量是有限的。管理者能够直接指挥和监督的下属人员数量被称作管理幅度。在同等规模下，管理幅度与管理层次呈负相关关系，即：管理幅度越大，管理层次越少；管理幅度越小，管理层次越多。图 5-1 是管理幅度与管理层次的关系。如果一个企业作业人员的数量为 4 096 人，假设每个管理层次的管理幅度都是相同的，A 中，管理幅度是 4 人，管理层次是 6 层，管理人员的数量是 1 365 人；B 中，管理幅度是 8 人，管理层次是 4 层，管理人员的数量是 585 人。需要说明的是，有学者认为图 5-1 中，A、B 两种结构的管理层次分别为 7 层和 5 层。

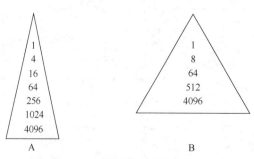

图 5-1　管理幅度与管理层次的关系

有效的管理幅度受到诸多因素的影响，主要有管理者与被管理者的工作能力、工作内容和性质、工作环境与工作条件等方面。管理者的工作能力强，管理幅度宜适当加大，反之则宜减小；被管理者的工作能力强，管理幅度宜适当加大，反之则宜减小。管理者涉及的问题复杂、困难，其管理幅度宜减小；下属工作的相似性大，则管理幅度宜适当加大。管理者的助手配备情况好、掌握信息的手段先进、不同下属工作岗位的分布接近，则管理者的管理幅度宜加大。工作环境不稳定，管理者的管理幅度宜减小，反之则宜加大。

管理幅度并不是越大越好，如果管理幅度过大，超出管理者的能力，就会造成组织管理的混乱；而管理幅度过小，则会造成管理费用高、资源浪费。因而组织需要确定一个适宜的管理幅度。管理幅度与管理层次的确定，是组织设计的最基本问题，而且弹性也较大，在具体设计时，应讲求"随机制宜"。就目前的发展趋势看，倾向于采用扁平式的组织结构，而且实现管理重心下移，增加中层的管理幅度，减少中层管理人员。

一个管理者的管理幅度以多大为宜，没有统一的标准。有效管理幅度的经验值，高层管理幅度为4~9人，基层一般为8~12人。一个组织的管理层次也不宜过多，一般为3~5层。常见组织基本上由决策层（高层）、执行层（中层）、操作层（基层）三个层次构成。

4. 权责对等原则

权责对等原则是指组织在进行职位设计时，应赋予管理者自主完成任务所必需的职权和相应对等的职责。职权是由组织制度正式确定的，是与一定的管理制度相联系的决策、指挥、分配资源和进行奖惩的权力。职责是该职位对完成相应的组织目标所承担的责任。因此，为了保证"事事有人做""事事都能正确地被人做"，则不仅要明确各个部门的任务和责任，而且在组织设计中，要规定相应的取得和使用必需的人力、物力、财力以及信息等工作条件的权力。职责大于职权，会束缚管理者的积极性、主动性，工作目标难以有效完成；职权大于职责，会造成权力滥用、有些工作无人负责。

职权设计是关于组织内不同职位间职权关系的设计，涉及每一职位其权力来源与权力大小等问题。职权主要有直线职权、参谋职权与职能职权三种。

直线职权是指在组织的不同管理层次上任职的管理者所拥有的指挥、命令和监督其下属工作的权力，是一种由上向下的垂直指向的职权关系。直线职权从上到下所形成的直线关系是由高层直线主管管理幅度的限制而产生的管理层次之间的关系。

随着组织规模的扩大，管理工作越来越复杂，直线主管的时间和能力不够，需要参谋人员协助其工作，减轻其负担。参谋职权是指组织内的各级专业管理者所具有的向直线主管提供信息、咨询和建议，支持与协助直线主管工作的权力。参谋人员只有对上级主管领导提供咨询、建议等的权力，没有对直线部门或个人的命令权，只有上级主管领导采纳其建议后其才能对相关业务活动起到指导作用。公司的经理助理、职能部门、委员会等都具有参谋职权。

在现实中，直线人员与参谋人员之间的界限有时是模糊的。作为一名管理者，根据他所起的作用和行使的职权，他既可以是直线人员也可以是参谋人员。如人力资源部经理，在人力资源部内部，他行使直线职权，是直线人员；当他同上级或其他部门（如生产部）发生联系时，他又是参谋人员。随着企业环境变动的剧烈性和管理活动的复杂化，为改善和提高直线主管的工作效率，发挥专业人员的专业才能，分担其责任，直线主管把自己的一部分权力授予参谋人员或某个部门的主管人员，使之拥有一部分直线职权，这便产生了职能职权。职能职权是指参谋人员或某部门的主管人员所拥有的原属于直线主管的部分权力。有些高层直线主管赋予了相关职能部门直接行使其职能部门范围内的部分权力，职能部门可以在不请示上级直线主管的情况下出台相关文件对直线部门予以指导。如一个公司总经理可能授权人力资源部直接向生产部传达招聘、培训等信息。职能职权介于直线职权和参谋职权之间，在企业中普遍采用。

组织要处理好直线、参谋与职能部门之间的关系。职能部门要有明确的职权边界，防止对直线部门形成多头领导，引起组织管理混乱，使组织缺乏效率。职能部门的管理者，除了对本部门下属发号施令外，对其他部门的员工和业务的管理一般是指导性的，而不是命令性的。职能部门如果要求直线部门执行相关政策，需要向其上级直线主管请示，直线主管同意后才能下发相关文件，以文件所要求的方式指导下级直线部门。为了避免破坏统一指挥原则，组织要适当限制职能职权。

在一个制造企业里，总经理、厂长、车间主任、班组长、作业员工承担着向社会提供优质产品的主要责任，总经理、厂长、车间主任、班组长就在发挥直线职权的作用，企业的财务、人力资源、采购等部门就起着职能职权的作用；在一所大学里，校长、院长、系主任、教研室主任、教师是完成教学科研任务的主力军，发挥直线职权的作用，而教务处、学工处、后勤等部门就发挥着职能职权的作用。

 小知识

彼得原理

彼得原理是美国学者劳伦斯·彼得（Laurence Peter）在对组织中人员晋升的相关现象研究后得出的一个结论：在一个等级制度中，由于习惯于对在某个等级上称职的人员进行晋升提拔，因而雇员总是趋向于被晋升到其不能胜任的地位。最后，层级组织的工作任务多半是由尚未达到胜任能力的员工完成的。彼得原理有时也被称为"向上爬"理论。

思考：由于企业中经常有些管理者在晋升后不能保持原来的工作成绩，因此，可能给组织带来效率或绩效的降低。一个企业怎样才能有效防止"彼得现象"产生？

5. 统一指挥原则

统一指挥是指组织的各级机构以及个人必须服从一个上级的命令和指挥。一个下属如果同时接受两个上级的领导，而两个上级的指示并不总是保持一致，那么他的工作就会混乱，并无所适从。这时，下属无论按照谁的命令行事，都有可能受到另一个上级的指责。这种现象便是组织设计中应注意避免的"多头领导"现象。

扫一扫

统一指挥原则

统一指挥原则对组织的建立有以下要求。

（1）管理层次。上下级之间从最高层到最低层形成一条连续的等级链，明确上下级的职责、权力和联系方式。

（2）首长负责制。任何一级组织只能有一个人负责，应减少甚至不设副职。

（3）单人领导。下级只能接受一个直接上级的命令和指挥，防止出现"多头领导"现象。

（4）请示工作。下级只能向直接上级请示工作，不能越级请示。下级必须服从直接上级的命令和指挥，不能自行其是。如果对直接上级有不同意见，可以越级上诉。

（5）指挥工作。上级不能越级指挥下级，以维护下级组织领导的权威，但能越级检查工作。

 小故事

手表定律

森林里生活着一群猴子，每天太阳升起的时候它们外出觅食，太阳落山的时候回去休息，日子过得平淡而幸福。

一名游客穿越森林，把手表落在了树下的岩石上，被猴子猛可拾到了。聪明的猛可很快就弄清了手表的用途，于是，猛可成了整个猴群的明星，每只猴子都向猛可请教确切的时间，整个猴群的作息时间也由猛可来规划。猛可逐渐建立起威望，当上了猴王。

做了猴王的猛可认为是手表给自己带来了好运，于是它每天在森林里寻找，希望能够拾到更多表。功夫不负有心人，猛可又拥有了第二块、第三块表。

但出乎猛可的意料，得到三块手表的猛可有了新的麻烦，因为每块手表显示的时间都不相同，猛可不能确定哪块手表上显示的时间是正确的。群猴也发现，每当有猴子来问时间时，猛可总是支支吾吾地回答不上来。猛可的威望大降，整个猴群的作息时间也变得一塌糊涂。

只有一块手表，可以知道时间；拥有两块或两块以上的手表便不能告诉一个人更准确的时间，反而会让看表的人失去对获取准确时间的信心。这就是手表定律。

四、组织部门

部门是组织的细胞，部门是将组织内的工作进行专业分工并加以归类而设置的特定的工作范围。部门设置直接关系到组织的健康和组织运作绩效。部门设计就是按照不同分工标准将组织内的工作加以区分、归类并设置相应的管理部门。划分部门的标准有职能、产品、地区、顾客、人数、时间、过程、设备，以及销售渠道、工艺、字母或数字等。下面介绍几种主要的部门划分方法。

（一）按职能划分

按职能划分是最普遍采用的一种划分部门的方法，即按专业化的原则，以工作或任务的性质为基础来划分部门。如将组织划分为生产部、人事部、销售部、财务部等，生产部可以进一步划分为设计科、工艺科、制造车间、生产计划科、设备动力科、安全科、调度室等派生职能部门。按职能划分的优点是有利于专业人员的归口管理；有利于同类职能人员的沟通协作，易于监督和指导；有利于提高工作效率。缺点是各职能部门容易从自身利益和需要出发，易出现部门的本位主义，各部门横向协调能力弱。

（二）按产品划分

按产品的不同类别划分部门，是许多开展多元化经营的企业经常采用的部门划分方式。如某家电企业可能会依据其产品类别划分出彩电部、空调部、冰箱部、洗衣机部等部门。这种划分方法能体现生产专业设备的效率；可提高决策的效率；便于本部门内更好地协作；易于保证产品质量和进行核算。但其对产品分部主管的全面管理能力要求高；各产品分部的独立性较强而整体观念较弱；各产品分部都要设置一定的职能部门和人员，造成资源重复配置、管理费用增加。

（三）按地区划分

按地区划分部门是将某一地区的业务活动集中起来，并委派相应的管理者，形成区域性部门，是经营活动在地域上比较分散的企业常用的一种部门划分方法。如跨国公司依照其经营地区划分的各个分公司、国内大型企业在全国各地按地理范围划分的分公司。按地区划分部门的优点是：对本地区的生产、营销针对性更强，有利于获得本土化经营优势；有利于迅速决策，促进地区活动的协调；有利于培养能力全面的管理者。其缺点是：增加组织最高管理部门对区域部门的管理难度；要求区域管理者具有全面的管理能力；各地区部门重叠，管理费用增加。

（四）按顾客划分

对从事商业服务类的企业组织，按照顾客类型选择服务方式可以提高服务效率。如银行为了向不同的顾客提供服务，设立了商业信贷部、农业信贷部和普通消费者信贷部等。按顾客划分部门的优点是按照不同顾客群的特殊需要做专业化的服务资源分工，提高针对性，增加顾客满意度。但是，如果顾客划分不当，便容易忽视或放弃某一部分顾客；同时，只有当顾客达到一定规模时，这种划分方法才比较经济。

（五）其他部门划分方法

（1）按过程划分部门，即按完成任务的过程所经过的阶段来划分部门，如机械制造企业划分出铸工车间、锻工车间、机加工车间、装配车间等部门。按过程划分部门的优点是能取得经济优势，能充分利用专业技术和技能，能简化培训；缺点是部门间的协作较困难。

（2）按人数划分部门，即单纯地按人数的多少来划分部门。其类似于军队的师、团、营、连的划分，是最原始、最简单的划分方法。

（3）按时间划分部门。它是在正常工作日不能满足工作需要时所采用的一种部门划分方法。三班制、轮班制的工作即可按此来划分。

（4）按设备划分部门，即按设备的类型来划分部门，如医院的放射科、心电图室、脑电图室、超声波室等。

部门划分应遵循的总的原则是分工与协作原则。上述对部门划分方法的分析，只是为了理论研究上的方便。在实际工作中，任何组织都很少根据唯一的标准来划分部门，而是经常同时利用两个或两个以上划分部门的方法，形成综合式的组织结构。如大学里设置的教务处、科研处、财务处等部门是按照职能划分部门的，而管理学院、经济学院、理学院等的设置又是按照专业划分部门的。采用何种部门划分方法或将几种部门划分标准组合，往往取决于对各种部门划分方法优劣的权衡。

> 思考：学校学生会设置了哪些部门？主要按照什么设置的？

第二节 组织结构

金刚石和石墨都是碳元素构成的，但金刚石比石墨坚硬，原因在于两者碳元素的排列结构不同。对于相同的人员组成的组织采用不同的组织结构，也会表现出不同的功能和效果。组织结构是组织的骨架。组织结构是指组织成员为实现组织目标，在工作中进行分工协作，通过职务、职责、职权及相互关系构成的结构体系。组织结构包括纵、横两大系统。纵向是组织上下垂直结构或人员之间的领导隶属关系，横向是平行结构或人员之间的分工协作关系。合理的组织结构是保障组织运行效率和秩序、发挥组织功能的载体。

组织结构具体包括职能结构、层次结构、部门结构和职权结构。职能结构是完成组织目标所需的各项业务工作及其比例和关系。层次结构是各管理层次的构成，又称组织的纵向结构。部门结构是各管理或业务部门的构成，又称组织的横向结构。

职权结构是各层次、各部门在权力和责任方面的分工及相互关系。彼得·德鲁克认为："合理的组织结构是企业的效率之源"。常见的组织结构有直线职能制、事业部制与矩阵制。

一、直线职能制组织结构

直线职能制组织结构把组织管理机构和人员分为两类：一类是直线领导机构和人员，按统一指挥原则对各级部门行使指挥权；另一类是职能机构和人员，按专业分工与协作原则从事组织的各项职能管理工作。直线职能制权力高度集中于最高层，实行等级化的集中控制。直线职能制把直线指挥的统一化思想和职能分工的专业化思想相结合，在组织中设置纵向的直线指挥系统和横向的职能管理系统。各级直线管理人员都配有一定的职能机构和相应的职能人员，但各级职能人员对下级直线人员只有专业指导或参谋作用，没有行政指挥的权力，不能发号施令。直线职能制组织结构如图5-2所示。

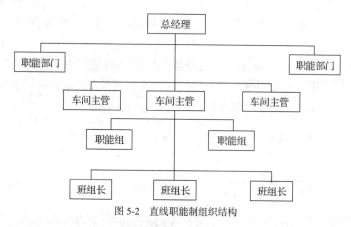

图 5-2 直线职能制组织结构

直线职能制组织结构的优点体现在：分工细密，任务明确，各部门的职责具有明显的界限，各职能部门仅对自己应做的工作负责，有较高的专业效率；稳定性较高，在外部环境变化不大的情况下，易于发挥组织的集体效率。

直线职能制组织结构的缺点体现在：由于权力高度集中于最高层，组织中的职能人员和职能人员之间、直线人员与职能人员之间的矛盾都需要最高领导者协调，最高领导者协调工作量大，组织管理效率低下；从人才培养角度看，不易从组织内部培养熟悉全面情况的综合型管理人才；对环境变化的反应比较迟钝。

直线职能制组织结构是当前国内各种组织中最常用的一种组织结构，尤其适用于面临较稳定环境的中小企业。直线职能制组织结构不适宜多品种生产和规模很大的企业，也不适宜创新型企业。

二、事业部制组织结构

事业部制组织结构最初由通用汽车公司总裁斯隆（Sloan，1875—1966）于 1924 年提出。事业部制组织结构是由按照地区或产品将组织业务划分为的若干个事业部门组成的一种分权管理的组织结构形式。

事业部门是事业部制组织结构的重要组成，事业部门必须具备三个要素：

（1）具有独立的产品或市场，是产品责任或市场责任单位。

（2）具有独立的利益，实行独立核算，是一个利润中心。

（3）是一个分权单位，具有足够的权力，能自主经营。

采用事业部制组织结构的组织把政策制订与行政管理分开，政策管制集权化，业务营运分权化。总公司是企业的最高决策管理机构，只对企业总体战略做出决策，决定资源（资金、人员）在各事业部的分配方案；各事业部在不违反企业总体战略的前提下，拥有完整的发展战略及运营决策自主权，可以在产、供、销、产品开发等方面充分发挥自己的主观能动性。事业部相当于一个较完整的"小公司"，是相对独立的利润中心，事业部内部一般采取直线职能制组织结构。

在事业部制组织结构中，总公司层面是投资决策中心，事业部是利润中心，事业部下属生产单位是成本中心。事业部制组织结构如图 5-3 所示。

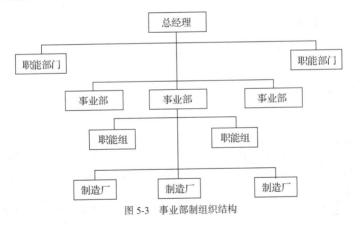

图 5-3 事业部制组织结构

事业部制组织结构可以使企业最高负责人摆脱日常事务，集中精力解决企业的长远问题与重大问题，有利于企业的扩张，保证企业的长远发展；各事业部有相对独立的自主权和经济利益，有利于调动各事业部的积极性、主动性与创造性；每个事业部都能够自主根据市场需求及其变化来安排生产经营活动，因而能够保持企业较强的适应性；各事业部之间可以实现有效竞争，可以促进企业的良性发展；各事业部有高度的经营自主权，有利于培养具有较强综合能力的高级管理人才。

事业部制组织结构对事业部一级的管理者要求较高，要求其熟悉全面业务；各事业部由于有自己相对独立的经济利益，容易出现本位主义现象，忽视企业的整体效益；各事业部都有完备的职能部门，管理人员多，管理成本较高；总公司与事业部之间的集权、分权关系比较微妙，容易出现分权过度、削弱企业的整体领导力，或分权不足、影响事业部的经营自主性的情况。

事业部制组织结构适用于组织规模大、产品种类丰富、地域广泛的大型企业。

三、矩阵制组织结构

矩阵制组织结构是在直线职能制垂直指挥链系统的基础上再增设一种横向指挥链系统而形成的具有双重关系的组织结构。矩阵制组织结构既有按职能划分的垂直领导系统，又有按产品（项目）划分的横向领导关系的结构，改正了直线职能制组织结构横向联系差、缺乏弹性的缺点。

企业为了完成某一项目，从各职能部门调集专业人员组成项目组，配备项目经理来领导他们的工作。从各职能部门抽调的人员在行政关系上仍隶属于原来所在的职能部门，但工作过程中要接受部门主管和项目经理的指挥。项目完成后，项目组便宣告解散，项目组成员回到原来所属部门。矩阵制组织结构通常也被称为"非长期固定组织结构"。

矩阵制组织结构如图5-4所示。图5-4中，企业常设部门有营销部、财务部、技术部和人事部，A、B项目组是临时的，项目负责人既可能是公司总经理，也可能是营销部副经理，也可能是技术部的一名基层员工。项目完成后，项目组所有成员回到原部门，项目组解散。

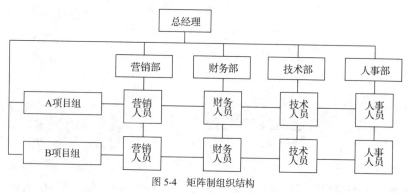

图 5-4　矩阵制组织结构

矩阵制组织结构加强了横向联系，克服了职能部门之间相互脱节、各自为政的现象，有利于协调各职能部门之间以及职能部门与项目组之间的活动；由于在同一个项目组中，有关各职能部门都参与了活动，因而便于从各个专业角度集思广益，激发创造性，有利于解决制约企业发展的各重大问题；有利于各职能部门与产品制造部门或各专业经营部门相互支持，不仅保持了较高的资源利用率，也提升了组织的灵活性和应变能力，保证了组织目标的顺利完成。矩阵制组织结构的主要缺点是项目负责人的责任大于权力，对项目参与人员的管理较为困难，这种人员上的双重管理是矩阵制组织结构的先天缺陷；由于项目组成员经常变动，因而人事关系不稳定，容易产生临时性的观点，不易树立责任心。克服矩阵制组织结构缺点的一般方法是授予项目负责人全面的职权，在项目运行期间，项目组成员不再接受原部门领导的管理。图 5-4 中，进入 A 项目组的营销人员，只接受 A 项目负责人的管理，营销部经理在该项目存续期间，不对该营销人员布置工作。

矩阵制组织结构适用于经营涉及面广、产品品种多、临时性的、复杂的重大工程项目组织。在一些重大攻关课题项目中矩阵制组织结构应用比较广泛，如企业的重大技术改造项目和管理体制改革项目等。

如国家的一些重大科技攻关项目，采取的就是矩阵制组织结构。在项目攻关期间，从全国各地抽调顶尖专家，组成项目组。项目完成后，各位专家回到自己的原单位。影视剧的制作也可以看作是一个项目。影视剧制作需要大量的演职人员，一个影视公司不可能有成千上万的演职人员，影视剧制作完成后，演职人员就回到自己的原单位。

以上介绍的几种组织结构是基本和传统的组织结构。在管理实践中，还出现了一些新的组织结构形式，如委员会制、无边界组织、虚拟网络组织、集团控股型组织等，但这些组织结构不具有普遍性，在此不做详细的介绍。

> 思考：学校的组织结构是什么组织结构类型？画出学校组织结构图。

第三节 | 组织运行

组织是由人构成的有机体，在确定组织结构后，组织的合理运行关系到组织效率。组织中存在直线职权与职能职权的冲突、集权与分权的冲突、正式组织与非正式组织的冲突等冲突，这些冲突都可能影响组织效率。本节主要介绍组织运行中的集权与分权、授权、非正式组织和人员配备。

一、集权与分权

集权与分权是组织层级化设计中的纵向管理系统内的职权分配方式，即上级如何授权给下级。集权是指经营管理权限在组织层级系统中较高层次上一定程度的集中，分权是指经营管理权限在组织层级系统中较低层次上一定程度的分散。在实际组织中，没有绝对的集权与绝对的分权。绝对的集权意味着组织没有中层与基层管理人员，绝对的分权意味着组织没有高层管理人员，这些显然都是不可能的。将集权和分权有效结合起来是组织存在的基本条件，也是组织保持统一性和专业性的基本要求。组织运行中都存在着一定程度的分权，关键在于确定分权程度的高低。一个组织集权或分权的程度，通常根据各管理层次拥有的决策权来确定。一般从决策的数目、决策的重要性及影响面、决策审批手续的繁简三个方面衡量一个组织的集权与分权情况。

1. 集权

由于集权有利于保证组织政策的统一性，并能促进组织的各个层次行动一致，能迅速地贯彻执行已做出的决策以提高组织运作效率，因而，组织中往往自发地存在着集权的倾向。

集权的特点如下。

（1）经营决策权大多数集中于高层领导，中、基层管理者只有日常的业务决策权限。

（2）上级对下级的控制较多，下级的决策基本上要通过上级的审核才能实施。

（3）统一经营，与外界发生关系的经营活动大多由上级控制。

（4）统一核算，财务活动一般由上级管理。

集权的优点在于有利于集中领导，协调各部门之间的活动；有利于管理工作实行专业化，提高工作效率。

然而，现代社会组织规模大型化、组织活动多样化和外部环境复杂多变的特点使高度集权的弊端日益暴露。首先，高度集权有可能从正确性和及时性两个方面损害决策的质量；其次，组织的决策、管理权限过度集中会极大地压抑组织成员的工作热情和创造性，损害其积极性、主动性，从而降低组织活力；最后，组织内各个部门和中、基层管理职位权限很少，缺乏自我调整的能力，削弱了整个组织对环境变化的应变能力，会对组织的持续发展产生极大的危害。

2. 分权

当组织规模扩大、组织内的单位增多、现场作业活动分散时，中、基层管理者会有很强的分权要求，希望获得更多自主决策的权力。扩大分权、减轻高层主管的决策负担不仅有助于消除过度集权的弊病，也有利于在实践中培养更多独当一面的综合型管理人才。

分权的特点如下。

（1）中、基层管理者有较多的决策权，上级控制较少，往往以完成规定的目标为限。

（2）在统一规划下可以独立经营。

（3）实行独立核算，有一定的财务收支权力。

分权主要有两种。

（1）按管理的主要过程或职能进行分权，将供应、生产、销售等部门决策权力交给各部门负责人。

（2）按产品或按生产和销售的地区进行分权，各部门可以实行独立经营、单独核算，企业上层仅保留最重要的少量权力，如投资、人事权力等。

然而，决策权的分散也受到两个限制。一是有可能破坏组织政策的统一性，带来组织活动失控的风险。如果各层次、各部门都从局部利益出发制订规则、措施，尤其是在某些原则问题上自定规矩，将最终损害组织的整体利益。二是对基层管理人员应具备的素质和能力要求较高。只有基层管理人员具有能够正确、有效地运用决策权的能力，分权才能取得好效果。

3. 影响集权和分权的因素

（1）决策的重要程度。如果决策较重要，则集权程度应该相对高些；若决策的重要程度低，则分权程度宜相对高些。

（2）政策涉及的范围。如果政策涉及的范围比较广泛，要求全局或大范围地集中统一行动，则集权程度应该相对高些；否则分权程度应该相对高些。

（3）主管人员的素质与能力。若高层管理人员的素质较高、能力较强，则集权程度可以相对高些。若部属的素质较高、能力较强，则分权程度可以相对高些。

（4）组织规模大小。组织规模较大，控制、协调、沟通工作量较大而且难度较高，应采用分权体制，即分权程度应较高。

（5）分权后的绩效。若分权有利于调动部属的积极性、主动性、创造性，提高绩效水平，则分权程度应该相对高些。如营销、研发部门分权程度要求更高，财务部门集权程度要求更高。

（6）组织所处的成长阶段。在组织成长的初始阶段，采取集权的管理方式能更有效地管理和控制，从而提高组织效率；随着组织的成长，管理的复杂性逐渐增强，分权程度应更高。

集权与分权程度的确定是一个动态的过程，随着上述影响因素的变化而不断变化，强调"随机制宜"，而不是一成不变的。

二、授权

权力的分散可以通过两个途径来实现：一是组织设计中的权力分配（制度分权），二是管理者在工作中的授权。在组织设计中难以详细规定每项职权的运用规范，难以预料每个管理岗位上工作人员的能力，同时也难以预测每个管理部门可能出现的新问题，因此，需要管理者在工作中授权来弥补上述不足。

1. 授权的含义

授权是指组织中的管理者将自己的部分决策权委托给下级代为执行的行为。古代钦差大臣就是获得皇帝授权，被派遣外出代表皇帝办理重大事件的官员，是一种临时官职。授权包括三个方面。

（1）下达任务：在授权时，管理者要明确下达的任务和所要实现的目标，以及相应要求和完成时限。

（2）权力授予：明确任务后，管理者将用人、用钱、做事、交涉、协调等决策权授予下属。权力授予的限度根据完成工作的需要，不足或过度都不可取。

（3）监督与考核：在受权人推进工作的过程中，管理者要以适当的方式与手段对其进行必要的监督与控制，以保证权力的正确运用与组织目标的实现；在任务完成后，要对授权效果、工作绩效进行考核与评价。

需要说明的是，授权不授责，管理者仍对工作绩效负全责，受权人负连带责任。有效授权就是管理者把合适的工作在合适的时机以合适的方式授权给合适的人。

2. 授权的作用

授权在现代管理中有重要的作用，体现在以下几个方面。

（1）有利于管理者从繁杂的日常事务中解脱出来，集中精力处理更重要的事情。

（2）有利于激励下属，使下属有成就感，调动下属的积极性。

（3）有利于挖掘人才，培养下级管理人员。

（4）有利于发挥下属的专长，弥补授权者能力的不足。

（5）有利于建立有效的人际关系，改善上下级关系。

虽然授权有重要的作用，但也有些工作是不能授权的：人事工作（如人事任免、选拔、评定，处理直接向管理者提出的申诉等）；解决部门内部冲突；维护纪律和规章制度；工作危机；上级领导者要求亲手处理的事情；没有合适的下级能承担的工作；机密事务等。

3. 有效授权的原则

（1）视能授权原则。将权力授予靠得住的人，这是授权最根本的原则。为了确保受权人的正确选择，管理者必须了解受权人，特别是其优点。选择受权人要做到人事相宜，量其能，授其权。受权人应该有积极热情的态度，敢于付出，敢于承担责任，同时具备真才实学。

扫一扫

有效授权的原则

需要说明的是，授权者要允许别人犯错误，事先说明主要问题、目标和政策，使下属少犯和至少不犯重复性错误。作为下属，同样的错误不能犯三次。

（2）责权对等原则。为了有效地委任权力，赋予下级的权力必须与所分配的责任对等。责任是授权的真正核心，必须明确责任。有权无责，用权时就容易出现随心所欲、缺乏责任心的情况。权小责大，下属将无法承担权力运用的责任。无效委任权力最普遍的原因是赋予权力太少或只授权而未委任有关责任。

（3）逐级授予原则。授权应在上级与直接下属之间进行，不能越级授权。越级授权，势必造成权力紊乱，破坏上下级正常工作关系。

（4）信任放手原则。授权过程中，信任下属，愿意放手让人干，即使自己比下属完成得更好。效率假象导致有些管理者不愿意授权，有些管理者认为自己能做得更快、更好，与其花半个小时向下属讲解、示范，不如自己花十分钟做好。但关键问题是，假如每天都有这样的工作，那只能永远由管理者自己做，而下属永远也不会做。

（5）有效控制原则。授权就像放风筝：一方面，要把风筝线放得尽可能远，这样下属可以发挥的空间就会较大；另一方面，放风筝时千万不要让风筝断了线，风筝断了线，就像授权失去控制。在委任权力时，应保留控制与监督权，而不能把完成某项责任的控制与监督权也委任给下属。要防止失控，可以通过制订明确的工作准则和考核方法，实行严格的报告制度。完善行之有效的监督措施，一旦发现下属严重偏离目标，应当及时加以纠正。

4. 防止下属反授权

作为管理者，也要防止下属反授权。反授权是下属利用各种方法，把自己所拥有的责权推给上级，即把自己职权范围内的工作问题、矛盾推给上级，"授权"上级为自己工作。如经常向领导请示汇报，求得领导指示的请示型反授权；经常向领导提出许多问题，请领导给予解决的问题型反授权；常常提出数个方案，请领导做出选择的选择型反授权；想证明自己才能，不愿请示汇报，导致工作中出现问题、形成事实后不得不叫领导解决的事实型反授权；不愿干，不愿承担责任，工作中采取请假、制造工作"撞车"等方法，把工作推给领导的逃避型反授权等。

> 思考："将在外，君命有所不受"有哪些合理性？

三、非正式组织

正式组织是组织设计工作的结果，是经由管理者正式筹划，并借助组织结构图和职务说明书等文件予以明确规定的。正式组织有明确的目标、任务、结构、职能以及由此形成的成员间的责权利关系，因此对成员行为具有相当程度的强制力。任何组织，无论规模大小，都可能有非正式组织存在。非正式组织与正式组织相互交错地并存于组织之中。

梅奥在霍桑试验中发现了非正式组织的存在。非正式组织是伴随着正式组织的运转而形成的。正式组织中某些成员，由于工作性质相近、社会地位相当，对一些具体问题的认识基本一致，观点基本相同；或者由于性格、业余爱好和感情比较相似，他们在平时相处中会形成一些被小群体成员共同接受并遵守的行为规则，从而使原来松散、随机形成的群体渐渐成为趋向固定的非正式组织。

（一）非正式组织的特点

1. 自发性

非正式组织是未经正式筹划而由人们在交往中自发形成的一种个人关系和社会关系的网络。一般，非正式组织没有章程、没有确定的权利和义务。在非正式组织中，成员之间的关系是一种自然的人际关系，是由日常接触、感情交融、情趣相投或价值取向相近而发生的联系，不是刻意的安排。非正式组织按照形成原因，可以分为利益型、信仰型、目的型、需要互补型、压力组合型、家族亲朋型、娱乐型等。业余时间的球友会、大学里面的老乡会等都是非正式组织。

2. 有不成文的群体规范

非正式组织一般有自己的群体规范。这种规范主要是从非正式组织成员的共同利益、共同需要、共同爱好出发，来规范非正式组织成员的行为，调节非正式组织内部的关系。这种行为规范是不成文的、无形的，但对成员行为的约束力很大。成员具有心领神会的相互影响的能力，他们团结一致，自然形成一致的目标。

3. 非正式组织的领导者具有极大的个人魅力

非正式组织一般有自然形成的领导者。领导者既可能是凭借本身的力量把成员吸引到自己身边的，也可能是群体在形成过程中自然拥戴出来的。因此，非正式组织的领导者常常比正式组织的管理者更具有权威性，对成员的影响力更大。

4. 不稳定性

非正式组织主要依靠情感来维系人际关系，外在强大的压力或误解而导致的相互间的猜忌，都有可能导致没有制度保证的非正式组织解散。

> 思考：《水浒传》中梁山泊一百单八将形成了哪些非正式组织？

（二）非正式组织的影响

1. 非正式组织的积极影响

（1）满足成员情感方面的需要。非正式组织是自愿性质的，其成员甚至是无意识地加入的。他们之所以愿意成为非正式组织的成员，是因为这类组织可以给他们带来某些需要的满足。例如，工作中或工作之余的频繁接触以及在此基础上产生的友谊，可以帮助他们消除孤独的感觉，满足他们"被爱"以及"施爱之心于他人"的需要。组织成员的许多心理需要是在非正式组织中得到满足的。这类需要能否得到满足，对人们在工作中的情绪、工作效率有着重要的影响。

（2）弥补正式组织的不足。人们在非正式组织中的频繁接触会使相互之间的关系更加和谐、融洽，从而易于产生加强合作的精神。这种非正式的协作关系和精神如能带到正式组织中来，则无疑有利于促进正式组织的活动协调地进行。

（3）有利于加强沟通，了解成员真正的心理需要。非正式组织在沟通过程中，可以防止某些管理者滥用正式沟通渠道，有效防止正式沟通中信息"过滤"现象。通过非正式渠道进行沟通，成员可以畅所欲言地吐露内心的看法和真实思想，而不会心存戒备。

2. 非正式组织的消极影响

由于非正式组织能够满足人渴望社会交往、追求自由平等和归属感等方面的精神需要，因而对其成员的观念与行为，尤其是一些非理性的情感行为有极大的影响力。非正式组织要求其成员遵守共同的、不成文的行为规则。对于自觉遵守和维护规范的成员，非正式组织会予以赞许、欢迎和鼓励，而对于不愿就范的成员，非正式组织则会通过嘲笑、讥讽、孤立等手段予以惩罚。非正式组织的消极影响表现在以下几个方面。

（1）目标冲突。非正式组织的目标如果与正式组织的目标冲突，则可能对正式组织的工作产生极为不利的影响，严重时可能出现管理者没能处理好正式组织与非正式组织的关系，导致非正式组织成员不愿意听从指挥，甚至故意破坏既定的组织制度，有碍正式组织目标实现的情况。

（2）束缚成员。非正式组织要求成员保持一致性的压力往往也会束缚成员的个人发展。有些人虽然有过人的才华和能力，但非正式组织一致性的要求可能不允许其冒尖或尽力工作，从而使其个人才智不能得到充分发挥，影响整个组织工作效率的提高。

（3）抵制变革。非正式组织的压力还会影响正式组织的变革，发展组织的惰性。非正式组织成员害怕变革会改变非正式组织赖以生存的正式组织的结构，威胁非正式组织的存在，进而抵制变革。

（4）滋生谣言。谣言或小道消息在非正式组织中易被牵强附会、以讹传讹，从而传播错误的信息，影响正式组织的信息传播。

（三）有效利用非正式组织

非正式组织的存在具有客观必然性。正式组织目标的实现，要求积极利用非正式组织的贡献，努力克服和消除其不利影响。

1. 思想上正确对待非正式组织

要利用非正式组织，首先要认识到非正式组织存在的客观必然性和必要性，允许乃至鼓励非正式组织的存在，为非正式组织的形成提供条件，并努力使之与正式组织相协调。例如，正式组织在进行人员配备时，可以考虑把性格相投、有共同语言和兴趣的人安排在同一部门或相邻的工作岗位上，使他们有频繁接触的机会，这样就容易使两种组织的成员基本和谐。又如，在正式组织开始运转以后，注意开展一些必要的联欢、茶话会、旅游等旨在促进组织成员间感情交流的非工作活动，在客观上为非正式组织的形成创造条件。

促进非正式组织的形成，有利于正式组织效率的提高。如果一个人在工作中或工作之余与别人没有接触的机会，则可能心情烦闷，感觉压抑，对工作不满，从而影响效率；相反，如果能有机会经常与别人聊对某些事情的看法，提自己生活或工作中的障碍，甚至发牢骚，那么就容易卸掉精神上的包袱，以轻松、愉快、顺畅的心理状态投入工作。

2. 引导非正式组织

通过建立和宣传正确的组织文化来影响非正式组织的行为规范，引导非正式组织做出贡献。非正式组织形成以后，正式组织既不能利用行政方法或其他强硬措施干涉其活动，又不能放任自流，因为这样有产生消极影响的风险。因此，对非正式组织的活动应该加以引导。这种引导可以通过借助组织文化的力量，影响非正式组织的行为规范来实现。

3. 管控非正式组织的核心人物

非正式组织的核心人物对非正式组织的结构、性能和行为方式产生至关重要的影响。正式组织管理者要做好非正式组织核心人物的工作，在实现组织目标的过程中取得他们的支持，调动其积极性，利用其影响力引导非正式组织。

四、人员配备

人员配备是指组织通过对工作要求和人员素质的分析，为每一个岗位配备合适的人员，以完成实现组织目标所需开展的各项工作的过程。

（一）人员配备的原则

1. 因事择人的原则

因事择人是指应该以所空缺职位和工作的实际要求为标准选拔符合标准的各类人员。要使工作有成效地完成，首先要求工作者具备相应的知识和能力。因此，因事择人是人员配备的首要原则。

2. 因才适用的原则

不同的工作要求不同的人去进行，而不同的人也具有不同的能力和素质，能够从事不同的工作。从人的角度来考虑，只有根据人的特点来安排工作，才能使人的潜能得到最充分的发挥，使人的工作热情得到最大限度的激发。

3. 群体相容的原则

现代企业内部分工细密，协作关系复杂，要求各工作群体内部保持较高的相容度。在人员配备中，不仅强调人员与工作的相互匹配，而且注重群体成员之间的结构合理和心理相容。群体的相容度对群体的士气、人际关系、群体行为的一致性和工作效率都有直接影响，成员彼此间高度相容，会使成员行为协调有序，有助于充分发挥全体成员的积极性。

4. 公开竞争的原则

组织越是想提高管理水平，就越要在人员配备过程中坚持公开竞争原则。空缺的职务应对任何人都开放，一视同仁、机会均等，这样才能使人才脱颖而出，才能吸引真正的人才。公开竞争的前提是人才必须能够合理流动，否则也就无所谓公开竞争了。

5. 人事动态平衡的原则

处在动态环境中的组织是在不断发展的，工作中人的能力和知识是在不断提升和丰富；同时，组织对其成员素质的认识也是不断完善的。因此，人与事的配合需要进行不断的调整，使能力较强并得到充分证实的人去从事更高层次的、负更多责任的工作，使能力平平、不符合职务需要的人有机会进行力所能及的活动，以使每一个人都能得到最合理的使用，达到人与工作的动态平衡。

 小知识

帕金森定律

帕金森定律（Parkinson's Law）是官僚主义或官僚主义现象的一种别称，被称为二十世纪西方文化三大发现之一。也可称之为"官场病""组织麻痹病""大企业病"，源于英国历史学家诺斯古德·帕金森1958年出版的《帕金森定律》。

帕金森指出：在行政管理中，行政机构会像金字塔一样不断增多，行政人员会不断膨胀，每个人都很忙，但组织效率会越来越低下。帕金森阐述了机构人员膨胀的原因及后果：一个不称职的官员，可能有三条出路，一是申请退职，把位子让给能干的人；二是让一位能干的人来协助自己工作；三是任用两个水平比自己低的人当助手。

第三条路对这个不称职的官员来说是最适宜的。两个平庸的助手不会对自己的权力构成威胁。两个助手既然无能，他们就上行下效，再为自己找两个更加无能的助手。如此类推，就形成了一个机构臃肿、人浮于事、相互扯皮、效率低下的领导体系。

帕金森定律与彼得原理可以联系起来看企业存在的问题。

帕金森定律又被称为"金字塔上升"现象。

（二）人员配备的工作内容

1. 确定人员需要量

人员配备是在组织设计的基础上进行的。人员需要量的确定主要以设计出的职务类型和数量为依据。职务类型指出了需要什么样的人，职务数量则指的是每种类型的职务需要多少这样的人。

2. 选聘人员

为了保证担任职务的人员具备职务要求的知识和技能，必须对组织内外的候选人进行筛选，做出最恰当的选择。因难以对候选人实际工作能力进行辨识，因此必须谨慎、认真、细致地进行人员配备。把不合适的人安排在不合适的岗位上，不论是对个人还是对组织，都会带来不良后果。选聘人员时必须使用一系列科学的测试、评估和方法。

 小故事

用人之道

去过寺庙的人都知道，一进庙门，首先是弥勒佛，笑脸迎客，而在他的北面，则是黑口黑脸的韦陀。但相传在很久以前，他们并不在同一个庙里，而是分别掌管不同的庙。弥勒佛热情快乐，所以来的人非常多，但他什么都不在乎，丢三落四，没有好好地管理账务，所以依然入不敷出。而韦陀虽然管账是一把好手，但太过严肃，因此人越来越少，最后香火断绝。佛祖在查香火的时候发现了这个问题，就将他俩放在同一个庙里，由弥勒佛负责公关，笑迎八方客，于是香火大旺。而韦陀铁面无私，锱铢必较，则让他负责财务，严格把关。在他们的分工合作下，庙里一派欣欣向荣景象。

3. 制订和实施人员培训计划

培训既是为了适应组织技术变革、规模扩大的需要，也是为了实现成员个人充分发展的需要。因此，要根据组织的成员、技术、活动、环境等的特点，利用科学的方法，有计划、有组织、有重点地进行全员培训，特别是对有发展潜力的未来管理人员进行培训。

4. 评估员工工作绩效

员工工作绩效评估是对组织员工的工作能力和工作成绩进行的考核和评价，是人员配备工作的一项重要内容。通过绩效评估，组织可以全面掌握员工的工作情况和使用情况，一方面为确定员工的工作报酬提供依据，另一方面为人事调整和人员培训提供客观依据。

（三）人员甄选与任用

1. 人员甄选

（1）职位申请表

职位申请表是获得关于应聘者工作经历、教育背景和其他与工作相关的个人数据的表格。职位申请表资料通常用于非正式地决定应聘者是否值得进一步选拔，面试官可利用职位申请表在面试前熟悉应聘者。

（2）个人简历

个人简历是应聘者自带的个人介绍材料。个人简历是应聘者对个人信息、受教育经历、工作经历、个人成绩以及自身描述的综合体现。组织可以通过分析简历结构，审查简历的客观内容，判断应聘者是否符合岗位的技术和经验要求。

（3）面试

面试是供需双方的正式交谈，便于组织客观了解应聘者的业务知识水平、工作经验、求职动机等信息。由于职位申请表和个人简历不能反映应聘者的全部信息（有些内容甚至不够真实），组织不能对应聘者进行深层次的了解，个人也无法得到关于组织的更为全面的信息，因此需要通过面试使组织与个人得到各自所需的信息，以便组织进行录用决策。

（4）测试

人员甄选中测试的内容是多方面的，包括认知能力测试、运动和体能测试、个性测试、工作知识测试等。

2. 人员任用

人员任用是指通过甄选测试方法挑选出适合组织文化和岗位要求的人才进行任用。人员任用的具体流程包括入职检查、报到、试用。

人员任用流程如图 5-5 所示。

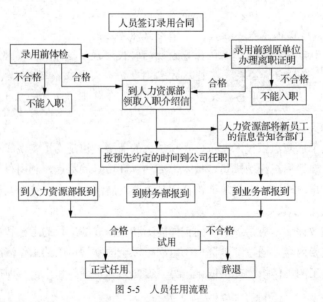

图 5-5　人员任用流程

第四节 | 组织文化与组织变革

成功的组织背后都拥有非常丰富的、持续多年的价值、信念和道德标准。要使一个组织团结成一个整体，组织文化的灌输是必不可少的。组织的精神、文化不可能在员工中自然而然地形成，需要对他们进行组织信仰、组织文化观念的灌输，这也是组织管理者的一个根本任务。组织唯一不变的就是变化，组织变革是组织运行的永恒主题。

一、组织文化

（一）组织文化的概念

组织文化是指在一定的社会政治、经济、文化背景条件下，组织在生产与工作实践过程中所创造或逐步形成的价值观念、行为准则、作风和团体氛围的总和。这个组织文化的概念是从狭义上讲的，即主要是指组织的精神形态的文化。培育与建设健康向上的组织文化，建立高激励性、高凝聚性的组织团队，是组织管理的核心内容。

（二）组织文化的结构

组织文化主要由物质层、制度层和精神层三个层次构成。

（1）物质层。物质层是组织文化的表层部分，它是组织创造的物质文化，是一种以物质形态为主要研究对象的表层组织文化，是形成组织文化制度层和精神层的条件。优秀的组织文化是通过重视产品开发、服务质量、产品信誉和组织生产环境、生活环境、文化设施等物质现象来体现的。

（2）制度层。制度层是组织文化的中间层次，它把组织的物质文化和精神文化有机地结合成一个整体，主要是指对组织和成员的行为产生规范性、约束性影响的部分，是具有组织特色的各种规章制度、道德规范和员工行为准则的总和。它集中体现了组织文化的物质层和精神层对成员和组织行为的要求。制度层规定了组织成员在共同的生产经营活动中应当遵守的行为准则，主要包括组织的领导体制、组织机构和管理制度三个方面。

（3）精神层。精神层即组织的精神文化，它是组织在长期实践中所形成的员工群体心理定式和价值取向，是组织的道德观、价值观，即组织哲学的总体现和高度概括，反映全体员工的共同追求和共同认识。精神文化是组织价值观的核心，是组织优良传统的结晶，是维系组织生存发展的精神支柱。

精神文化包括以下六个方面。

① 愿景。愿景是组织最高目标，是组织全体成员的共同追求，是组织全体成员凝聚力的焦点，是组织共同价值观的集中表现，反映了组织领导者和成员的追求层次和理想

抱负，是组织文化建设的出发点和归属。

② 组织哲学。组织哲学是组织领导者为实现组织目标而在整个管理活动中树立的基本信念，是组织领导者对组织长远发展目标、发展战略和策略的哲学思考。

③ 组织精神。组织精神是组织有意识地提倡、培养的其成员群体的优良风貌，是对组织现有的观念意识、传统习惯、行为方式中的积极因素进行总结、提炼及倡导的结果，是全体成员有意识的实践所体现出来的。

④ 组织风气。组织风气是指组织及其成员在组织活动中逐步形成的一种带有普遍性的、重复出现且相对稳定的行为心理状态，是影响整个组织生活的重要因素。

⑤ 组织道德。组织道德是指组织内部调整人与人、单位与单位、个人与集体、个人与社会、组织与社会之间关系的行为准则。就其内容结构来看，主要包含调节成员与成员、成员与组织、组织与社会三个方面关系的行为准则和规范。

⑥ 组织宗旨。组织宗旨是指组织存在的价值及其对社会的承诺。

（三）组织文化的功能

1. 导向功能

组织文化的导向功能是指组织文化对组织整体及组织成员个人价值取向、行为取向起引导作用、使之符合组织所确定的目标的功能作用。组织文化作为员工的共同价值观念，一旦形成，就会产生一种思维定式，必然对员工具有强烈的感召力，这种感召力会将员工逐步引导到组织的目标上来。企业提倡什么、抵制什么，员工的注意力也就转向什么。这种功能往往在组织文化形成的初期就已经存在，并将长期引导员工为实现组织的目标而努力。

2. 规范功能

组织文化用一种无形的思想上的约束力量，对每个组织成员的思想、心理和行为进行约束和规范，形成一种软约束，以此来弥补硬性措施的不足。组织文化的规范功能是通过员工自身感受而产生认同心理的过程来实现的，它不同于外部的强制机制。组织文化通过员工的内省，使员工产生一种自律意识，从而遵守组织管理的各种规定，如厂规、厂纪等。员工心甘情愿地接受无形的、非正式的和不成文的行为准则，自觉地接受组织文化的规范和约束，并按照价值观念的指导进行自我管理和控制。

3. 凝聚功能

组织文化是一种"软性"的协调力和黏合剂，有巨大的向心力和凝聚力。组织文化以大量微妙的方式来沟通组织成员的思想，使组织成员在统一的思想和价值观指导下，产生作为组织成员的身份感和使命感，产生对组织目标、道德规范、行为准则、经营观念等的认同感。出色的组织文化所营造的人文环境对员工的吸引力是其他吸引物无法比拟的，它打动的是员工的心。正所谓"留人先留心"，建立一支长期稳定的，有战斗力、凝聚力的团队，必须依靠组织文化。

4. 激励功能

健康向上的组织文化能够满足员工的精神需要，使每个员工都受到尊重，调动员工的精神力量，使他们产生归属感、自尊感和成就感，从而充分发挥他们的巨大潜力。组织文化能够对员工产生激励作用，其原因主要在于：首先，优良的组织文化能够为员工提供一个好的组织环境；其次，优良的组织文化能够满足员工的精神需求，能起到精神激励的作用。组织文化使每个人的贡献能得到及时的肯定、赞赏和褒奖，个人价值能得到充分体现，在工作中受到极大激励，从而提高全体员工的积极性。

5. 持续稳定功能

组织文化的形成是一个复杂、长期的过程，会受到宏观政治、经济、社会等诸多因素的影响。组织文化一旦形成，便具有持续性，不会因为组织战略或领导层的变动而立即消失。长期形成的、渗透到组织各个领域的文化，可以成为深层心理结构中的基本部分，在较长时间内对员工的思想情感和行为产生作用。

6. 辐射功能

组织文化的辐射功能包括两个方面的影响：一是内部影响，它可以激发组织员工对组织的自豪感、责任感；二是外部影响，它能够深刻地反映出该组织文化的特点及内涵。组织文化的建立及模式的确立，除会对本组织产生很大影响外，还会对社会公众，对本地区乃至国内外组织产生一定的影响，组织文化在提高组织知名度的同时，构成社会文化的一部分。

二、组织变革

组织像任何机体一样有其生命周期，一个组织的成长大致可分为五个阶段：创业、聚合、规范化、成熟、再发展或衰退。组织变革是指组织根据内外部环境的变化，自觉地、及时地调整并完善自身结构和功能，以提升适应生存和发展需要的能力的活动过程。

（一）组织变革的动因

1. 组织变革的外部动因

引起组织变革的外部动因最主要的是环境因素，包含政治、经济、文化、技术、市场等方面的各种因素和压力，其中推动组织变革的因素主要有以下四个方面。

（1）社会政治。整个宏观社会经济环境的变化，如政治经济政策的调整、经济体制的改变以及市场需求的变化等，都会引起组织内部深层次的调整和变革。

（2）技术发展。科技发展日新月异，新产品、新工艺、新技术、新方法层出不穷，对组织的固有运行机制构成了强有力的挑战。新技术的广泛应用对组织管理产生广泛的影响，迫使组织领导人重新思考组织的架构和员工的胜任力要求，知识管理成为重点，进而推动组织变革。

（3）市场竞争。全球化的市场竞争将会越来越激烈，竞争的方式也将会更加多样化。

组织若要适应未来竞争的要求，就必须在竞争观念上顺势调整，主动争取，这样才能在竞争中立于不败之地。市场竞争日趋激烈，企业要想生存和发展，必须快速学习，通过变革不断提升竞争能力。

（4）环境资源变化。组织发展所依赖的环境资源对组织具有重要的支持作用，如原材料、资金、能源、人力资源、专利使用权等。组织必须克服对环境资源的过度依赖，同时要及时根据资源的变化顺势变革组织。

2. 组织变革的内部动因

（1）组织目标的选择和修正。组织目标的选择和修正决定着组织变革的方向，也影响着组织变革的范围。组织机构的设置必须与组织的阶段性战略目标相一致，组织需要根据环境的变化调整机构，新的组织职能必须得到充分的保障和体现。

（2）技术的变革。技术系统是组织变革的重大推动力。某种新技术的应用会促使生产组织的深刻变化以及劳动生产率的大幅提高，并影响到组织结构和员工的心理状态。

（3）结构的改变。组织机构重叠、权责不明、人浮于事、目标分歧等，可能导致管理效率低下，组织只有及时变革才能制止组织效率进一步下降。结构的改变主要是指对组织结构中的权责体系、部门体系等进行的调整。结构的改变最典型的是对现有的部门进行再划分或合并，这样往往会影响到整个组织体系。

（4）组织职能的发展。现代组织与传统组织相比日益强调组织的社会服务职能，而不把利润最大化视作唯一目标。现代组织必须兼顾公众和社会的利益，对公众和社会负责。这种组织职能的转变会迫使组织做出相应的调整和变革。

（5）其他因素的影响。组织在成长的每个阶段都会出现新的发展矛盾，为了实现新的战略目标，组织必须在人员素质、技术水平、价值观念、人际关系等方面都做出进一步的改善和提高，从而实现可持续发展。如领导者的领导作风、组织价值观、组织制度、组织战略等的变化都会促使组织变革。

（二）组织变革的内容

1. 人员导向型变革

人员导向型变革是指通过改变员工的知识、态度、行为、技能、期望，进而改变群体的行为，以提高组织效率的方式。

人是组织中最宝贵的资源，是实现组织变革的基础，人是推动变革或反对变革的主要力量。变革的主要任务是组织成员之间的权力和利益等资源的再分配，这种权力和利益的重新分配可以通过鼓励下级人员参与并进行独立的决策和开辟信息沟通的渠道来实现。

2. 组织导向型变革

组织导向型变革是指通过改变组织结构、目标体系、权责体系、管理幅度、管理层次等，促使组织成员学习新知识，改变态度和行为，最后参与变革。

在组织变革的具体操作中，可以着重通过报酬制度（工资、福利、晋升等）、工作表现的评价鉴定制度和控制指挥系统的变革制度来实现组织结构的变革。

3. 任务、技术导向型变革

任务、技术导向型变革通过对组织工作与流程进行再设计,采用新工艺、新方法(如引进新设备、新技术,提高机械化和计算机化程度等)来提高生产效率和产品质量,达到组织变革的目的。

组织变革的三个方面以及在各自基础上制订的各种变革策略是相互依赖、相互影响、相互促进的。在制定组织变革对策的过程中,它们往往构成一个完整的变革体系。通过变革可以提高组织对环境的适应性。当然,由于不同组织所处的环境及内部状况不同,在选择变革内容时,其侧重点可能也有所不同。

(三)组织变革的过程

组织变革过程是一个复杂的、充满各种感情和力量博弈的过程,往往伴随着较大的风险。成功的组织变革应遵循解冻现状(解冻)、移动到新状态(变革)、巩固变革成果(冻结)三个步骤。

1. 解冻

由于任何一项组织变革都或多或少会面临来自组织成员一定程度的抵制,因此,组织变革过程需要有一个解冻阶段作为实施变革的前奏。解冻阶段的主要任务是发现组织变革的动力,营造危机感,营造出改革乃是大势所趋的气氛,激励员工更新观念、接受变革并参与变革。在采取措施克服变革阻力的同时具体描绘组织变革的蓝图,明确组织变革的目标和方向,以形成待实施的、比较完善的组织变革方案。

2. 变革

变革阶段的任务是按照所拟订变革方案的要求开展具体的组织变革活动或行动,以使组织从现有的结构模式向目标模式转变,把员工变革的热情转化为变革的行为,减少其对变革的抵制。该阶段是变革过程中的行为转换阶段,是变革的实质性阶段。组织变革方案在全面付诸实施之前一般要先进行一定范围的典型试验,以便总结经验,修正进一步的变革方案,在试验取得初步成效后再进入大规模的全面实施阶段。这样有利于争取更多组织成员从思想和行动上支持所要进行的组织变革,并踊跃跻身于变革的行列,由此实现从变革观望者、反对者向变革积极支持者和参加者的转变。

3. 冻结

组织变革过程并不是在实施了变革行动后就宣告结束,其涉及人的行为和态度的组织变革。从根本上说,只有在前有解冻阶段、后有冻结阶段的条件下,改革才有可能真正实现。现实中经常出现组织变革行动发生后,个人和组织都有一种退回到原有习惯了的行为方式中的倾向的情况。为了避免出现这种情况,管理者必须采取措施以保证新的行为方式和组织形态能够不断得到巩固和强化。这一巩固和强化的阶段可以视为一个冻结或者重新冻结的过程,即巩固变革的成果。缺乏冻结阶段,变革的成果就有可能退化消失,而且对组织及其成员也将只有短暂的影响。

（四）组织变革的阻力

超过半数的组织变革以失败告终，首要原因并不是员工能力不够或组织资源不足，而是组织变革遭到抵制。事实上，组织成员对组织变革的抵制不可避免，如果管理得当，可以消除抵制变革的阻力，保证变革的成功。组织变革时所遇到的阻力，从其产生的原因来看大致可分为个人阻力、组织阻力与外部环境阻力。

1. 个人阻力

（1）心理上的影响。组织变革意味着原有习惯的工作方式、人际关系等的改变，组织成员需要从熟悉、稳定和具有安全感的工作任务转向不确定性较高的工作任务。对未来不确定性的担忧、对失败风险的惧怕都会造成心理上的变革阻力，平均主义思想、厌恶风险、因循守旧、惰性、自满等心理都会阻碍或抵制变革。

（2）利益上的影响。组织变革对个人影响最大的可能是权力、地位、收入、工作机会等利益。管理层级的扁平化、机构的撤并都会给员工带来压力和紧张感，更新过去熟悉的管理观念、工作方式等要求都会使员工面临失去权力、地位、收入，甚至工作机会的威胁。

（3）与个人习惯、价值观的冲突。个人习惯、价值观是长期积累、相对稳定的心理结构，改变起来相对困难。一旦组织变革冲击到个人习惯和价值观，变革的阻力便会随之产生，此种冲突在不同组织文化的公司的合并过程中尤其常见。

2. 组织阻力

（1）管理层不积极参与。管理层对组织变革的积极参与是组织变革成功的关键。但管理层在不重视组织变革、认为组织不需要变革，或者本身观念陈旧、不愿意轻易改革，或者对组织变革的前景没有信心时，总会有意无意地阻碍变革。在组织变革中，管理层的利益不明确是挫伤其参与变革积极性的一个重要因素。

（2）没有与改革相适应的组织结构或管理制度。组织流程再造、信息系统引入需要组织结构的变化相配合。在变革中，为了鼓励利于变革的员工行为，人力资源管理体制（如薪酬、考核、员工发展规划）也应做相应的调整。

（3）不注重组织文化的重塑。组织文化对组织中员工行为的影响已经被证实。但相当一部分组织在变革过程中，还是未能充分发挥组织文化的作用。在变革过程中，注重组织文化的重塑，变革的阻力会小很多。

3. 外部环境阻力

组织的外部环境条件既是形成组织变革动力的原因，也是形成组织变革阻力的来源。例如，竞争性不强的行业往往造成组织成员的安逸心态，阻碍组织变革的进程。另外，社会对变革的态度和舆论导向对组织变革也有重要影响。

（五）克服组织变革阻力的策略

（1）教育与沟通。广泛深入宣传，与员工进行充分的沟通。帮助员工了解变革的理由，减少变革的阻力。大力推行组织变革的培训，在变革发生前就告诉员工可能面临的问题及解决的办法。通过专家诊断，借用外部专家咨询，提供变革方案，以排除员工的疑虑。

（2）鼓励员工参与。鼓励员工参与变革并分享变革的利益，在尽量保护员工原有利益的同时，提高津贴，增加福利，缩短工作时间。在变革决策之前，也应把持反对意见的人吸收到决策过程中来。

（3）促进和支持。变革推动者可以通过提供一系列支持性措施来减少阻力，如员工心理咨询、新技术培训或短期的带薪休假等。

（4）谈判。各种利益群体之间开展谈判，寻找各方都能够接受的方案。要有必要的妥协，给变革的抵制方一些优惠政策，以争取他们的协作。

（5）强制。直接对抵制者实施威胁和给予压力，如采用解聘、减薪等强硬措施，强制推进组织变革方案。

（6）循序渐进。要循序渐进地推进变革，尽量不要操之过急，要有步骤、分阶段、有计划、有组织地安排变革进程。

> 思考：班级班委中有没有职位可以取消，或者应该增加一些职位？班委职位的增减会涉及哪些问题？怎么有效解决？

本章小结

管理学中的组织有名词和动词两层含义。作为名词的组织，是指由两个或两个以上的人组成，通过分工与协作，形成一定的关系结构和内部规范来实现共同目标的有机体。组织作为动词来理解时，是指管理的组织职能。组织工作要遵循目标至上原则、专业分工与协作原则、管理层幅适度原则、权责对等原则、统一指挥原则。划分部门的标准有职能、产品、地区、顾客等。

常见的组织结构有直线职能制、事业部制和矩阵制。直线职能制组织结构的权力高度集中于最高层，实行等级化的集中控制。事业部制组织结构把政策制订与行政管理分开，政策管制集权化，业务运营分权化。矩阵制组织结构是在直线职能制垂直指挥链系统的基础上，再增设一种横向指挥链系统的组织结构。

集权与分权是组织层级化设计中的纵向管理系统内的职权分配方式。权力的分散可以通过两个途径来实现：一是组织设计中的权力分配（制度分权），二是管理者在工作中的授权。有效授权就是管理者把合适的工作在合适的时机以合适的方式授权给合适的人。梅奥在霍桑试验中发现了非正式组织的存在。非正式组织是伴随着正式组织的运转而形成的。非正式组织的存在具有客观必然性。人员配备是组织通过对工作要求和人员素质的分析，为每一个岗位配备合适的人员。

培育与建设健康向上的组织文化，建立高激励性、高凝聚性的组织团队，是组织管理的核心内容。组织文化由物质层、制度层和精神层三个层次构成。组织文化具有导向功能、规范功能、凝聚功能、激励功能、持续稳定功能与辐射功能。成功的组织变革应遵循解冻、变革、冻结三个步骤。组织要采取有效措施克服组织变革中的阻力。

思考练习

一、名词解释

1．组织

2．管理幅度

3．授权

4．非正式组织

5．组织变革

二、判断题

1．组织就是两个或两个以上个人组合成的人群集合体。（　　　）

2．规模越小的企业，其管理幅度越窄。（　　　）

3．组织层次过多，不利于组织内部的沟通。（　　　）

4．事业部制组织结构的优点之一是高层权力比较分散。（　　　）

5．矩阵制组织结构在某些环境中会带来管理上的混乱和低效率。（　　　）

6．"理解，执行；不理解，执行中理解"，这是在管理活动中具有分权化倾向的管理者的表述。（　　　）

7．非正式组织的存在对正式组织总是弊大于利的。（　　　）

8．强调权力下放，主要是为了减轻领导者的负担，并提高下属的积极性。（　　　）

9．在人员配备中可以出现因人设岗的状况。（　　　）

10．组织变革的阻力是直接的、公开的。（　　　）

三、单项选择题

1．把生产要素按照计划的各项目标和任务的要求结合成一个整体，把计划工作中制订的行动方案落实到每一个环节和岗位，以确保组织目标的实现，这是管理的（　　　）。

  A．计划职能 B．组织职能 C．领导职能 D．控制职能

2．一家产品单一的跨国公司在世界许多地区拥有客户和分支机构。该公司的组织结构应考虑按（　　　）来划分部门。

  A．职能 B．产品 C．地区 D．矩阵结构

3．"政策管制集权化，业务运作分权化，企业的最高决策机构集中力量来制订公司的总目标和各项政策，下属部门在不违背公司总目标的前提下，可以自主处理日常事务。"这是对（　　　）的描述。

  A．直线职能制组织结构   B．矩阵制组织结构

  C．事业部制组织结构   D．直线制组织结构

4. 生产部部长说："如果我们不生产，什么也不会发生。"技术开发部部长打断说："如果我们不进行设计，什么也不会发生。"销售部部长说："如果不是我们把产品卖出去，那才真是什么都不会发生。"上述谈话说明该组织存在的严重问题是（　　）。

A. 各部门领导过分强调本部门工作的重要性

B. 各部门领导对各自角色及其在组织中的作用定位不准

C. 各部门领导的话没什么错误，只是语气不太好

D. 各部门领导对组织内各职能的分工缺乏正确认识

5. 某企业的员工在工作中经常接到来自上面的两个命令，这两个命令有时甚至是相互冲突的，导致这种现象的本质原因是（　　）。

A. 该公司在组织设计上采取了职能结构

B. 该公司在组织运作中出现了越权指挥的问题

C. 该公司的组织层次设计过多

D. 该公司组织运行中有意或无意地违背了统一指挥原则

6. 某公司下属分公司的会计科长一方面要向分公司经理报告工作，另一方面又要遵守由总公司财务经理制订的会计规章和设计的会计报表，则会计科长的直接主管应该是（　　）。

A. 分公司经理　　　　　　　　　B. 总公司财务经理

C. 总公司总经理　　　　　　　　D. 分公司经理与总公司财务经理

7. 一个长期实行集权型管理的企业，随着企业规模的扩大，在其向更为分权的管理方式转化的过程中，可能遇到的最大挑战和困难是（　　）。

A. 提高管理人员的素质以使他们能担负更大的责任

B. 取得高层管理人员的理解和支持

C. 适应分权管理的需要调整企业组织结构

D. 使企业上下对分权管理的做法达成共识

8. 关于人员配备工作，以下说法正确的是（　　）。

A. 不论被选者的具体情况如何，一切信息都要收集，多多益善，增大挑选余地

B. 人才的培养要选学历最高的、经历最丰富的，以最大限度地满足企业的需要

C. 做到在合适的时候，将合适的人安置到合理的位置

D. 相对于工资报酬，企业环境对人力资源管理不是很重要

9. 对企业而言，组织变革是（　　）。

A. 应该尽量避免的，因为会造成组织震荡

B. 可以避免的，只要高层管理者认为没有变革的必要性

C. 无法避免的，因为组织要根据内外环境的变化及时调整以适应未来组织发展的要求

D. 引起混乱的根源

10. 某国家级医药研究机构在国家科技体制改革过程中，从事业单位转为企业。为了强化管理，提升竞争能力，院领导决定对组织结构进行变革。在以下措施中，作为优先措施最为合适的是（　　）。

  A. 设计详细的职位说明书和标准化的操作程序手册

  B. 建立如打卡、作息时间等严格的制度、纪律规定

  C. 将部分权力配置给具有专门知识、能力和信息的专家

  D. 减小管理幅度，增加管理层次，强化组织控制

四、简答题

1. 简述管理幅度与管理层次的关系。

2. 直线职能制、事业部制和矩阵制三种组织结构的特点是什么？各有哪些优缺点？

3. 影响组织集权和分权的因素有哪些？

4. 管理者为什么要授权？怎样有效授权？

5. 组织变革的阻力有哪些？

五、案例分析题

AB 设备制造公司

  AB设备制造公司雇佣施斌当副总经理很多年了。施斌是位科学家，负责公司里的研究开发工作。在他的领导下，公司建立了正规的研究机构，该研究机构有五个管理层次。

  施斌手下有三个关键人物：研究部主任、行政管理部经理和专利注册部经理。研究部主任支配两个处长，一个抓基础研究，另一个搞应用开发。这两个处长各有五个探索领域：物理、有机合成、化学工艺、反应装置和分解学。依此类推，负责每个领域的处长手下有两三个具体抓课题的组长。

  在整个研究开发过程中，由施斌不时地复审所有项目，然后拨款放权，让这些项目进入下一个阶段。如此安排，使研究工作大见成效，公司长期以来业绩优良，获得了上百项专利。

  近两年来，日本、德国的一些公司在竞争中不断有惊人突破，其研究队伍总是很快就探究到技术上的新改进，并且捷足先登地投入生产开发。当施斌退休时，公司任命了一位新的副总经理来负责研究工作，授权他重新组织研究队伍，以从整体上对环境做出快速反应，求得成效。

  思考题：

1. 这位新任副总经理应该采取哪些措施来改进研究活动、提高工作效率呢？

2. 简要说明该公司组织结构的改进措施。

3. 分别画出该公司原来的组织结构图和改进后的组织结构图。

六、应用分析题

1. 诸葛亮"运筹帷幄，决胜千里"，是一位杰出的政治家、军事家。《三国志》对诸葛亮的评价："蜀国正事无巨细，亮皆独志之。"请从管理的角度分析诸葛亮一生劳顿却

功名难成的原因。

2. 查阅王安石变法（又称，熙宁变法）的相关资料，从管理的角度分析王安石变法失败的原因。

七、实训题

在互联网上分别找两个采用直线职能制和事业部制组织结构的企业，画出这两个企业的组织结构图。阐述直线职能制组织结构图中哪些部门分别是直线部门与职能部门；阐述事业部制组织结构图中哪些部门是事业部以及各事业部的业务范围。

第六章 领导

夫运筹策帷帐之中，决胜于千里之外，吾不如子房。镇国家，抚百姓，给馈饷，不绝粮道，吾不如萧何。连百万之军，战必胜，攻必取，吾不如韩信。此三者，皆人杰也，吾能用之，此吾所以取天下也。项羽有一范曾而不能用，此其所以为我擒也。

——刘邦

学习目标：

➢ 理解领导者权力，培养个人影响力。

➢ 理解领导与管理的区别。

➢ 掌握三种极端的领导作风、管理方格理论、领导生命周期理论。

➢ 能有效进行时间管理、团队管理，提升执行力。

 **导引案例**

《三国演义》中的领导权变思想

三国时代，魏明帝太和二年（公元228年），蜀国丞相诸葛亮率领大军北伐，布阵于渭水沿岸的祁山，从西边进攻魏国。魏明帝曹叡为了抵御蜀国大军，把大本营迁到长安，同时起用名将司马懿作为统率，率兵迎战。司马懿足智多谋，是当时唯一能够与诸葛亮一比高低的将领。诸葛亮打听到由他来担任统率，就派手下大将马谡率兵前往位于粮道关口的街亭固守。

马谡精通兵法，才华横溢，他所献的许多计策都被诸葛亮采纳，深得诸葛亮的赞赏和信任。马谡到了街亭之后，不顾诸葛亮在出发前的一再叮嘱"必须在当道下寨"，而是按照熟读的兵书，擅作主张，将营盘设置在山顶。按照兵书上所讲的"凭高视下，势如破竹""置之死地而后生"等，占领高处，可以从高处轻易地观察到敌人的行动，并且由上往下，可以一鼓作气，势如破竹地击败敌军。司马懿率领大军，向街亭进发。可听说蜀军已经严阵以待，不得不由衷地佩服诸葛亮的谋略。但当他看见蜀军在山顶安营扎寨时，却大笑起来，立即派兵包围了蜀军下寨的小山，切断了蜀军的水源。马谡的军队由于被切断了水源，又看到被魏军重重包围，于是军心大乱，终于在三天时间内土崩瓦解。蜀军痛失街亭，留下了一出让世人不胜惋惜、发人深省的"孔明挥泪斩马谡"的悲剧。

由于马谡的失误，街亭战略要地失守，面对司马懿大军压境的形势，诸葛亮不得不调整战略，准备撤退。就在诸葛亮分拨已定，先引5 000人去西城县搬运粮草，身边只留有2 500人之际，忽然报说司马懿率15万大军往西城蜂拥而来，处在这个弹丸之地的2 500

人，听到这个消息后尽皆失色，皆感死期将至。但是诸葛亮却号令大开四门，藏匿旌旗，只叫几个老人四处打扫卫生。自己鹤氅纶巾，引二童登上城楼，焚香操琴，神情自如，悠然自得。司马懿见状，以为城里埋伏着重兵，诸葛亮城上弹琴是诱兵之计，于是引军而退。诸葛亮得以转危为安，安全撤退。

思考题：结合该案例，思考权变思维对管理的重要性。

组织职能完成了组织结构设计和人员配备等工作后，面临的是员工工作积极性或工作效率的问题。这个问题由领导职能来解决。领导者需要通过有效的领导方式，合理运用权力，激发员工的工作热情，提高员工的工作效率。有效地进行领导是现代管理者必须掌握的重要技能。

第一节　领导概述

一、领导的含义与方式

（一）领导的含义

领导作为管理的重要职能之一，和管理一样，也有很多定义。古今中外对领导一词的界定很多，如《孙子兵法·计篇》中提到"将者，智、信、仁、勇、严也"；哈罗德·孔茨认为，领导是促使下属充满信心、满怀热情地完成他们任务的艺术；斯蒂芬·罗宾斯认为，领导就是影响一个群体实现目标的能力。在《现代汉语词典》中，领导作为动词的意思是率领并引导朝一定方向前进，领导作为名词是指担任领导的人。在《中国企业管理百科全书》中将领导定义为：领导是率领和引导任何组织在一定条件下实现一定目标的行为过程。

本书认为，领导是个人或集体通过对被领导者示范、说服、命令等，影响被领导者努力实现组织目标的过程或艺术。一般来讲，领导由领导行为的主体、领导对象、领导目的及实现目的的手段、领导力量等要素构成。

（1）领导行为的主体，也就是领导者，是实施领导的人或集体。领导主体在领导行为中起着关键的作用。关于领导者，需要说明的是，领导是一种人际关系，领导者影响别人也接受别人影响；随时随地都有领导者；每时每刻都有领导发生；每个人都可以是领导者。

思考：一般哪些人会被称为领导？

（2）领导对象，即领导者的下属、追随者或者受领导行为影响者。彼得·德鲁克认为，发现一个领导者最有效的办法是，看其是否有心甘情愿的追随者。

（3）领导目的及实现目的的手段。领导目的是群体目标的预期，领导手段主要包含示范、说服、命令、指挥、激励、沟通以及领导艺术等。

（4）领导力量，指领导者拥有影响下属或追随者的能力，主要包括职位权和个人影响力。

（二）领导方式

在引导和影响组织成员的过程中，领导者对所拥有权力的使用方式反映了领导方式或领导风格的差异。领导方式是指领导者在领导活动中表现出来的比较固定的、经常使用的行为方式和方法的总和，表现为领导者的个性。选择什么样的领导方式，对管理的结果有很重要的影响。从不同的角度划分，领导方式主要有以下类型。

1. 按权力控制程度划分

（1）集权型领导。工作任务、方针、政策及方法都由领导者决定，然后布置给部属执行，这种领导者要求下属绝对服从，并认为决策是领导者一个人的事情。

（2）分权型领导。领导者只决定目标、政策、任务和方向，对部属在完成各个阶段上的日常活动不加干预。

（3）均权型领导。领导者与部属的职责权限划分明确。

2. 按领导重心划分

（1）以事为中心的领导。领导者以工作为中心，强调工作效率，以最经济的手段取得最大的工作成果。

（2）以人为中心的领导。领导者认为只有部属是愉快的工作者，才会产生最高的效率、最好的效果。

（3）人事并重式的领导。领导者认为，既要重视人，也要重视工作，两者不可偏废。

3. 按领导者的态度划分

（1）体谅型领导。领导者对部属十分体谅，关心其生活，注意建立互相依赖、互相支持的友谊，注意赞赏部属的工作成绩，赞赏其工作水平的提高。

（2）严厉型领导。领导者对部属十分严厉，重组织、轻个人，要求部属牺牲个人利益服从组织利益，强调部属的责任，执行严格的纪律，重视监督和考核。

除了以上领导方式，在本章第二节介绍的三种极端的领导作风中，根据领导者如何运用职权，把领导方式分为专制式、民主式和放任式三种；领导生命周期理论中将领导方式分为命令式、说服式、参与式、授权式四种。

> 思考：在你上中学时，你的父亲或母亲，在家教育你的方式比较接近哪种领导方式？

二、领导的作用

（一）确定组织目标

任何层次的领导者，首要任务是明确所在组织本层次一定时期内要实现的目标，以及为实现目标而确定的基本任务、基本职责和规章制度。在企业活动中，需要有头脑清晰、胸怀全局、高瞻远瞩、运筹帷幄的领导者帮助员工认清所处的环境和形势，指明活动的目标和达到目标的途径。

（二）指挥作用

有人将领导者比作乐队指挥，一个乐队指挥的作用是通过与演奏家的共同努力而形成一种和谐的声调和正确的节奏。由于乐队指挥的才能不同，乐队也会做出不同的反应。领导者只有站在群体的前面，用自己的行动带领员工为实现组织目标而努力，才能真正起到指挥作用。领导者既可能运用组织赋予的权力强制引导下属人员的行为，也可能通过个人魅力来影响下属的行为，使下属自觉服从指挥。

> 思考：管理者拥有组织赋予的指挥权，下属会不会自动服从上级命令？

（三）激励作用

领导者为了使组织内的所有人最大限度地发挥其才能，以实现组织的既定目标，就必须关心下属，激励和鼓舞下属的斗志，发掘、充实和加强下属积极进取的动力。

（四）协调作用

在组织实现其既定目标的过程中，人与人之间、部门与部门之间发生各种矛盾和冲突及在行动上出现偏离目标的情况是不可避免的。因此，领导者的任务之一就是协调各方面的关系和活动，保证各方面都朝着既定的目标发展。

（五）沟通作用

沟通是领导者最为重要的技能，也是领导艺术性的最佳体现。通过沟通，领导者不仅可以使下属准确理解和贯彻执行所发布的命令、指示，而且能更好地觉察下属需要什么、他们的工作表现以及当表现不佳时可以采取什么措施来帮助其提升绩效。

三、领导者权力

领导者重要的任务是影响个体或群体的行为，影响的基础是权力，即指挥下级的权和促使下级服从的力。权力是在社会组织中，为了达到组织目标所拥有的影响、指挥他人行动的能力。领导者的影响力主要来自两个方面：一是职位权力（或称正式权力），二是个人权力（也称非正式权力）。

> 思考：为什么不同的人，担任同一职位会感觉权力并不一样？

（一）职位权力

职位权力是由于领导者在正式组织中所处的职位而由上级和组织赋予的，这样的权力随职务的变动而变动。出于职权的压力，人们不得不服从这种权力，如士兵必须服从长官的命令。职位权力一般包括合法权、奖赏权和惩罚权。

1. 合法权

合法权是在组织正式层级结构中某一职位的权力。领导者在其分管的工作范围内具有确定工作目标、建立相应组织、制订规章制度、组织开展活动的决策权和对下属的工作调配权，组织赋予领导者一定的职务，从而使领导者占据权势地位和支配地位，使其有权对下属发号施令。合法权来源于组织成员对某一职位权力的接受，组织成员通常会遵照合法权的指示行事。

2. 奖赏权

奖赏权是领导者通过给予一定的奖励来诱使下属做出组织所希望行动的权利。在下属完成一定的任务时，领导者承诺给予相应的奖励，可激发下属的积极性。奖赏权包括对下属的加薪、升职、表扬、认可等。但值得注意的是，奖励必须是下属所需要的，否则就难以对下属的行为产生预期的作用。

3. 惩罚权

惩罚权是指通过精神、感情或物质上的威胁，强迫下属服从的一种权力。当下属没有能够按照要求履行其应该履行的职责时，领导者可以通过惩罚威胁来迫使其履行职责，从而保证组织分派的各项任务得以完成。组织中惩罚权的实施手段主要有批评、训斥、降级、减薪、解雇等，其作用主要是禁止某些行为的发生，它的运用容易导致反感、抵制，甚至引发冲突和反抗。

（二）个人权力

个人权力不是由于领导者在组织中的职务，而是由于领导者自身的某些特质对追随者的影响而产生的权力。个人权力一般包括专长权和感召权。

1. 专长权

专长权是由于领导者具有某种专业知识和特殊技能，因而赢得下级的尊敬和服从的权力。律师、医生、大学教授和企业中的工程师可能拥有相当大的影响力。例如，某同学通过钢琴专业八级，被其他同学一致拥护担任音乐协会的会长；某位权威医生指出某种生活习惯对健康有害，我们往往会设法改变这种生活习惯。谁掌握的知识、信息越多，谁拥有的专长权就越大。专长权与职位没有直接的联系，许多专家、学者虽然没有行政职位，但是在组织和群体中具有很大的影响力。

2. 感召权

感召权是因为领导者具有好的思想品质、作风等，因而受到下级的敬佩和赞誉，使下级愿意模仿和追随的权利。这就是常说的领导者的个人魅力。感召权体现在领导者人格、背景、关系、感情等方面。作为一名领导者，在危急的困境中要保持乐观的心态，因为领导者的一举一动都可以感染到他所接触的人。

小知识

南风法则

南风法则，也称温暖法则，源于法国作家拉封丹的一则寓言：北风和南风比威力，双方争执不下。最后他们看到前面有一个行人，于是相约以此人为争斗的对象，先让行人把身上的大衣脱掉的即为胜利。北风杀气腾腾，不断施展其强烈彪悍的雄风，而那个行人却把衣服裹得紧紧的，最后，北风只得作罢。南风则徐徐吹动，顿时风和日丽，行人先是解开纽扣，继而脱掉大衣，于是南风获得了胜利。

扫一扫

职位权力与个人权力
的比较

职位权力与个人权力的比较如表 6-1 所示。

表 6-1 职位权力与个人权力的比较

要素	职位权力	个人权力
来源	法定职位，由组织带来和规定	由个人的素质、品德、业绩和魅力带来
范围	受时空限制、受权限限制	不受时空限制，可以超越权限，甚至跨越组织的局限
大小	确定，不因人而异	不确定，因人而异
方式	以行政命令的方式实现，是一种外在的作用	自觉接受，是一种内在的影响
效果	服从、敬畏，也可以采取调职、离职的方式逃避	追随、信赖、爱戴
性质	强制性影响	自然影响

思考：《西游记》中的唐僧，作为西天取经的领导者，具备哪些权力？

（三）权力的运用

拥有权力的领导者在实际工作中应该正确地运用组织所赋予的权力，从而提升自身的影响力。

1. 合理合法地运用组织所赋予的权力

权力是领导的象征，拥有了权力就拥有了一定的影响力。但如果一个领导者不能做到为组织的利益使用权力，而是以权谋私、滥用权力，则其权力影响力就会大打折扣。成熟的领导者必须十分珍惜组织和组织成员给予自己的权力，绝不能滥用权力。但是，在确实需要使用权力时，领导者又应当机立断地使用权力来维护组织和组织成员的利益，而不应当为了维护个人的私利而患得患失，谨小慎微，坐失良机，使组织和组织成员的利益受到损失。

2. 公正地运用组织所赋予的权力

领导者运用权力时最重要的原则是公正廉明，领导者必须用自己的实际行动使下属相信他在运用权力时一定能做到不分亲疏、不徇私情、不谋私利。只有如此，才能服众。领导者必须充分认识到公正用权的重要性，做到公开、公正和廉明。

3. 注重修养，以身作则

一个领导者的个人权力形成的基础中，品质是第一位因素。一个领导者只有具备了优秀的品质，才能为下属所敬仰和尊敬。这就要求领导者必须严格要求自己，时时处处带头示范、以身作则。

4. 不断充实，提升能力

在现代社会中，领导者必须具备丰富的知识和高超的能力，否则就完成不了领导任务。从领导的非正式权力来看，领导者必须具备丰富的知识和卓越的能力，这样才能为下属所佩服、信赖，下属才会相信其指挥的正确性，自觉服从其领导。所以，领导者必须努力学习，不断地汲取新知识，增长才干和增强能力。

四、领导与管理

领导不同于管理，领导者也不同于管理者。管理是管理者利用法定职权规定下属的工作方向和方式的过程。领导是领导者运用权力和影响，引导下属为实现目标而努力的过程。《高效能人士的七个习惯》的作者史蒂芬·柯维形象地做过这样一个比喻：一群工人在丛林里清除低矮灌木。他们是生产者，解决的是实际问题。管理者在他们的后面拟定政策，引进技术，确定工作进程和补贴计划。领导者则爬上最高的那棵树巡视全貌，然后大声嚷道："不是这块丛林。"领导者的任务就是准确判断，告诉下属向何处走，并高瞻远瞩地观察和发现其他问题，至于具体的路怎么走，让管理者去考虑。杰克·韦尔奇形象地指出："把梯子正确地靠在墙上是管理的职责，领导的作用在于保证梯子靠在正确的墙上。"

领导和管理的界限并不总是很清晰的。在现实中，一个人可能既是领导者，又是管理者。一个组织的负责人在履行其职责时，常常既从事领导工作，又承担管理工作。任何管理活动都离不开高素质的领导者，如果领导者能够很好地驾驭管理活动，其所表现的领导水平较高，那么管理活动就会呈现良好的效果。反之，如果领导者不能很好地驾驭管理活动，就会在管理中顾此失彼，出现不应有的失误和混乱。

在组织中，如果一个人仅仅利用职权的合法性采用强制手段命令下属工作，这个人只能是管理者。当一个人在行使法定职权的同时，更多地发挥自身的权力和影响指挥下属并引导下属时，才可能既是一位管理者又是一位领导者。成为一个有效的管理者的重要条件之一就是具有卓越的领导能力。认真分析和深刻理解领导与管理的差别，其意义在于有效地指导领导实践。一个领导者一旦从管理中觉醒，他就会在领导的岗位上前进一大步。

领导与管理的区别见表 6-2。

表 6-2　　　　　　　　　　　　　领导与管理的区别

要素	领导	管理
目标	做正确的事情，注重效果	把事情做正确，注重效率
本质	影响	协调
权力来源	可以来源于其所在职位，也可以来源于其个人	管理职位赋予的职位权力
措施	通过满足人们的需要，激励他们有效解决问题	通过制度约束，促使问题解决
素质要求	洞察能力、预测分析能力、统筹大局能力、创新能力	分析能力、总结能力、解决实际问题的能力

第二节　领导理论

为了解决有效领导的问题，西方许多管理学家和心理学家进行了长期的调查和试验。管理学家和心理学家从不同角度进行研究，提出了各种领导理论，这些理论大体可以分为：领导特质理论、领导行为理论以及领导权变理论。人性假设理论是领导理论的前提和基础；领导特质理论认为领导的有效性取决于领导者个人特性；领导行为理论认为领导的有效性取决于领导者的行为和风格；领导权变理论认为领导者的有效性取决于领导者、被领导者和环境的影响。

一、人性假设理论

对人的认识包括对人本身特性（即人性）的认识和对人所处的环境特性（即客观存在的周围环境的特性）的认识。对组织中人的不同假设将直接影响领导者对下属的领导方式和行为。

（一）经济人假设

从整个管理实践和理论的发展来看，关于经济人的假设比较早地就蕴涵在管理过程中。经济人假设起源于享乐主义哲学和英国经济学家亚当·斯密关于劳动交换的经济理论。

泰勒的科学管理理论是以经济人假设为基础的管理制度的典型代表。经济人假设的核心是认为人是主要凭直观感性行动的，人是由经济诱因引发工作动机。因此必须用强制、惩罚的办法，才能使员工为达到组织的目标而努力工作。有些人总是企图用最小投入取得满意的报酬，并以追求物质需求为最大满足。对于这类人的领导和管理，可以采取以下措施。

（1）领导工作的重点在于提高生产效率，完成生产任务，对人的情感和道义上应负的责任则是无关紧要的。从这种观点出发，领导只重视是否能完成工作任务，而不需要考虑人的情感、需要、动机和人际交往等社会心理因素。

（2）在奖惩制度方面，采取"胡萝卜加大棒"式的管理方式，即运用奖励和惩罚相结合的方式，一方面用金钱来刺激工人生产的积极性，另一方面对消极怠工的工人采取严厉的制度惩罚措施，来激发工人产生领导者和组织所要求的行为。

（二）社会人假设

从理论上看，社会人假设的基础是人际关系学说，来源于梅奥主持的霍桑试验。社会人假设认为，人类的工作要以社会需要为主要动机，人们在工作中得到的物质利益对调动人们的生产积极性只有次要意义，人们最重视的是在工作中的环境以及与周围人的人际关系，良好的人际关系是调动工作积极性的决定性因素。

从社会人假设出发，领导者在实践中所采用的管理措施主要表现为以下六个方面。

（1）领导者不应只注意完成生产任务，而应把注意的重点放在关心人和满足人的需要上。

（2）领导者不能只注意指挥、监督、控制等，更应重视员工之间的关系，培养和形成员工对组织的归属感和整体感。

（3）在进行实际奖励时，提倡集体奖励制度，而不主张个人奖励制度。

（4）领导者应该关心和体贴员工，重视员工之间的社会交往关系，通过培养和形成员工的归属感来调动其积极性，以此提高生产率。

（5）领导者应该认真了解组织内非正式组织的情况，平衡协调非正式组织的社会需要与组织目标实现之间的关系。

（6）让组织成员不同程度地参加组织决策的研究和讨论，使员工感觉到自己是组织不可缺少的一部分，为了共同的目的工作，从而形成归属感，减少员工与领导者的对立情绪。

（三）自我实现人假设

自我实现人这一概念是由马斯洛首先提出来的。马斯洛认为：人类需要的最高层次就是自我实现。所谓自我实现，就是指人都需要发挥自己的潜力，人只有把自己的潜力充分发挥出来，才会感到最大满足，通过实现自我价值，满足成就欲望。而具有这种强烈自我实现需要的人，就叫作自我实现人。

自我实现人假设认为：人一般是勤奋的，外来的控制和惩罚的威胁并不是促使人为实现组织目标而努力的唯一方法。人在达到自己所承诺的目标的过程中，是能够自我约束、自我控制的。人是有责任感的，在适当条件下人能将自己的目标与组织目标统一起来。人具备创造力和想象力，在现代企业条件下人的能力只有部分得到发挥。

根据自我实现人假设，领导者在管理措施和方法上都发生了相应的变化，主要表现为以下三个方面。

（1）管理重点的改变。自我实现人假设重视环境因素，与经济人假设重视工作任务不同，重点不是放在计划、指导、监督、控制上，而是放在创造一种适宜的工作环境、工作条件上，从而使人们能在这种条件下充分挖掘自己的潜力，充分发挥自己的才能，也就是说，能够充分地自我实现。

（2）奖励方式的改变。麦格雷戈等人认为，对人的奖励可以分为两大类：一类是外在奖励，如工资、晋升、良好的人际关系等；另一类是内在奖励，指人们在工作中能获得知识、增长才干，充分发挥自己的潜力等。只有内在奖励才能满足人的自尊和自我实现的需要，从而极大地调动其积极性。因此，自我实现人假设主张依靠内在奖励来调动员工的积极性，而管理的任务就是创造一种能使员工从工作中得到内在奖励的环境。

（3）管理方式的改变。自我实现人假设要求管理方式和管理制度做出相应的改变。领导者不再是工作的监督者、指导者，也不再是人际关系的调节者，而是人才的发现者、任用者。一般来说，自我实现人假设要求管理方式和管理制度应该保证员工能充分展示自己的才能，达到自己所希望的成就。这就要求领导者实行民主参与管理的方式和制度，给予员工一定的自主权，使员工参与一定的决策和实施，充分发挥员工的聪明才智和创造性。

（四）复杂人假设

复杂人假设是 20 世纪 60 年代末至 70 年代由美国管理学者沙因等人提出的。他们认为经济人、社会人、自我实现人的假设各自反映出当时的时代背景，仅适用于特定的环境，而人是很复杂的，不能把人归为一类。因为人是非常复杂的，不仅人与人之间是不同的，而且每个人本身在不同的年龄、不同的时间和不同的地点也会有不同的表现；人的需要、潜力等也随着年龄的增长、知识的增加、地位的改变，以及人与人关系的变化而各不相同。他们由此提出了复杂人假设。复杂人假设认为，人是复杂的，其需要是多种多样的，其行为会因时、因地、因条件的不同而不同。

在管理实践中，领导者应根据具体人的不同情况，灵活地采取不同的管理措施，应因人而异、因事而异，采取权变领导方式。其管理措施主要表现为以下三个方面。

（1）可以采用不同的组织形式和结构来提高管理效率。组织性质不同，员工工作的固定性也会不同，因此，有的企业需要采用比较固定的组织形式，有的企业就需要采用比较灵活的组织结构。

（2）应根据组织情况的不同，采取弹性、权变的领导方式，以提高管理效率。在组织任务不明确、工作混乱的情况下，需要采取比较严格的管理措施才能使生产秩序走上正轨。反之，如果组织的任务清楚、分工明确，则可以更多地采取授权的形式，使下级可以充分发挥自己的能动性。

（3）应依据客观观察，发现员工的需要、动机、能力、个性之间的差异，从而根据具体情况，采取灵活多样的管理方法和奖惩方式等。

二、领导特质理论

领导特质理论着重研究领导者本身的素质、品质或个性特征对领导工作效能的影响。其基本方法是先根据实际生活中不同的领导者领导效果的好坏，来归纳出成功的领导者和失败的领导者在个人品质或特质上有哪些差异，进一步总结成功领导者的个人品质，并把这些归纳的结果作为一种理论标准，用于考察某个组织中的领导者是否具备这些品质，由此推断该领导者是否是一个成功的领导者。

（一）传统领导特质理论

许多西方管理学家长期以来一直把领导者个人的性格和特征作为描述和预测其领导效能的指标。这种理论研究的前提假设是领导者的个人特质是决定领导才能的关键因素。传统领导特质理论认为领导特质是天生的。20 世纪 60 年代，美国著名的心理学家埃德温·吉赛利在《管理才能探索》一书中研究探索了领导者的八种个性特征和五种激励特征。

八种个性特征是：（1）才智——语言与文字方面的才能；（2）首创精神——开拓创新的愿望和能力；（3）督察能力——指导监督别人的能力；（4）自信心——自我评价高、自我感觉好；（5）适应性——善于与下属沟通信息、交流感情；（6）判断能力——决策判断能力较强，处事果断；（7）性别——男性与女性有一定的区别；（8）成熟程度——经验、工作阅历较为丰富。

五种激励特征是：（1）工作稳定性的需要；（2）对物质金钱的需要；（3）对地位权力的需要；（4）对自我实现的需要；（5）对事业成就的需要。

（二）现代领导特质理论

传统领导特质理论受到了许多人的批评，现代领导特质理论认为先天的素质只是人的心理发展的生理条件，素质是可以在社会实践中得以培养与提高的。因此，研究者主要是从满足实际工作需要和胜任领导工作所需的要求方面来研究领导者应具有的能力、修养和个性。有研究者指出，领导者六种核心领导特质如下。

（1）内在驱动力：领导者非常努力，有着较高的成就愿望；进取心强，精力充沛，对自己所从事的活动坚持不懈，永不放弃，并有高度的主动性。

（2）领导动机：领导者有强烈愿望去影响和统率别人，他们乐于承担责任。

（3）诚实与正直：领导者通过真诚无欺和言行一致在他们与下属之间建立相互信赖的关系。

（4）自信：下属觉得领导者从没有怀疑过自己，为了让下属相信自己的目标和决策的正确，领导者必须表现出高度的自信。

（5）认知能力：领导者需要具备足够的智慧来收集、整理和解释大量信息，并能够确立目标解决问题和做出正确的决策。

（6）工作相关知识：对有关企业、行业和技术的知识十分熟悉，广博的知识能够使他们做出睿智的决策，并能认识到这些决策的意义。

杰克·韦尔奇在《赢的答案》一书中指出，领导者除有诚实、才智、心理成熟三个基本特征外，还应当有五个重要特征：一是极其旺盛的精力；二是能够激励他人；三是敏锐、深刻的洞察力；四是极强的执行能力；五是必须有激情，热情似火，执着、坚定。

有关领导特质的理论对领导及其有效性的解释是不完善的，受到许多人的批评和质疑。因为各研究者所提出的领导特质说法不一，甚至互有矛盾，而且几乎每一种特质都有很多例外，任何人都不可能具有所有相关特质。但在一些成功的领导者身上，确实有其鲜明的个性特征。领导特质理论的研究意义在于它为组织提供了一些选拔领导者的依据，但同时领导特质理论也难以充分说明领导的有效性问题。

思考：在你愿意追随的领导者的身上，你希望他具备哪四项特质？

三、三种极端的领导作风

领导行为理论把重点放在研究领导者的行为风格对领导有效性的影响上。在管理实践中，不同的领导者或同一领导者在不同的工作情况下倾向于采取某种特定的领导风格，这往往与他们对权力的运用方式不同有关。本书领导行为理论主要介绍三种极端的领导作风与管理方格理论。

关于领导作风的研究最早是由著名心理学家库尔特·莱温（Kurt Lewin）开展的。莱温和他的同事从 20 世纪 30 年代起就进行关于团体气氛和领导风格的研究。莱温等人发现，不同的领导风格对团体成员的工作绩效和工作满意度有着不同的影响。他们根据领导者如何运用职权，把领导者在领导过程中表现出来的极端领导作风分为三种类型，即专制式、民主式、放任式。

（一）专制式

专制式也称为专权式或独裁式。这类领导者是由个人独自做出决策，然后命令下属予以执行，并要求下属不容置疑地遵从其命令。该领导行为的主要特点是：个人独断专行，不考虑别人的意见，组织的各种决策完全由领导者本人独自做出；除了工作命令外，不把更多信息告诉下属，下属没有任何参与决策的机会，只能奉命行事；领导者预先安排一切工作内容、程序和方法，下属只能服从；领导者主要靠行政命令、纪律约束、训斥惩罚来维护自己的权威，很少或只偶尔采取奖励；领导者与下属保持一定的心理距离。

（二）民主式

民主式是指领导者在采取行动方案或做出决策之前会主动听取下属意见，或者让下属参与决策，集思广益，上下合作一致完成工作的一种领导作风。例如，民主式的销售经理往往允许并要求销售员参与制订销售目标，而专制式的销售经理则仅仅向各销售员分配指标。民主式领导作风的主要特征是：领导者在做出决策之前通常都要同下属磋商，得不到下属的一致同意时不会擅自采取行动；分配工作时，会照顾到组织每个成员的能力、兴趣和爱好；对下属工作的安排并不具体，下属个人有相当大的工作自由，有较多的选择性与灵活性；主要运用个人的权力和威信，而不是靠职位权力和命令使人服从；领导者积极参加团体活动，与下属无心理上的距离。

（三）放任式

放任式是指领导者放任自流，下属有完全的决策权，领导者通常只给下属提供工作所需的资料、条件和咨询，而尽量不干涉下属工作的一种领导作风。放任式领导作风的主要特点是：极少运用其权力影响下属，而给下属以高度的独立性，工作进行几乎全依赖组织成员、各人自行负责，以致达到放任自流的程度。

莱温根据试验还得出，以上三种领导作风中，放任式的领导作风工作效率最低，只能达到组织成员的社交目标，但完不成工作目标；专制式的领导作风虽然通过严格管理能够达到既定的任务目标，但组织成员没有责任感，情绪消极，士气低落；民主式的领导作风工作效率最高，不但能完成工作目标，而且组织成员之间关系融洽，工作积极主动，富有创造性。需要说明的是，三种领导作风各具特色，适用于不同的环境，适合的领导作风才是最好的领导作风。

在实际的组织中，很少有极端型的领导，大多数领导都是介于专制型、民主型和放任型之间的混合型领导。

四、管理方格理论

扫一扫

管理方格理论

管理方格理论是由学者布莱克（Blake）和穆顿（Mouton）首先提出来的。他们设计了一个管理方格图，横坐标表示领导者对生产的关心程度，纵坐标表示领导者对人的关心程度。横坐标和纵坐标都划分为 9 个尺度，纵横交叉形成一个有 81 格的管理图，表示 81 种不同的领导方式，如图 6-1 所示。

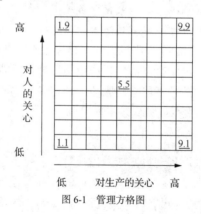

图 6-1　管理方格图

"对生产的关心"是指领导者对组织目标的关心程度、对组织效益的关心程度和对组织规章制度执行状况的关心程度等。"对人的关心"是指领导者对组织员工的工作环境状况、人际关系理解、信息沟通状况的关心程度等。图 6-1 中显示了五种典型的领导方式。

（1）1.1 型管理方式。1.1 型管理方式也称为贫乏型管理方式。领导者既不关心人，也不关心生产，对组织运行放任自流，无所事事，无所作为，不承担领导者应负有的责任。

（2）9.9 型管理方式。9.9 型管理方式也称为团队型管理方式。领导者既十分关心人，也十分关心生产，善于把组织的集体目标和个人目标有机结合起来，工作效率高而且工作环境好。这是最有效的一种管理方式。

（3）5.5 型管理方式。5.5 型管理方式也称为中庸之道型管理方式。这种领导方式既不过于偏重人，也不过于偏重生产。领导者能维持足够的生产效率和士气，但是创新不够。

（4）1.9 型管理方式。1.9 型管理方式也称为俱乐部型管理方式。领导者不关心生产和工作，主要关心人，组织内员工都轻松工作，友好相处，但是组织目标实现却十分困难。

（5）9.1 型管理方式。9.1 型管理方式也称为任务型管理方式。领导者十分关心生产和工作，关心组织目标的实现，制订严格的规章制度和奖惩制度来保证任务的完成，而对员工的关心不够，组织内工作气氛不佳，员工的积极性不高。

从以上五种管理方式来看，采用 9.9 型管理方式的领导者最为成功。一个领导者较为理性的选择是：在不低于 5.5 型管理方式的水平上，根据生产任务与环境等情况，在一定时期内，在关心生产与关心人之间做适当的倾斜，实现一种动态的平衡，并努力向 9.9 型管理方式靠拢。

> 思考：1.9 型和 9.1 型领导者，哪种更可能被提拔？

五、领导生命周期理论

领导特质理论和领导行为理论给人们提供了一个选拔领导者的依据和观察领导风格的方法。但是，领导效能不仅取决于领导者的品质和行为，还取决于领导者所处的客观环境。这就是领导权变理论研究的内容。所谓权变指的是行为主体根据情境因素的变化而做出适当的调整，它强调领导无固定模式，领导效果因领导者、被领导者和工作环境的不同而不同。领导生命周期理论是一种典型的领导权变理论。

领导生命周期理论由美国学者科曼（A. K. Korman）首先提出，保罗·赫西（P. Hersey）与肯尼思·布兰查德（K. Blanchard）进一步发展。该理论认为，下属的成熟度对领导者的领导方式起重要作用。所以，对不同成熟度的下属采取的领导方式应有所不同。

所谓成熟度，是指人们对自己的行为承担责任的能力和愿望的大小，它取决于两个要素：工作成熟度和心理成熟度。工作成熟度包括一个人的知识和技能，工作成熟度高的人拥有足够的知识、能力和经验以完成他们的工作任务而不需要他人的指导。心理成熟度指的是一个人做某事的意愿和动机，心理成熟度高的个体不需要太多外部激励，他们靠内部动机激励完成任务。

在管理方格图的基础上，根据下属成熟度的不同，可将领导方式分为四种：命令式、说服式、参与式和授权式，如图 6-2 所示。

（1）命令式。命令式表现为高工作低关系型领导方式，领导者对下属进行分工并具体指导下属应当干什么、如何干、何时干。它强调直接指挥，因为在这一阶段，下属缺乏接受和承担任务的能力和愿望，既不能胜任又缺乏自觉性。

（2）说服式。说服式表现为高工作高关系型领导方式。领导者既给下属以一定的指导，又注意保护和鼓励下属的积极性。因为在这一阶段，下属愿意承担任务，但缺乏足够的能力，有积极性但没有完成任务所需的技能。

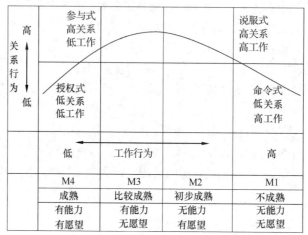

图 6-2　领导生命周期理论

（3）参与式。参与式表现为低工作高关系型领导方式。领导者与下属共同参与决策，领导者着重给下属以支持及内部的协调沟通。因为在这一阶段，下属具有完成领导者所交付任务的能力，但没有足够的积极性。

（4）授权式。授权式表现为低工作低关系型领导方式。领导者几乎不加指点，由下属自己独立开展工作、完成任务。因为在这一阶段，下属能够而且愿意去做领导者要他们做的事。

根据下属成熟度和组织所面临的环境，领导生命周期理论认为，随着下属从不成熟走向成熟，领导者不仅要减少对活动的控制，而且也要减少对下属的帮助。当下属成熟度不高时，领导者要给予明确的指导和严格的控制；当下属成熟度较高时，领导者只需给出明确的目标和工作要求，由下属自我控制和完成。但在实际工作中，管理者往往习惯于采用某一种领导方式。

思考：一个理想的领导者，对一名从大学毕业到工作 5 年的下属，应该采取的有效领导方式是怎样的？

第三节

领导实务

一、时间管理

彼得·德鲁克在《卓有成效的管理者》中指出，有效的管理者最显著的特点就是他们能够珍惜时间。德鲁克认为，时间是最宝贵而有限的资源，不能管理时间，便什么都不能管理。时间管理的对象不是时间，而是每一个使用时间的人，实质是自我管理。有效的时间管理主要是记录自己的时间，以认清时间耗在什么地方；管理自己的时间，设法减少非生产性工作的时间；集中自己的时间，由零星而集中，创造连续性的时间段。

作为现代管理的要素之一，时效观念对现代领导者有重要意义。管理者时间主要浪费在以下几个方面：无计划或计划不周；工作无主次；无授权；不良沟通；不良习惯（如优柔寡断或拖延、缺乏自我约束、办公桌杂乱无章）；职责不清等。时间管理是指通过事先规划和运用一定的技巧、方法与工具，实现对时间的灵活与有效运用，从而实现个人或组织的既定目标。时间管理要提高单位时间内创造的价值，就是要追求高价值与高效率。

时间管理的方法很多，本书主要介绍时间管理四象限法与艾维•利时间管理法。

（一）时间管理四象限法

时间管理四象限法是由史蒂芬•柯维提出的一个时间管理理论。该理论把工作按照重要和紧急两方面的不同程度进行划分，基本上可以分为四个象限：既紧急又重要，重要不紧急，紧急不重要，既不紧急也不重要。时间管理的精髓是区分事情的轻重缓急，并合理分配时间。时间管理矩阵如图6-3所示。

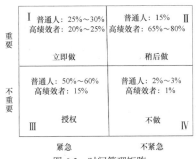

图6-3 时间管理矩阵

重要是指个人觉得有价值及对自己的使命、价值观及优先目标具有贡献的活动，是一种主观判断。在组织中，重要的事情有：会影响群体利益的事情；上级关注的事情；会影响绩效考核的事情等。紧急是你或别人认为需要立刻注意的、迫切的、限期完成的、你不做其他人也不能做的事情，以时间先后为序。

图6-3显示了普通人与高绩效者的时间分配比例。普通人把大部分时间用来做紧急而不重要的事情，高绩效者把大部分时间用来做重要而不紧急的事情。该方法的要点如下。

（1）根据事情的重要、紧急程度，合理地将时间分配到四个象限中。

（2）优先处理第二象限的工作，不要把重要而不紧急的事情拖延成重要而紧急的事情。在处理完重要而紧急的事情后马上处理重要而不紧急的事情。拖延总是表现在各种小事上，但日积月累，特别影响个人发展。拖延会影响情绪，如出现强烈自责情绪，产生负疚感，自我否定、自我贬低、对抗。

（3）纠正第一象限工作。第一象限事情要尽量少。如果第一象限事情过多，一定要分析原因，予以纠正。

（4）不要被第三象限工作迷惑。对紧急不重要的事情有选择地做，管理者尽量授权下属做该类事情。

（5）根据第二象限内的事情制订工作目标和计划。因为重要而不紧急的事情在第二象限，所以时间管理四象限法常常被称为第二象限工作法。该理论的一个重要观念是应有重点地把主要的精力和时间集中地放在处理重要但不紧急的工作上，这样可以做到未雨绸缪，防患于未然。

（6）尽量不做第四象限中的不重要不紧急的事情。

图6-3中，四个象限有效的时间管理对应"4D"工作法。第一象限的工作紧急而重要，需要立即做（do it now）；第二象限的工作重要而不紧急，需要稍后做（do it later）；第三象限的工作紧急但不重要，需要授权（delegate）；第四象限的工作既不重要也不紧急，尽量选择不做（don't do it）。

（二）艾维·利时间管理法

美国伯利恒钢铁公司总裁曾因为公司濒临破产而向效率大师艾维·利（Ivy Lee）咨询求助。近半个小时的交流中，前二十分钟艾维·利耐心地听完总裁焦头烂额的倾诉，最后请他拿出一张白纸，并让他写下第二天要做的全部事情。几分钟后，白纸上满满记录了总裁要做的几十项工作。此时，艾维·利请他仔细考量，要求他按事情的重要顺序，分别从"1"到"6"标出六件最重要的事情。

艾维·利时间管理法的要点和步骤如下。

（1）写下你明天要做的六件最重要的事。

（2）用数字标明每件事的重要性次序。

（3）明天早上第一件事是做第一项，直至完成或达到要求。

（4）然后再开始完成第二项、第三项，依此类推。

（5）每天都要这样做，养成习惯。

艾维·利认为，一般情况下，如果人们每天都能全力以赴地完成六件最重要的事，那么他一定是一位高效率人士。他请伯利恒钢铁公司总裁先按此方法试行，并建议他：若他认为有效，可将此法推行至他的高层管理人员；若还有效，继续向下推行，直至公司每一位员工。五年后，伯利恒钢铁公司一跃成为当时全美最大的私营钢铁公司。

艾维·利时间管理的"六点优先工作制"里面所包含的时间管理法则有：目标管理、优先原则、一次做好一件事情、时间限制、今日事今日毕、复杂的事情简单化、简单的事情模式化。

> 思考：你明天要做的最重要的六件事情是什么？请为它们排序。

二、团队管理

现在，团队被越来越多的组织重视。实践证明，创建团队是提高组织运行效率的可行方式。团队是由具有互补技能，愿意为共同的目标而相互承担责任的人所组成的群体。团队比传统部门更加适应多变的环境，可以快速组合、重组，反应更加迅捷。

（一）团队的形成与发展

团队不是几个人组合到一起就形成的。团队从组合起来到能发挥每个成员的潜力、完成共同的目标，需要经历成立期、动荡期、规范期、高产期与衰退或转变期五个阶段，如图 6-4 所示。

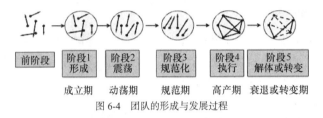

图 6-4　团队的形成与发展过程

1. 成立期

在成立期，团队刚组建，成员对职责、规则不熟悉，每个成员对自己、对组织有着很高的期望；成员士气高昂，对团队热切而投入；成员彼此之间表现得彬彬有礼，很亲切，会避免冲突；成员表现出对管理者权力的依赖和较低的工作能力。这个阶段团队管理的重点是关注任务，引导小组讨论和社交。

2. 动荡期

经历了短暂的成立期后，团队成员感觉到自己原有的期望与现实之间存在差距，对眼前的现实感到不满，团队成员之间开始争夺职位和权力，领导的威信下降，团队成员感到自己很迷惑，成员开始流失，团队中有"小团队"出现。这个阶段团队管理的重点是确立、关注规则和倾听、树立威信、缓解冲突。

3. 规范期

经历了较为痛苦的动荡期后，团队成员基本稳定，团队冲突和派系开始出现，团队领导对团队中的派系表现出倾向性，团队成员认可团队工作方式，工作能力开始显现出来。团队领导把主要精力从关注团队成员转移到督促团队成员创造工作业绩上，团队领导自身的缺点开始暴露。这个阶段团队管理要关注友爱，构建忠诚、信任的氛围，鼓励开诚布公。

4. 高产期

度过规范期后，团队成员走向成熟，团队成员能够胜任自己的工作，团队中的派系观念淡化，成员之间积极合作，对团队的未来充满了信心，团队能有成效工作，团队成员能为领导分担工作。这个阶段团队管理要关注问题解决，激发创造性与自我革新。

5. 衰退或转变期

经历了令人兴奋的高产期后，团队成员认为自己的工作业绩得不到及时肯定，团队发展空间不大，团队领导不再关心团队成员，有些团队成员个人的发展速度远远超过了团队的发展速度，会出现人心散乱、业绩下滑的情况，团队步入衰退或寻求转变。这个阶段团队管理的重点是给团队重新树立目标或树立更高的目标。

可见，团队的发展并不是一帆风顺的，要成功走过团队发展的各个阶段，需要团队成员清楚团队发展周期，并共同努力克服潜在的影响成功的障碍；培养和维持共同愿景和对目标的认同感；寻找革新的做事方法；公开讨论遇到的问题，并达成解决的共识，然后继续前进；团队中每个成员要明白和分享自己的专长和技能；无论是顺利还是困难时期，均要信任其他团队成员并相互尊重；团队成员要多沟通。

（二）团队管理要领

团队管理是指运用团队成员专长，鼓励成员参与及相互合作，致力于组织发展，可以说是合作式管理，也是一种参与式管理。有效的团队管理需要建立明确的共同目标，制订良好的规章制度，激发人的潜能，有效沟通。

1. 建立明确的共同目标

没有目标的团队只能是一群散兵游勇。团队目标和个人目标会存在冲突，主管人员的重要任务就是要克服个人目标与团队目标的背离，克服对共同目标不同理解的矛盾，提高组织运营效率。

2. 制订良好的规章制度

通过立规矩、建标准实现制度管人。规章制度包含很多层面，如纪律条例、组织条例、财务条例、保密条例和奖惩制度等。违背规章制度的行为应该及时制止，否则长期下来，一些不良风气、违规行为就会滋生、蔓延。

3. 激发人的潜能

团队成员都是具有一定知识和技能的人，高效的团队需要激发成员的潜能。激发潜能的措施有：善于尊重他人，己所不欲，勿施于人；善于倾听，了解和满足成员的需要；善于授权，授权不授责；善于激励，诱之以利，晓之以害，改变成员的心态；树立标杆，推广经验；创建学习的氛围。

4. 有效沟通

团队间有效沟通的要求包括：团队成员乐于公开并且诚实表达自己的想法；团队成员互相主动沟通，坦诚交流，并且尽量了解和接受别人；虚心、诚恳、积极主动地聆听别人的意见，并善于听取建设性批评；避免争吵。

优秀的团队领导使团队的目的、目标和方式密切相关，并且有意义；培养团队成员的责任感和信心；促进团队中各种技能的组合，并提高技术水平；搞好与外部人员关系，其中包括为团队的发展清除障碍；为团队中的其他成员创造机会。

小故事

王珪鉴才

在一次宴会上，唐太宗对王珪说：你善于鉴别人才，尤其善于评论。你不妨从房玄龄等人开始，都一一做些评论，评一下他们的优缺点，同时和他们互相比较一下，说说你在哪些地方比他们优秀。

王珪回答说："孜孜不倦办公，一心为国操劳，凡所知道的事没有不尽心尽力去做的，在这方面我比不上房玄龄。常常留心于向皇上直言建议，认为皇上能力德行比不上尧舜很丢面子，这方面我比不上魏征。文武全才，既可以在外带兵打仗做将军，又可以进入朝廷搞管理担任宰相，在这方面，我比不上李靖。向皇上报告国家公务，详细明了，宣布皇上的命令或者转达下属官员的汇报，能坚持做到公平公正，在这方面我不如温彦博。处理繁重的事务，解决难题，办事井井有条，这方面我比不上戴胄。至于批评贪官污吏，表扬清正廉洁，嫉恶如仇，好善喜乐，这方面比起其他几位能人来说，我也有一日之长。"

唐太宗非常赞同他的话，而大臣们也认为王珪完全道出了他们的心声，都说这些评论是正确的。

从王珪的评论可以看出唐太宗的团队中，每个人各有所长，但更重要的是唐太宗能将这些人依其专长安置到最适合的职位，使其能够发挥自己所长，进而让整个国家繁荣强盛。

三、领导执行力

企业目标制定后，就需要贯彻落实。领导者的执行力对组织计划、决策的完成效果至关重要。IBM 公司（International Business Machines Corporation，国际商业机器公司）前首席执行官（CEO）路易斯·郭士纳认为：一个成功的企业和管理者应该具备三个基本特征，即明确的业务核心、卓越的执行力及优秀的领导能力。可见，执行力和领导力对企业几乎具有同等重要的意义。

（一）执行与执行力

执行是将目标不折不扣变成结果的行动。执行是一种精神，是一种信守承诺的精神，是一种敢于拼搏的精神，是一种永不放弃的精神，而这种精神需要用行动来证明。

执行力包含完成任务的意愿、能力、程度。对个人而言，执行力是办事能力；对团队而言，执行力是战斗力；对企业而言，执行力是经营能力。从宏观而言，执行力是指组织执行力，即组织制订的战略、远景规划、长远目标能不能落实到位的能力；从微观而言，执行力是指部门和个人的执行力，即每个部门或个人能否积极主动、保质保量地按时把目标变成结果的能力。

（二）执行力人才

1. 执行力人才的三大特点

（1）信守承诺。信守承诺就是说到做到，拿得出结果。承诺意味着承担责任和后果，是最有效的沟通，是最基础的信任源，也是他人信任的起点。

（2）结果导向。结果导向是指结果定义清楚，行动之前明确最终的结果和目标。凡事首先问自己：我要的结果是什么？然后清楚地告诉领导或他人："我的结果是……"

（3）永不放弃。永不放弃是结果导向和信守承诺的保障。唯一的失败就是选择放弃。不达结果，决不放弃。失败之后，迅速行动。

2. 执行力人才甄选的基本方法

执行力人才可以从以下八个方面的关键行为予以考察。

（1）他对执行是否充满热情，是夸夸其谈还是强烈关注结果。

（2）他是否坦白诚实。

（3）他如何安排工作的优先顺序。

（4）他如何进行决策——是决策果断，还是独断专行，抑或优柔寡断。

（5）他的工作成绩是否真实反映他的工作能力。

（6）他在取得工作成绩中克服了哪些困难。

（7）他在工作中表现出的组织协调能力和充分利用资源的能力如何。

（8）他能否有效激励下属。

执行力人才的行为是职位所需要的关键行为。提升个人执行力的方略：摆正心态；（自己和朋友分别）列举自身在执行力方面的缺点；制订一项作息计划；一次只做一件事；重过程，更要重结果；及时总结。

小故事

把信送给加西亚

19世纪美西战争爆发前夕，美方有一封具有战略意义的书信，急需送到西班牙的起义军将领加西亚的手中，可是加西亚正在丛林中作战，没人知道他在什么地方。一位名叫安德鲁·罗文的年轻中尉挺身而出，没有任何推诿，不讲任何条件，历尽艰险，徒步三周后，走过危机四伏的国家，以其绝对的忠诚、责任感和创造奇迹的主动性完成了这件"不可能的任务"，把信交给了加西亚。

思考：你的执行力如何？

（三）提升组织执行力的措施

执行力有三个核心：人员、战略和运营。人员，就是用正确的人做合适的事；战略，就是做正确的事；运营，就是把事做正确。三者相辅相成，缺一不可。领导者提升组织执行力可以从以下几个方面着手。

1. 强化组织制度建设，建立正常的管理秩序

严谨、合理的制度是组织执行力的强有力保障，正常的管理秩序和运营秩序是提升执行力的基础。一个企业必须首先建立正常的管理秩序和运营秩序，划分好管理界限，确定好工作职责，理顺运营流程。要建立企业管理的规章制度和长效运营机制，规范日常的管理行为和作业行为。只有企业日常工作得到有条不紊的开展，人员的工作效率和执行力才能得到提升。

2. 培养员工的综合素质

企业要适应社会快速发展的要求，加强对员工心理、业务、文化等综合素质的培养，为提升全员执行力奠定素质基础。综合素质包括较强的业务技术、较高的工作效率、较好地完成工作任务、较强的责任心和良好的心态、较高的文化素质（如工作中的语言艺术、表达和沟通能力）等。执行落地需要注意：纠正"差不多"心态，执行任何任务都要严格要求自己；在执行中树立自己的声誉，既然做就要做好；对自己和结果负责，提升核心竞争力。

3. 切实提升领导者自身的执行力

（1）领导者要身先士卒、率先垂范。领导者既是目标的责任人，也是执行人。只有在执行的过程中，才能准确、及时发现问题并及时调整，使组织更好地适应环境。

（2）领导者要充分认知自己所扮演的角色和应担负的重任。领导者要明确以下问题：我到底要为企业做什么，到底要为企业负什么责，怎样才能按企业的要求去执行工作的每一个环节，怎样才能执行好工作的每一个环节。只有每一位领导者都清楚了这些，下一步才能更好地制定目标，制订和落实好保证目标实现的措施。

（3）设定目标及其优先顺序。大多数组织都有多个目标或目标比较模糊，员工不清楚最终目标是什么。有执行力的领导者首先会制订足够明确、清晰的目标，以便让组织中的每个人都明白自己的任务。

（4）加强有效沟通。沟通是生产力，只有加强有效沟通，才能提高工作效率，体现出较强的执行力。

4. 建立有效的监督和考核机制

一个企业的执行力，需要有人去监督和考核，通过监督和考核来促进执行力的提升，形成一个良性循环。如果企业没有建立一套有效的监督和考核机制，没有形成闭环管理，脱节的管理就无法使执行力得到提升，仅靠员工的自觉行为来提升执行力是很难奏效的。有效的监督和考核机制能为提升执行力带来强大的动力。

5. 建立执行力文化

执行力的关键是通过组织文化影响员工的行为，领导者要在组织内部建立良好的执行力文化。正确、统一的价值观是组织文化的基础，是构建组织执行力的根基，对同化组织员工、协调组织、统一组织的行动有巨大的作用。正确的行为规范是正确价值观的

行动保障，在建立执行力文化时，对组织的各种行为进行规范和引导极为重要。华为的"床垫文化"就是企业艰苦奋斗作风的体现，深刻影响着华为员工。

本章小结

　　领导是一种影响力，领导者的影响力主要来自两个方面：一是职位权力，包括合法权、奖赏权和惩罚权；二是个人权力，包括专长权和感召权。拥有权力的领导者在实际工作中应该正确地运用组织所赋予的权力，从而提升自身的影响力。理解领导与管理的区别，能有效指导领导的实践。对组织中人的不同假设，将直接影响着主管人员对下级的激励行为。主要的人性假设有经济人、社会人、自我实现人、复杂人假设。为了解决有效领导的问题，西方许多管理学家和心理学家从特质、行为、权变等角度提出了各种领导理论。领导特质理论认为领导的有效性取决于领导者个人特性；根据领导者如何运用职权，领导者有专制式、民主式和放任式三种极端的领导作风；管理方格理论从关心人和关心生产的角度，提出了五种典型的领导方式；领导生命周期理论认为，下属的成熟度对领导者的领导方式起重要作用，对不同成熟度的员工要采取不同的领导方式。

　　有效的管理者最显著的特点就在于他们能够珍惜时间。时间管理的方法有时间管理四象限法、艾维·利时间管理法。创建团队是提高组织运行效率的可行方式。团队形成与发展需要经历成立期、动荡期、规范期、高产期与衰退或转变期五个阶段。有效的团队管理需要建立明确的共同目标，制订良好的规章制度，激发人的潜能，有效沟通。执行是将目标不折不扣地变成结果。执行力人才能信守承诺、结果导向、永不放弃。

思考练习

一、名词解释

1．领导

2．领导方式

3．权力

4．民主式领导

5．时间管理

二、判断题

1．领导工作是组织结构中一种特殊的人与人的关系，其实质是影响。（　　　）

2．领导者只要拥有职权，就会对下属有激励力和鼓舞力。（　　　）

3．有明确和相当大职位权力的领导者，比没有此种权力的领导者更易得到他人真诚的追随。（　　　）

4．领导者一定是管理者。（　　　）

5．任务导向型领导力图通过关心下属来建立有效工作群体。（　　）

6．分权式的领导比独裁式的领导更有效。（　　）

7．最有效的领导行为总是对人和生产都高度关心。（　　）

8．领导生命周期理论认为，任何一位领导者都会经历探索、成功、衰退的过程。（　　）

9．团队都会很和谐，有很高的效率。（　　）

10．有效的团队管理需要建立明确的共同目标、制订良好的规章制度、激发人的潜能、有效沟通（　　）。

三、单项选择题

1．张三由原来的总经理助理被任命为集团销售公司的经理，从一个参谋人员变成了独立部门的负责人。下面是张三最近参与的几项活动，以下几乎与他的领导职能无关的是（　　）。

A．向下属传达他对销售工作目标的认识

B．与某用户谈判以期达成一项长期销售协议

C．召集各地分公司经理讨论和协调销售计划的落实情况

D．召集公司有关部门的职能人员开联谊会，鼓励他们克服困难

2．由自我实现人假设所产生的管理措施为（　　）。

A．应以金钱收买员工

B．管理人员在进行奖励时，应当注意集体奖励，而不能单纯采取个人奖励

C．在管理制度上给予员工更多自主权，让员工实行自我控制，参与管理和决策，并共同分享权力

D．管理人员应事先为员工设计具体的行为模式，让员工按此模式实现自身的价值

3．构成个人权力基础的是（　　）。

A．惩罚权和奖励权　　　　　　　B．合法权和奖惩权

C．合法权和专长权　　　　　　　D．感召权和专长权

4．如果一个领导者关怀下属，并且信奉 Y 理论，他很可能采取的领导方式是（　　）。

A．集权型领导　　　　　　　　　B．民主型领导

C．放任型领导　　　　　　　　　D．难以判断

5．针对当前形形色色的管理现象，某人深有感触地说："有的人有磨盘大的权力却捡不起一粒芝麻，而有的人只有芝麻大的权力却能推动磨盘。"这句话反映的情况表明（　　）。

A．个人权力所产生的影响力有时会大于职位权力所产生的影响力

B．个人权力所产生的影响力并不比职位权力所产生的影响力小

C．非正式组织越来越盛行，并且正在发挥越来越大的作用

D．这里所描述的只是一种偶然的现象，并不具有任何实际意义

6. 根据领导者运用职权的方式不同，可以将领导方式分为专制式、民主式与放任式三种类型。其中专制式领导方式的主要优点是（   ）。

　　A．纪律严格，管理规范，赏罚分明

　　B．组织成员具有高度的独立自主性

　　C．按规章管理，领导者不运用权力

　　D．员工关系融洽、工作积极主动、富有创造性

7. 刘邦因怀疑韩信谋反而捕获韩信之后，君臣有一段对话。刘问："你看我能领兵多少？"韩答："陛下可领兵十万。"刘问："你可领兵多少？"韩答："多多益善。"刘不悦，问道："既如此，为何你始终为我效劳又为我所擒？"韩答："那是因为我们两人不一样，陛下善于将将，而我则善于将兵。"在这段对话里，韩信关于他与刘邦之间不同点的描述最符合（   ）的基本观点。

　　A．领导特质理论　　B．领导权变理论　　C．领导风格理论　　D．两者并不相关

8. 依照领导生命周期理论，下列应采取授权式领导风格的情况是（   ）。

　　A．下属既无能力又不情愿

　　B．下属无能力但是有很大的积极性

　　C．下属有能力但是不愿意干领导分配的工作

　　D．下属既有能力又对分配的工作很有积极性

9. 时间管理矩阵中，优先处理的工作是（   ）。

　　A．紧急而重要的　　　　　　　　B．紧急而不重要的

　　C．重要而不紧急的　　　　　　　D．既不重要也不紧急的

10. 不属于执行力人才特点的是（   ）。

　　A．信守承诺　　　　B．结果导向　　　　C．永不放弃　　　　D．充分利用资源

四、简答题

1. 领导者的影响力来自何处？

2. 简述人性假设理论，说明对不同的人性假设应分别采取怎样的管理措施。

3. 你的中学班主任是采用什么领导方式对你进行管理的？是否有效？你希望他们采用什么样的领导风格？为什么？

4. 简述领导生命周期理论的内容。

5. 根据执行力相关理论，分析自身的执行力，并思考怎样有效提升自己的执行力。

五、案例分析题

三个科长的管理风格

　　钢材集团总公司下有8个分公司。其中第一、第二、第三分公司是集团中规模最大的分公司。张、王、李三人分别任第一、第二、第三分公司的业务科长。今年欧洲某国召开全球钢材交易大会，此次会议对集团未来的发展和市场定位非常重要。集团决定让最具规模的第一、第二、第三分公司的业务科长同去参加此次会议。会议3天，加上来回的

路程和周末，一共用了7天的时间。

第四分公司没有参会的赵科长是新近被提拔的年轻科长，他很想向与会者了解一些目前国际上最新的动态，会议结束后，就主动给张、王、李打电话询问什么时间方便开个小会。第一分公司的张科长还没有搞清楚赵科长的意图就打断说："我现在手头有很多积压的文件，这两天没有时间，无论什么事情等过两天再说吧。"

第二分公司的王科长比较耐心地听完后，思考了一下说："上午我要处理开会期间没有处理的工作，下午有时间，欢迎你来找我。"第三分公司的李科长表现得最热情："没问题，你现在来也可以。"

赵科长感到三个科长管理风格相差很多，觉得他们从会上感受到的内容也可能各有不同，决定分别找三个科长聊聊，时间上也不会发生冲突。这样既可以了解市场的动态，又可以分别向三个科长请教一些管理的方法。

思考题：

1. 三个科长是同行业的，假定他们的职责大体相当，开会离开的7天里，科里工作也是大致相似的。那么，三个科长会后的状况为何如此不一样呢？

2. 你认为哪位科长的管理风格更可取？为什么？

六、应用分析题

1. 收集一家世界500强企业或我国某知名企业的相关资料，包括企业发展历史、企业使命、愿景、经营宗旨等企业文化及领导人资料，分析企业发展与领导人及其领导风格的关系。撰写一篇小论文，说明该企业文化特点、发展历程、创始人或重要领导人的领导风格及他们是如何影响其企业的文化与发展进程的。

2. 分析你自己的个性特点和你最要好朋友的性格特点，你认为你和他（她）具有哪些领导特质？你是否有信心、有计划将自己培养成一名优秀的领导者？

七、实训题

阐述你影响他人的2～3件事情（怎样影响？效果如何？还可以改进吗？）结合领导相关理论，你准备怎样培养自己的领导力？

第七章 激励

一个没有受过激励的人，仅能发挥其能力的 20%～30%；而当他受到激励时，其能力可以发挥 80%～90%。

——威廉·詹姆斯（W. James）

学习目标：

➤ 了解激励的过程。
➤ 掌握需要层次理论。
➤ 理解双因素理论、公平理论、强化理论。
➤ 运用合适的激励方式进行激励。

 导引案例

表扬引起的争论

某公司最近召开了一年一度的夏季商品交易会，会前办公室为会议召开做了充分的准备：接待各地代表，布置宣传广告；各商品样品摆布，开货单，介绍商品，有的加班到深夜。各职能科室和行政管理人员主动自觉地到各科帮忙。三天的会议，接待了上千人次，成交额几百万元，大大超出了会前预计数。

在总结大会上，公司领导充分肯定了这次会议取得的成功，当提到职工们为大会做出的努力时说："大家表现得都很不错，人人都动了起来，为大会做出了贡献。在接待过程中，团委书记和人力资源部部长提着茶壶，在楼里跑上跑下，这种精神值得赞扬。"

对于领导的表扬，职工们议论纷纷："交易会的成功，销售额的增加，首先归功于第一线的业务人员的辛勤劳动，为什么不表扬最累的业务人员？"

也有的赞成这种领导的表扬："业务人员贡献是大，但这是分内的工作，并且领导也是肯定了的。而行政干部去送水，事虽小，但这是工作职责以外的。如果正常工作都点名表扬，怎么能表扬得过来呢？"

还有人提出反对意见："如果分内工作做得好不表扬，领导只表扬做分外工作的，那么谁还重视分内工作呢？如果谁都轻视分内工作，那么整个工作不就落后了吗？就分内与分外工作比较而言，领导者最需要、最基本的则是鼓励职工首先做好分内的事。"

思考题：请对领导的表扬做出评价。

组织由人组成，组织活动都靠人完成。组织的生命力来自组织中每一个成员的热情。如何激发和鼓励员工的创造性和积极性，是管理者必须解决的问题。激励是领导的重要

措施，激励功能就是研究如何根据人的行为规律来提高人的积极性。

第一节

激励概述

一、激励的含义

从词义上理解，激励含有激发、鼓励之意。激励是指运用各种管理手段，刺激员工的需要，激发员工的动机，使员工努力实现组织目标的心理过程。激励的含义包括以下几方面。

（1）激励的基础是需要，激励的核心是对被管理者动机的激发。需要是个体在某种重要而有用的或不可缺乏的事物匮乏、丧失或被剥夺时内心的一种主观感受。

（2）激励的目的是引导被管理者的行动方向，促使其采取实现组织目标的行动。

（3）激励的作用是强化被激励者实现组织目标的努力程度。

（4）激励的过程是在管理者管理手段作用和所处情景条件下，被管理者的心理变化过程。

一般，激励由以下五个要素组成。

（1）激励主体，指施加激励的组织或个人。

（2）激励客体，指激励的对象。

（3）激励目标，指激励主体期望客体的行为所实现的成果。

（4）激励因素，又称激励手段，指能使激励客体去工作的东西，其可以是物质的，也可以是精神的，激励因素反映人的各种欲望。

（5）激励环境，指激励过程所处的环境因素，它会影响激励的效果。

> 思考：每个人生活中都有被激发的时刻，回忆一下你在被激发情况下做的一件成功的事。

二、激励的过程

心理学研究表明，人的行动具有目的性，目的源于动机，动机是由人的需要决定的。需要、动机是诱导人类行为的一般动力，也是激励得以发挥作用的构成因素。激励的过程如图7-1所示。

人在社会实践中形成的对某种目标的渴求和欲望，构成了人的需要的内容，并成为人行为积极性的源泉。人的行为受需要的支配和驱使，需要一旦被意识到，它就以行为动机的形式表现出来，驱使人的行为朝着一定的方向努力，以达到自身需要的满足。需要越强烈，由它引起的行为也就越有力越迅速。

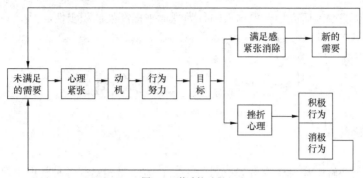

图 7-1　激励的过程

（一）未满足的需要是行为的动力源泉

当人们缺乏所需事物而引起生理或心理紧张时，就会产生需要，并为满足需要采取行动。因此，需要是一切行为的最初原动力。在管理中运用激励方法，就是利用需要对行为的原动力作用，通过提供外部诱因，满足员工的需要，从而调动员工积极性。

（二）动机是人的行为的直接动力

动机是在需要的基础上产生的，是鼓励和引导一个人为实现某一目标而行动的内在力量。动机是行为产生的直接动因，它引起、维持行为并指引行为去满足某种需要。当人们产生了某种需要而又不能得到满足时，会产生一种紧张不安的心理，并形成一种内在的驱动力，促使个体采取某种行动。

动机的产生依赖两个条件：一是个体的生理或心理需要；二是能够满足需要的客观事物，即外部诱因。一般情况下，激励表现为外界通过多种形式对人的需要予以不同程度的满足或限制。激励的实质是激发动机，从外界推动力（要我做）到激发人内部自动力（我要做）。

在管理活动中，管理者要有意识地设置需要，使被激励者产生动机，进而引起行为，满足需要，实现目标。主管人员应了解什么最能激励下属，以及这些激励因素如何发挥作用，并把这些认识体现在管理活动中，这样才能成为有效的管理者。

三、激励的作用

（一）激励的核心作用是有效调动员工积极性

众多研究表明，个人的工作绩效取决于个人能力和工作积极性。如果通过有效管理能使员工胜任工作，那么决定工作绩效的关键因素就是工作积极性。工作积极性从本质上讲是员工从事劳动与工作动机的强度。一般地，员工能力的变化是较为缓慢的，而工作态度、积极性可以在短时间内发生变化，从而对工作绩效产生重大影响。

（二）激励有利于充分发挥员工的潜力

哈佛大学威廉·詹姆斯教授在对员工激励的研究中发现，按时计酬的分配制度仅能让员工发挥 20%～30%的能力，如果通过激励充分调动其积极性，员工的能力可以发挥出 80%～90%，两种情况之间的差距就是有效激励的结果。

（三）激励有利于为组织留住人才和吸引人才

有效的激励制度不仅可以充分调动组织内现有的人力资源，使他们扎根企业，为企业做贡献，而且还可以通过各种优惠政策、丰厚的福利待遇、快捷的晋升途径来吸引企业需要的人才。

彼得·德鲁克认为，每一个组织都需要三个方面的绩效：直接的成果、价值的实现和未来的人力发展。缺少任何一方面的绩效，组织必然走向失败。因此，每一位管理者都必须在这三个方面均有贡献。在三个方面的贡献中，对"未来的人力发展"的贡献就是来自激励工作。

（四）激励有利于造就良性的竞争环境，增强组织凝聚力

科学的激励制度包含一种竞争精神，它的运行能够创造出一种良性的竞争环境，进而形成良性的竞争机制。在具有竞争性的环境中，组织成员会受到环境的压力，这种压力将转变为员工努力工作的动力。正如麦格雷戈所说："个人与个人之间的竞争，才是激励的主要来源之一。"在这里，员工工作的动力和积极性成了激励工作的间接结果。

行为学家通过调查和研究发现，对个体行为的激励会导致或消除某种群体行为的产生。激励不仅直接作用于个人，还间接影响周围的人。激励有助于形成一种和谐但富有竞争氛围的组织环境，对增强组织的凝聚力至关重要。

第二节 | 激励理论

激励理论是关于调动员工积极性的指导思想、原理和方法的概括总结。国外许多学者从不同角度对激励问题进行研究，提出了许多理论，这些理论对管理有很强的指导作用，应用性也比较强。根据研究的侧重点不同，激励理论可分为内容型激励理论、过程型激励理论和行为改造型激励理论三大类。

内容型激励理论重点研究激发动机的诱因，试图从人的需要出发，探索人的行为是由什么因素引发、激励的，即哪些需要可以激励员工。内容型激励理论主要有需要层次理论和双因素理论等。过程型激励理论是重点研究从动机的产生到采取行动的心理过程，研究如何由需要引起动机，如何由动机推动行为，并由行为指向目标的理论。它是从激励过程的各个环节去探索如何激发人积极性的理论。过程型激励理论主要有期望理论、公平理论、目标设置理论等，本书主要介绍公平理论。内容型激励理论与过程型激励理论主要研究如何满足员工的需要，以促使其产生组织所期望的行为，而行为改造型激励理论则着重研究通过反馈结果改造、修正行为。行为改造型激励理论主要有强化理论、归因理论等，本书主要介绍强化理论。

一、需要层次理论

美国心理学家亚布拉罕·马斯洛（Abraham H. Maslow, 1908—1970）在 1943 年出版的《人的动机理论》一书中提出了需要层次理论，并于 1954 年在其名著《动机与人格》中做了进一步阐述。

扫一扫

人的需要层次

（一）需要层次理论的主要内容

（1）人的需要分为五个层次，由低到高依次为生理需要、安全需要、社交需要、尊重需要和自我实现需要，如图 7-2 所示。

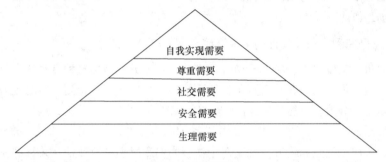

图 7-2　人的需要层次

① 生理需要。生理需要是人类为了维持生命最基本的需要，包括一个人对维持生存所需的衣物、饮食、出行、住宿等基本生活条件以及性、生育等延续后代的需要。马斯洛认为："一个人如果同时缺少食物、安全、爱情及价值等，则其最强烈渴求当推对食物的需要。" 当衣食住行等需要还未达到足以维持人的生命之时，其他需要将不能激励他们。

② 安全需要。安全需要是指人们对人身安全、就业保障、环境安全、财物保障等的需要。安全需要分为对现在的安全需要与对未来的安全需要。对现在的安全需要是要求自己现在的社会生活的各个方面，如就业、人身、劳动等得到保障；对未来的安全需要，是希望未来生活，如失业、生病、退休后的生活等能得到保障。

③ 社交需要。人的工作和生活在社会中不是单独存在的，人们希望在社会生活中得到接纳、关注、关心、友爱，在情感上有所归属，避免孤独。社交需要是指人们希望与他人交往，获得友谊、爱情与归属的需要。每个人的社交需要差别很大，与个人的性格、经历、受教育程度、信仰等都有关系。

④ 尊重需要。尊重需要是指人们希望得到尊敬和得到他人高度评价的需要，包括自尊和受人尊重两个方面。自尊心是驱使人们奋发向上的推动力，每个人都有。领导者要设法满足员工的自尊心，不能任意伤害，以激发员工在工作中的主动性和积极性。受人尊重是指当自己做出贡献时，能得到他人的承认，如获得较高的名誉、地位、声誉和威望。

⑤ 自我实现需要。自我实现需要是指人们最大限度发挥潜能，在工作上有所成就，在事业上有所建树，实现自己理想和抱负的需要。自我实现需要是一种"希望能成就独

特性的自我的欲望，希望能成就自我所希望成就的欲望"。这种需要往往是通过胜任感和成就感来获得满足的。

胜任感是指希望自己的知识、能力与自己担任的工作相适应，工作带有挑战性，承担更多的责任，取得更大的成果，自己的知识与能力在工作中能得到提升。如一个年轻的员工，在上司指导下掌握了一定的技术后，就想独立工作，会利用掌握的知识积极、主动地工作，想方设法改进、完善工作。

成就感表现为进行创造性活动并取得成功。工作的乐趣在于获得成果或成功，自己在工作中取得的成就比所得到的报酬更重要。

自我实现需要不仅仅存在于林肯、爱因斯坦等杰出的政治家或科学家身上，几乎在任何人身上都有不同程度的体现。

（2）五种需要是由低到高排列的，并进行逐层递进式的发展。不同层次的需要可同时并存，但只有较低层次的需要得到满足后，才会产生更高一级的需要。任何一种需要并不由于高一层次需要的出现而消失，各层次需要之间是相互依赖并以重叠波浪形式演进的。

（3）优势需要起着重要的激励作用。在同一时期内，人会同时存在多种需要，但有一种需要占主导、支配地位，这种需要被称为优势需要。人的行为主要受优势需要驱使，优势需要起着重要的激励作用，得到基本满足后，优势需要转变为非优势需要，且不再具有激励作用。

（4）高层次需要的满足对人的激励作用更大，也更持久。生理需要和安全需要属于较低层次的需要，尊重需要、自我实现需要属于较高层次的需要。高层次需要是行为主体内部要求的反映，这些需要的满足对人的激励作用更大，也更持久。

> 思考：你当前的优势需要是什么？为什么？

（二）对需要层次理论的评价

马斯洛的需要层次理论第一次从理论上系统地阐述了人的需要与行为之间的关系，把人的需要看作多层次的动态系统，反映了人的需要由低级到高级发展的趋势等，为管理中调动员工积极性方法的运用指出了方向，即管理者要将对人的需要的重视和关心作为做好激励工作的出发点。

将人的需要归纳为从低级到高级不断发展的五个层次，在一定程度上反映了人类需要发展的一般规律。马斯洛指出人在每一时期都有一种需要占主导地位，其他需要处于从属地位，启发管理中要了解员工的优势需要。

该理论也有一定的局限性和不足之处。首先，马斯洛把五个层次看作是人类与生俱来的，把自我发展看成是个体的自然成熟过程，否认社会实践活动对人成长的决定性影响，带有唯心主义色彩。其次，他的需要发展观带有一定的机械主义色彩。他认为需要的发展是逐层递进的，只有低层次需要得到满足之后，高层次需要才会显现。实际上，人的需要的发展很复杂，人有主观能动性，会调整需要的结构和内容。

（三）对管理实践的启示

（1）准确把握员工的需要，尤其是他们当前的优势需要（即迫切需要解决的问题），对此可以通过问卷调查、走访、观察等形式加以了解。

（2）设法满足员工的需要。如生理需要的满足可通过提高基本工资、改善工作条件、建设自助食堂等手段来满足。经济上的安全需要可通过合理的工资报酬、奖金和福利等措施满足。

（3）满足需要的方法应多种多样，切忌单一化和单层化。低层次需要的满足应与推动高层次需要的满足相结合，运用需要激励手段时应因人、因时、因情景而异。

企业针对不同的需要层次可采取的主要管理措施如表 7-1 所示。

表 7-1　　　　　　　　　　　不同需要层次的管理措施

需要层次	在企业的目标	管理措施
生理需要	具有良好的工作环境、高薪资和福利	提供待遇奖金、医疗保健、舒适的工作环境、住房福利
安全需要	具有医疗保险、职业保障，意外事故的防止、工作稳定	提供各种保险、雇佣保证、建立退休金制度
社交需要	具有良好的人际关系、获得团体接纳	开展团体活动、建立和谐工作小组、增进同事友谊
尊重需要	地位、名誉、权力、与他人的相对收入	公布个人成就，建立人事考核制度、晋升制度、奖励制度，表彰
自我实现需要	能承担责任、发挥个体特长、承担有挑战性的工作、参与高层决策	给予事业成长的机会、革新小组、鼓励创造、建立决策参与制度

二、双因素理论

美国心理学家弗雷德里克·赫茨伯格（Frederick Herzberg，1923—2000）等人于 20 世纪 50 年代末期在匹兹堡地区对 200 名工程师和会计师等高级知识分子进行了大规模的访问谈话试验。试验的目的在于验证以下假设：人类在工作中有两类性质不同的需要，即作为动物要求避开和免除痛苦，以及作为人要求在精神上不断发展、成长。访谈问题包括"什么时候你对工作特别满意""什么时候你对工作特别不满意""满意和不满意的原因分别是什么"等，请被调查者写出自己做过的"最佳工作"和"最糟糕的工作"及个人评价。赫茨伯格通过研究，提出了双因素理论。

（一）双因素理论的主要内容

赫茨伯格认为，人类有两种不同类型的需要，或者对激励而言，存在着两类不同的因素。这两类因素，一类叫作保健因素，另一类叫作激励因素。

赫茨伯格发现，造成员工非常不满意的原因是公司在政策和管理方式、上级监督、人际关系、薪金、工作安全性、工作条件、工作环境等方面处理不当。这类因素处理不当，或者说员工的这类需要得不到基本满足，就会导致员工的不满，甚至严重挫伤员工的积极性；这类因素处理得当，则能防止员工产生不满情绪，但不能使员工满意，也不能激发员工的积极性。赫茨伯格把这类因素称为保健因素，意思是这些因素的作用类似卫生保健对身体健康所起的作用：卫生保健不能直接改善健康状况，但有预防效果。保健因素是指和工作环境或条件相关的因素。

使员工非常满意的因素主要是工作表现机会和工作带来的愉快、成就感、赞赏、对未来发展的期望、工作上的责任感、提升与进步等。这类因素的改善或者说这类需要的满足，往往能给员工以很大程度上的激励，使之产生工作的满意感，有助于充分、有效、持久地调动他们的积极性。赫茨伯格把这类因素称为激励因素。激励因素指和工作内容紧紧联系在一起的因素。

双因素理论相关内容如表 7-2 所示。

表 7-2 双因素理论

双因素	作用	具体因素	特点
保健因素	防止人们产生不满	公司政策、上司监督、工资、人际关系、工作条件、工作环境等	多与工作环境和工作条件有关
激励因素	使员工感到满意	成就、赞赏、工作本身、责任、晋升、进步等	与工作本身性质有关，多与工作内容联系在一起

进一步的分析表明，保健因素之所以能导致人们的不满意，是因为人们具有避免不满意的需要；激励因素之所以能使人们满意，是因为人们具有成长和自我实现的需要。但这两类性质不同的因素，是彼此独立而不同的。

与此相关，赫茨伯格认为，满意的对立面是不满意，不满意的对立面是满意的传统观点是错误的。满意的对立面不是不满意，而是没有满意；不满意的对立面也不是满意，而是没有不满意。也就是说，消除了工作中的不满意因素并不一定能让员工满意。满意—不满意观点的对比如图 7-3 所示。

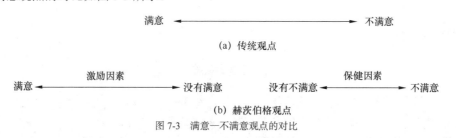

图 7-3 满意—不满意观点的对比

激励因素是否具备、强度高低，对应着员工的满意和没有满意，因为人的心理成长取决于成就，而取得成就就要工作。激励因素代表了工作因素，所以它是成长所必需的，它提供的心理激励促使每个人努力去达成自我实现的需要。保健因素是否具备、强度高低，对应着员工的没有不满意和不满意，因为保健因素本身的特性，决定了它无法给人以成长的感觉，因此它不能使员工对工作产生积极的满意感。

（二）对管理实践的启示

从科学管理时代开始，管理者的注意力往往集中在保健因素方面，用提高薪酬、改善工作条件等来激励员工，但效果有限。双因素理论揭示了内在激励的作用，它为管理者如何更好地激励员工提供了新的思路，具有重要的指导价值。

1. 注重对员工的内在激励

由双因素理论可以知道，消除了工作中的不满意因素并不一定能使员工得到激励而表现出最佳的工作积极性，但可消除员工的不满。要真正激励员工努力工作，就要注重激励因素（如提供令员工感兴趣的工作），通过这些因素的运用满足员工较高层次的需要，才可能把员工的感受提升到满意阶段。因此，管理者若想更有效、更持久地激励员工，就必须注重工作本身对员工的激励，最主要的形式就是工作丰富化。其中心思想是通过增加工作中的激励因素，来充分发挥员工的积极性和创造性。

2. 正确处理保健因素与激励因素的关系

在对员工的激励中，不应忽视保健因素，但也不应过分注重改善保健因素。由双因素理论可知，满足员工的保健因素只能防止不满，而并不能形成有效激励。赫茨伯格通过研究还发现，对于保健因素，当员工达到某种满意程度后其激励作用将会减小，在饱和点以后将会出现衰减。因此，同其他企业相比，提供有竞争力的报酬对维持员工的积极性、消除不满情绪是有效的，但过高的报酬并不一定能得到相应的工作效率的提高。

管理中要善于把保健因素转化为激励因素。保健因素和激励因素不是一成不变的，而是可以转化的。例如，员工的工资、奖金如果同个人工作业绩相联系，就会产生激励作用，变为激励因素。如果两者没有联系，奖金发得再多，也构不成激励，一旦停发或少发，还会造成员工的不满。因此，有效的管理者，既要注意保健因素，以消除员工的不满，又要努力使保健因素变为激励因素。

需要指出的是，赫茨伯格所调查的对象是工程师、会计师等高级知识分子，调查的对象缺乏全面性和代表性，调查分析工作较为简单。

 小故事

中秋节奖金

一家公司的老板为人和善，每年中秋节，老板会额外给员工发放一笔1 000元的奖金。但几年下来，老板感到这笔奖金正在丧失它应有的作用，因为员工在领取奖金的时候反应相当平静，每个人都像领取自己的薪水一样自然，并且在随后的工作中也没有人会为这1 000元表现得特别努力。

既然奖金起不到激励作用，加上行业不景气，老板决定停发，这样做也可以减少公司的一部分开支。但停发的结果却大大出乎意料，公司上下几乎每一个人都在抱怨老板的决定，有些员工明显情绪低落，工作效率也受到不同程度的影响。老板很困惑：为什么有奖金的时候，没有人会为此在工作上表现得积极主动，而取消奖金之后，大家都不约而同地指责抱怨甚至消极怠工呢？

三、公平理论

公平理论是由美国心理学家约翰·斯塔希·亚当斯（John Stacey Adams）于 1965 年提出的，其目的是研究在社会比较中个人所做出的贡献与他所得到的报酬之间如何平衡的问题，研究报酬的公平性对人们工作积极性的影响。

（一）公平理论的主要内容

公平理论认为，当一个人做出了成绩并取得报酬以后，他不仅关心自己所得报酬的绝对量，而且关心自己所得报酬的相对量。也就是说，每个人都会自觉或不自觉地把自己所获得的报酬与投入的比率同他人或本人过去所获得的报酬与投入的比率相比较，来确定自己所获得的报酬是否合理，比较的结果将直接影响今后工作的积极性。用公式可以表示为：

$$Q_p/I_p=Q_o/I_o$$

式中：Q_p——一个人对他所获得报酬的感觉；

　　I_p——一个人对他所投入的感觉；

　　Q_o——这个人对比较对象所获得报酬的感觉；

　　I_o——这个人对比较对象所投入的感觉。

报酬是指工资、奖金、晋升、赏识、受人尊敬等，包括物质方面和精神方面的所得；投入是指个人的知识、经验、努力程度、能力、贡献、时间等；参照对象中的他人通常是自己的同事、同行、邻居、亲朋好友（一般是与自己状况相当的人）等，参照对象也可能是过去的自己。

1. 横向比较

横向比较是公平理论的主要部分，是用自己所得的报酬与投入的比值和他人的报酬与投入的比值来进行比较。横向比较会出现以下三种可能。

（1）$Q_p/I_p=Q_o/I_o$，当事人会觉得报酬是公平的，他可能会因此而保持工作的积极性和努力程度。

（2）$Q_p/I_p<Q_o/I_o$，当事人会感到不公平，此时他可能会要求增加报酬，或自动地减少投入，使不等式趋于相等。

（3）$Q_p/I_p>Q_o/I_o$，当事人得到了过高的报酬或投入较少。在这种情况下，一般来讲，当事人不会要求减少报酬，而有可能会自觉地增加投入，使不等式趋于相等。但过一段时间后，他就会因重新过高估计自己的投入而对高报酬心安理得，于是其投入又会恢复到原先的水平。

2. 纵向比较

纵向比较是把自己现在得到的报酬与投入和自己的过去比较。如果两者相当，则感到公平；如果比过去少，就会感到不公平，会影响工作的积极性；如果比过去多，则会主动多做一些工作。

（二）消除不公平的措施

当个体主观上感到不公平时，将采取以下消除不公平感的措施。

（1）改变自己的结果与投入比率，如不再像以前那么努力，减少投入或设法获得更多报酬。

（2）改变他人的结果与投入比率，让他人多付出或设法减少其所得。

（3）更换比较对象，以获得主观上的公平感。

（4）通过自我解释，达到自我安慰。

（5）发牢骚，泄怨气，制造人际矛盾，甚至要求调离工作。

> 思考：你在现实生活中遇到不公平时是怎样处理的？

（三）对管理实践的启示

（1）尽管公平理论的基本观点是普遍存在的，但在实际运用中很难把握。因为个人的主观判断对此有很大的影响，人们总是倾向于过高估计自己的投入，而过低估计自己所得的报酬，对别人的投入和所得报酬的估计则与此相反。由于一个人所得的相对值比绝对值更能影响人的工作积极性，故管理者在运用该理论时应当更多注意实际工作绩效与报酬之间的合理性，同时帮助员工正确认识自己与别人的投入和报酬。

（2）加强管理，建立平等竞争机制。人的工作动机不仅受绝对报酬的影响，而且更重要的是受相对报酬的影响。人们在主观上感到公平合理时，心情就会舒畅，人的潜力就会充分发挥出来，从而使组织充满生机和活力。这就启示管理者必须坚持"各尽所能，按劳分配"的原则，把员工所做的贡献与他应得的报酬紧密挂钩。

（3）引导员工树立正确的公平观。每个人公平的标准是不同的，绝对的公平是没有的。公平理论表明公平与否都源于个人感觉，个人判别报酬与付出的标准往往都会偏向于对自己有利的一方，从而产生不公平感，这对组织是不利的。因此，管理者应能以敏锐的目光察觉个人认识上可能存在的偏差，适时做好引导工作，确保个人工作积极性的发挥。

四、强化理论

强化理论是研究人的行为怎样转化和改造，如何使人的心理和行为变消极为积极的理论，是由美国心理学家斯金纳（B. F. Skinner）提出的。

斯金纳用白鼠做过一个试验。他把饥饿的白鼠放入木箱，箱内隔光、隔音，并装有自动控制和记录的光、声系统及一套杠杆和喂食器，让白鼠自由行动。杠杆一被压动，一粒食物球就滚进食盘。白鼠偶然踏上杠杆，得到一粒食物球，再次踏上的时候又得到第二粒食物球，反复几次后，条件反射就形成了，按动杠杆和获得食物暂时联系起来。食物奖赏强化了白鼠按压杠杆的行为，并减弱了其他行为（如在箱子四周乱转）。白鼠将主动持续地踩杠杆取得食物，直到吃饱为止。当停止供应食物时，按压杠杆的反应由于停止供应食物球而逐步消退。

斯金纳认为，人相当于一个"黑箱"，人的内在状态犹如黑箱内的东西，是未知的，也是不可知的，因此，他提出以学习理论来解释人类行为的形成机制，而学习过程的最基本原理就是强化。强化是指对一种行为的肯定或否定的后果（奖励或惩罚），它在一定程度上决定该行为是否重复，即只要控制行为的后果就可以达到控制和预测人的行为的目的。在管理中可以通过各种强化手段来激发员工的积极性。

（一）强化理论的主要内容

强化理论认为，人的行为是其所获刺激的函数。如果这种刺激对他有利，则这种行为就会重复出现；如果对他不利，这种行为就会减少直至消失。因此，管理者要采取各种强化方式，使员工的行为符合组织的目标。强化有奖励、逃避、取消、惩罚四种方法。

（1）奖励。奖励是指用某种有吸引力的结果，如通过认可、奖赏、加薪、提升、表扬等手段对某一行为进行奖励和肯定，以期该行为能重复出现。

（2）逃避。逃避是指预先告知某种不合要求的行为或不良绩效可能引起的后果，从而使员工为逃避惩罚而减少或避免组织不希望出现的行为。

（3）取消。取消又叫衰减，是指撤销对某种行为的奖励，对某种行为不予理睬，以表示对该行为的轻视或某种程度的否定。取消从本质上讲也是一种惩罚。但是这样既可以消除某些不合理的行为，又能避免上下级之间的不愉快甚至矛盾冲突。

（4）惩罚。惩罚是指用某种带有强制性、威胁性的结果，如通过批评、降薪、降职、罚款、辞退等手段，来消除某种行为重复发生的可能性。一般当员工的行为对组织的危害程度较大时才使用。

上述四种手段中，奖励、逃避对人的行为具有鼓励作用，属于正强化；取消和惩罚对人的行为具有惩罚和抑制作用，属于负强化。

> 思考：学校在考试前宣传考风考纪，你认为对减少考试违纪能起到多大作用？

（二）强化过程四要素

（1）管理手段。管理者的管理手段有奖励、表扬、批评、处罚等。

（2）被强化的行为。员工能够控制且对组织目标有影响的各种行为，如考勤。

（3）绩效。员工行为与资源投入形成的组织绩效，如提高服务质量、开发新产品。

（4）强化物。由员工行为绩效所决定的、由管理者所调控的行为结果（对员工行为的回报），如涨工资、升职、罚款。

（三）强化的原则

（1）要明确强化的目的或目标，明确预期的行为方向，使被强化者的行为符合组织要求。

扫一扫

强化的原则

（2）要选准强化物。每个人的需要不同，因而对同一种强化物的反应也各不相同，同样的强化物，对有些人有效，可能对另外一些人效果很小或者无效。这就要求具体分析被强化者的情况，针对他们的不同需要，采用不同的强化措施。可以说，选准强化物是使组织目标同个人目标统一，以实现强化预期要求的中心环节。

（3）要及时反馈。为了达到强化的目的，必须通过反馈的作用，使被强化者及时了解自己的行为后果，并及时兑现相应的奖励或惩罚，使有利于组织的行为得到及时肯定，促使其重复，而使不利于组织的行为得到及时制止。抓好信息反馈是激励和改变行为的重要环节。

（4）要尽量运用正强化的方式，避免运用惩罚的方式。斯金纳发现，"惩罚不能简单地改变一个人按原来想法去做的念头，至多只能教会他们如何避免惩罚"。事实上，过多地运用惩罚往往会造成被惩罚者心理上的创伤，引起对抗情绪，甚至采取欺骗、隐瞒等手段来逃避惩罚。

但是，有时又必须运用惩罚的方式。为了尽可能避免惩罚所引起的消极作用，应把惩罚同正强化结合起来。在执行惩罚时，应使被惩罚者了解受到惩罚的原因和改正的办法，而当其一旦有所改正时，即应给以正强化，使其符合要求的行为得到巩固。

第三节 | 激励方式

在激励理论指导下，领导者需要选择有效的激励方式以提高员工接受和执行目标的自觉程度，激发被领导者实现组织目标的热情，最终达到提高员工行为效率的目的。常用的激励方式有物质激励、工作激励和精神激励。

一、物质激励

物质激励是指以物质利益为诱因，通过调节被管理者的物质利益来刺激其物质需要，以激发其动机的方式与手段。物质激励是激励的主要形式。它主要包括奖酬激励和处罚两种。

（一）奖酬激励

金钱并不是唯一能激励人的力量，但在现实生活中，金钱作为一种很重要的激励因素是不可忽视的。无论是采取工资的形式奖酬，还是以奖金、优先认股权、红利、公司支付的保险金等形式奖酬，或在做出成绩后以给予人们其他东西等形式进行奖酬，金钱都是重要的因素。

用奖酬作为激励手段，必然涉及刺激量的问题。奖酬刺激量一方面表现为绝对量，即工资、奖酬的绝对数量的大小；其次表现为相对量，即工资奖金在同一时期不同人的差别以及同一个人不同时期的差别。一个人对他所得的报酬是否满意不是只看其绝对量，而更主要的是看其相对刺激量，通过相对比较，判断自己是否受到了公平对待，从而影响自己的情绪和工作态度。这正体现了公平理论的要求。在实际工作中，组织既要有选择地进行重奖，以期引起奖励效应，同时又要防止员工产生不公平心理。

（二）处罚

激励并不全是鼓励，它也包括许多负激励措施，在经济上对员工进行处罚是一种负激励，属于一种特殊形式的激励。按照强化理论，激励可采用处罚方式，即利用带有强制性、威胁性的控制手段，如批评、降级、罚款、降薪、淘汰等来创造一种令人不快或带有压力的条件，以否定某些不符合组织要求的行为。

现代管理理论和实践都指出，在员工激励中，正面激励的作用远大于负面激励的作用。素质越高的人员，处罚对其产生的负面作用就越大。它易给员工造成工作不安定感，同时还会使员工与上级主管之间的关系紧张，使同事间关系复杂等。因此，在应用处罚时要注意：必须有可靠的事实根据和政策依据；处罚的方式与处罚量要适当，既要起到教育作用，又不能激化矛盾；要与思想政治工作相结合，注意疏导，尽可能减少其副作用，化消极为积极，真正起到激励作用。

 小故事

朝三暮四

战国时代，宋国有一个养猴子的老人，他在家中的院子里养了许多猴子。日子一久，这个老人和猴子竟然能沟通了。这个老人每天早晚都分别给每只猴子四颗栗子。几年之后，老人的经济越来越不充裕了，而猴子的数目却越来越多，所以他就想把每天的栗子由八颗改为七颗，于是他就和猴子们商量说："从今天开始，我每天早上还是照常给你们三颗栗子，而晚上给你们四颗栗子，不知道你们同不同意？"猴子们听了，都想不通早上怎么少了一颗，于是开始吱吱大叫，而且到处跳来跳去，好像非常不愿意似的。老人一看到这个情形，连忙改口说："那么我早上给你们四颗，晚上再给你们三颗，这样该可以了吧？"猴子们听了，高兴地在地上翻滚起来。

二、工作激励

工作激励是指从工作的本身出发，通过设置合理的目标，丰富工作内容和形式，鼓励员工参与管理，以激发其动机的方式与手段。它主要包括目标激励、工作因素激励和参与激励。

（一）目标激励

目标激励就是确定适当的目标，诱发人的动机和行为，达到调动人的积极性的目的。目标作为一种诱因，具有导向和激励的作用。员工在管理中的自觉行为，都是追求目标的过程，当每个人的目标强烈并迫切地需要实现时，他们就对组织的发展产生热切的关注，对工作产生强大的责任感，能自觉把工作搞好。管理者就是要将每个人内心深处的这种或隐或现的目标挖掘出来，并协助他们制订详细的实施步骤，在随后的工作中引导和帮助他们努力实现目标。这种目标激励会产生强大的效果。

可用以激励的目标主要有三类：工作目标、个人成长目标和个人生活目标。管理者在设计目标时，要先进合理，要具备相应的实施条件和可操作性，要使所选择的目标尽可能多地满足下级的需要，使目标的实现与奖酬、晋升等挂钩，加大目标实现的效价，宣传组织目标，使员工更加了解组织，了解自己在目标的实现过程中应起到的作用，并注意把组织目标和个人目标结合起来。

 小故事

两个石匠的不同命运

一个烈日炎炎的夏日，哲学家独自走进大山，看见在烈日下一高一矮两个石匠正在挥汗如雨地敲打着石头，雕刻着一件件石材。

哲学家问高个子的石匠："每天与石头打交道，您不觉得辛苦吗？""苦是苦了点儿，但是当我看见这些毫无生机的石头，经过我的手，变成一件件栩栩如生的艺术品时，我就乐开了花，忘记了一切辛苦劳累！"哲学家赞许地点点头，说："你一定会成功的。"

哲学家又来到矮个子的石匠跟前，问了同样的问题。矮个子石匠叹了口气，无奈地说："这真是件苦差事，每天我都想离开这里，可是为生活所迫，我只好忍着。"哲学家只是笑了笑，什么也没有说。

十几年后，那个高个子的石匠已经成为远近闻名的雕塑家，他的作品遍布城市的许多重要景点，还成为人们收藏的艺术品。而那个矮个子的石匠，还在大山里敲打着石头，做那些高度重复性的工作。

（二）工作因素激励

根据双因素理论，对人最有效的激励因素来自工作本身，即满意自己的工作是最大的激励。因此，为了更好地发挥员工的工作积极性，管理者要善于调整和运用各种工作因素，进行工作设计，如工作内容丰富化和扩大化、创造良好的工作环境、员工与岗位双向选择。通过一系列措施，使工作本身变得更具有内在意义和更高的挑战性，让下级满足于自身的工作，给员工一种自我实现感，以实现最有效的激励。

（三）参与激励

参与激励是指在不同程度上让员工参与组织决策和各级管理工作的研究和讨论，调动员工的积极性和创造性。员工都有参与管理的要求和愿望，创造和提供一切机会让员工参与管理是调动他们积极性的有效方法。让员工参与管理，有利于集中群众意见，防止决策失误；有利于满足员工归属感和受人赏识的心理需要，可使员工感受到上级主管的信任、重视和赏识，从而体验到自己的利益同组织的利益及组织发展密切相关而产生责任感；有利于员工对决策的认同，从而激励他们自觉推进决策的实施。通过参与管理，员工可形成对企业的归属感、认同感，可以进一步满足自尊和自我实现的需要。

三、精神激励

精神激励就是对员工精神上的一种满足和激励，让员工能够感觉到来自企业的关怀。精神激励的方法有许多，如尊重、关爱、赞美、宽容员工，给员工提供公正的竞争环境等。

（一）关怀激励

领导与下属保持不断的沟通，满足下属的尊重需要。卓有成效的管理者需要和员工达成良性的沟通。要真正获得员工的心，首先要了解员工的所思所想、他们内心的需求。员工的需要也会随着人力资源市场情况的变动和自身条件的改变不断变化。

（二）尊重激励

尊重激励就是通过尊重下级的意见、需要及尊重有功劳的人的做法来使员工感到自己对组织的重要性，并促使他们向先进者学习的一种激励方法。

（三）荣誉激励

荣誉是对个体的崇高评价（如发奖状、发证书、记功、通令嘉奖、表扬等），是满足自尊需要、激发人们奋进的重要手段。它可以调动人们的积极性，形成一种内在的精神力量。从人的动机看，人人都有荣誉感，具有自我肯定、体验光荣、争取荣誉的需要，因此，管理者要设法让员工感觉到、认识到荣誉感的崇高性。

 小故事

香蕉别针

一家公司刚开始创业时，一次在新品开发上遇到了难题。一天晚上，公司总裁正在冥思苦想时，技术总监闯进他的办公室，阐述了他的方案。总裁听后，觉得其构想确实非同一般，便想立即给予嘉奖。他在抽屉中翻找了好一阵，最后拿着一件东西躬身递给这位技术总监说："这个给你！"这东西非金非银，而仅仅是一根香蕉。这是当时他所能找到的唯一奖品，而技术总监很感动，因为这表示自己的成果得到了上级领导的认可。从此以后，该公司便授予攻克重大技术难题的技术人员一枚金质香蕉别针。

（四）榜样激励

榜样激励的核心是在组织中树立正面典型和标兵，以他们良好的行为鼓舞员工，创造业绩。从心理学的观点看，任何人（特别是青少年）都有强烈的模仿心理，榜样的力量是巨大的。但榜样的树立应当坚持实事求是的原则，不要虚构和夸张，以免引起员工的逆反心理。

> 思考：物质激励与精神激励哪一个更重要？

为了发挥激励的效果，要有效综合物质激励、工作激励与精神激励方式，而不是仅采用某种单一的激励方式。在激励过程中，还要注意适时激励。适时激励的关键在于"赏不逾时"，即注重及时性，切忌口头许诺。激励越及时，越能强化正确的行为，使员工认为付出能得到应有的回报，从而更加用心工作。如果承诺的激励迟迟不能兑现，久而久之，员工会对领导者的言而无信产生反感，对工作的奖励丧失信心，进而对工作产生消极的态度。

本章小结

激励是运用各种管理手段，刺激员工的需要，激发员工的动机，使员工努力实现组织目标的心理过程。心理学研究表明，人的行动具有目的性，目的源于动机，动机由人的需要决定。需要、动机是诱导人类行为的一般动力，也是激励得以发挥作用的构成因素。激励的核心作用是能有效地调动员工的积极性。

需要层次理论把人的需要归纳为五个层次，即生理需要、安全需要、社交需要、尊重需要和自我实现需要。双因素理论认为，人类有两种不同类型的需要，一类是保健因素，另一类是激励因素。公平理论认为，当一个人做出了成绩并取得报酬以后，他不仅关心自己所得报酬的绝对量，而且关心自己所得报酬的相对量。强化理论认为，人的行为是其所获刺激的函数。强化有奖励、逃避、取消、惩罚四种方法。

常用的激励方式有物质激励、工作激励和精神激励。物质激励主要包括奖酬激励和处罚两种。工作激励主要包括目标激励、工作因素激励和参与激励。精神激励主要有关怀激励、尊重激励、荣誉激励与榜样激励。

思考练习

一、名词解释

1. 激励

2. 公平理论

3. 优势需要

4．保健因素

5．工作激励

二、判断题

1．没有需要动机的员工，其行为是无法激励的。（　　　）

2．马斯洛认为只有个体低层次的需要得到满足后，才会转向追求更高层次的需要。（　　　）

3．双因素理论认为，消除了人们工作中的不满意因素，就会使工作结果令人满意。（　　　）

4．保健因素同工作内容有关，激励因素与工作环境有关。（　　　）

5．人们在心理上通常会低估他人的工作绩效，高估他人的所得。（　　　）

6．根据公平理论观点，管理者不应该惩罚员工。（　　　）

7．根据公平理论，当获得相同结果时，员工会感到他们是被公平对待的。（　　　）

8．强化理论主张对员工进行针对性的刺激，只用看员工的行为与结果之间的关系，而不需要突出激励的内容与过程。（　　　）

9．强化理论认为，正强化应保持渐进性和连续性。（　　　）

10．根据激励理论，增加员工的工资就能提高他们的工作积极性。（　　　）

三、单项选择题

1．激励过程是（　　　）。

A．需要—动机—行为—绩效　　　　B．绩效—行为—动机—需要

C．动机—行为—绩效—需要　　　　D．行为—绩效—动机—需要

2．对一个尊重需要占主导地位的人，下列激励措施最能产生效果的是（　　　）。

A．提薪　　　　B．升职　　　　C．解聘威胁　　　　D．工作扩大化

3．以下不能在需要层次理论中得到合理解释的现象是（　　　）。

A．一个饥饿的人会冒着生命危险去寻找食物

B．穷人很少参加排场讲究的社交活动

C．在陋室中苦攻哥德巴赫猜想的陈景润

D．一个生理需要占主导地位的人，可能因为担心失败而拒绝接受富有挑战性的工作

4．我国企业引入奖金机制的目的是发挥奖金的激励作用，但目前，许多企业的奖金已经成为工资的一部分，奖金变成了保健因素。这说明（　　　）。

A．双因素理论在我国不怎么适用

B．保健因素和激励因素的具体内容在不同国家是不一样的

C．防止激励因素向保健因素转化是管理者的重要责任

D．将奖金设计为激励因素本身就是错误的

5．金钱可以成为激励因素，而不是保健因素情况是（　　　）。

A．那些未达到最低生活标准、急于养家糊口的人的计件工资

B. 组织在个人取得额外成就时很快给予的奖金

C. 以上两种情况下的金钱都属于激励因素

D. 无论什么情况，金钱都只是保健因素

6. 在年终奖分配中，员工小张认为自己受到了不公平的待遇，下列最不利于小张消除不公平感的做法是（　　）。

A. 经理向小张介绍其他同事的工作表现，使其了解自己的差距

B. 小张自己减少工作投入

C. 经理跟小张谈话，使他明白绝对的公平是不存在的

D. 了解小张不满的原因，视情况给他一些补贴

7. 某公司来了一位新员工，工作一段时间后，领导发现该员工工作热情饱满，业绩提高很快。对于这种情况，除了按公司激励制度的正常规定给予相应奖励外，如果你作为该公司的领导，最赞同进一步采取的做法是（　　）。

A. 及时肯定他的进步，鼓励他取得更大的成绩

B. 顺其自然，让他通过自我激励不断提高绩效

C. 给他提供进一步提高业绩的方法与程序指导

D. 充分肯定他的成绩，并提醒他不要骄傲自满

8. 销售部超额完成了销售任务，销售部 12 个人业务完成情况不同。现决定奖励销售部员工去国外某地旅游，让（　　）销售人员去旅游更合适。

A. 1 个　　　　　B. 3 个　　　　　C. 9 个　　　　　D. 12 个

9. 有这样一个小企业的老板，他视员工如兄弟，强调有福共享，有难同当，并把这种思路贯穿于企业的管理工作中。当企业的收入高时，他便多发奖金给大家；一旦企业产品销售状况不好，他就少发甚至不发奖金。一段时间后，却发现大家只愿意有福共享，而不愿有难同当。在有难时甚至还有员工离开企业，或将联系到的业务转给别的企业，自己从中拿提成。这位老板有些不解，你认为主要原因是（　　）。

A. 这位老板在搞平均主义

B. 这位老板把激励因素转化成了保健因素

C. 员工们的横向攀比

D. 这位老板对员工激励缺乏系统规划

10. 以下是物质奖励的是（　　）。

A. 参与决策　　　B. 休假　　　　　C. 分红　　　　　D. 调动工作岗位

四、简答题

1. 需要层次理论包含哪些内容？

2. 简述双因素理论及其在管理实践中的应用。

3. 根据公平理论，当个人认为不公平时会有哪些表现？

4. 强化理论的观点是什么？为什么要提倡以奖为主、以罚为辅？

5. 常用的精神激励的方法有哪些？

五、案例分析题

孙经理的难题

孙先生是富强油漆公司的采购部经理，前一阶段，孙经理常说："咱公司各部门工作人员的那套奖金制度，是彻底的'大锅饭'。奖金总额不跟利润挂钩，每月按工资总额拿出5%当奖金，说是要体现多劳多得的原则，可是谈何容易，总共就那么一点点，还玩得出什么花样？"

最近，孙经理说："上个月，我去参加管理干部培训班。一位教授做讲演，说企业对职工的管理不能太依靠高工资和奖金。钱并不能真正调动人的积极性。能影响人积极性的因素很多，最要紧的是'工作的挑战性'，要给自主权，给责任，还有什么表扬啦，跟同事们关系友好融洽啦，工资和奖金是摆在最后一位的，最无关紧要。那教授还说，这理论也有人批评，说那位学者研究的对象全是工程师、会计师、医生这类高级知识分子，对其他类型的人未见得合适。"

孙经理回到采购部，正赶上年末工作总结讲评，要发年终奖金了。孙经理认为，在采购部，论工作，就数小李最突出。孙经理把小李找来，先强调了小李这一年的贡献，特别表扬了他的成就，还细致讨论了明年怎么能使他的工作更有趣，责任更重，也更有挑战性……最后才谈到这最不要紧的事——奖金。孙经理对小李说，这回年终奖，你跟大伙儿一样，都是那么多。

可是，小李蹦起来说："什么？就给我那一点？说了那一大堆好话，到头来我就值那么一点？得啦，您那套好听的请收回去送给别人吧，我不稀罕。表扬又不能当饭吃！"

这是怎么一回事？美国教授和学者的理论听起来那么有道理，小李也是知识分子，怎么就不管用了呢？

思考题：

（1）孙经理用美国教授介绍的理论去激励小李，结果碰了钉子，问题可能出现在什么地方？根据案例提示的情况，说出你的理由。

（2）你认为富强油漆公司在奖金分配制度上存在的主要问题是什么？可以用什么办法解决？

六、应用分析题

1. 作为一名学生，你认为授课教师的哪些做法可以更好地激励你？反过来，学生是否也能够激励老师？如何激励？

2. 运用激励理论，从学校、老师、学生三个方面分析，怎样提高大学生的学习积极性。

七、实训题

学校目前对学生的激励制度有哪些？这些制度鼓励什么、限制什么？根据制度，还有哪些良好的行为没有得到提倡？哪些不良的行为没有得到抑制？请你根据自己的分析设计一套更适合学生身心健康发展、全面提高知识技能水平的激励方案。

第八章 沟通

管理就是沟通、沟通再沟通。

——杰克·韦尔奇（美国通用电气公司前 CEO）

学习目标：

➢ 理解沟通的作用。
➢ 了解五种沟通网络。
➢ 理解有效沟通的障碍。
➢ 具备有效沟通的能力。

 **导引案例**

阿维安卡52航班

仅仅几句话就能决定生与死的命运？

1990年1月25日恰恰发生了这种事件。那一天，阿维安卡52航班飞行员与纽约肯尼迪机场航空交通管理员之间沟通有障碍，导致了一场空难事故，机上73名人员全部遇难。

1990年1月25日晚7点40分，阿维安卡52航班飞行在南新泽西海岸上空11 277.7米的高空。机上的油量可以维持近两个小时的航程，在正常情况下飞机降落至纽约肯尼迪机场仅需不到半小时，可以说飞机上的油量足够维持飞机的飞行直至降落。然而，此后发生了一系列耽搁时间的事件。

晚上8点整，机场管理人员通知阿维安卡52航班，由于严重的交通问题，他们必须在机场上空盘旋待命。晚上8点45分，阿维安卡52航班的副驾驶员向肯尼迪机场报告他们的燃料快用完了。管理员收到了这一信息，但在晚上9点24分之前，没有批准飞机降落。在此之前，阿维安卡52航班机组成员再没有向肯尼迪机场传递任何关于情况十分危急的信息。

晚上9点24分，由于飞行高度太低以及能见度太低，飞机第一次试降失败。当机场指示飞机进行第二次试降时，机组成员再次提醒燃料将要用尽，但飞行员却告诉管理员新分配的跑道可行。晚上9点32分，飞机的两个引擎失灵，1分钟后，另外两个也停止工作，耗尽燃料的飞机于晚上9点34分坠毁于长岛。

调查人员找到了失事飞机的黑匣子，并与当事的管理员进行了交谈，他们发现导致这场悲剧的是沟通的障碍。

首先，飞行员一直说他们的燃料不足，交通管理员告诉调查者这是飞行员们经常使用的一句话。当时间延误时，管理员认为每架飞机都存在燃料不足问题。但是，如果飞行员发出"燃料危急"的呼声，管理员有义务优先为其导航，并尽可能迅速地允许其着陆。遗憾的是，阿维安卡52航班的飞行员从未说过情况紧急，所以肯尼迪机场的管理员一直未能理解到飞行员所面对的是真正的困境。

其次，飞行员的语调也并未向管理员传递出燃料紧急的严重信息。许多管理员接受过专门的训练，可以在各种情境下捕捉到飞行员声音中极细微的语调变化。尽管机组成员相互之间表现出对燃料问题的极大忧虑，但他们向机场传达信息的语调却是冷静而职业化的。

最后，飞行员的文化、传统以及职业习惯也使飞行员不愿意声明情况紧急。如正式报告紧急情况之后，飞行员需要写出大量的书面汇报；同时，如果发现飞行员在计算飞行油量方面疏忽大意，联邦飞行管理局就会吊销其驾驶执照。这些消极措施极大地阻碍了飞行员发出紧急呼救的信息。在这种情况下，飞行员的专业技能和荣誉感不必要地变成了决定生死命运的赌注。

思考题：阿维安卡52航班空难悲剧只是一个偶然吗？该航空公司在管理上需要做出哪些完善以避免类似的悲剧？

管理学中有个"双70%定理"：管理者70%以上的时间用在了沟通上（开会、谈判、谈话、做报告、发邮件、拜访、约见等）；企业中70%以上的问题都是沟通障碍引起的。在成功的因素调查中，85%的成功人士把成功的原因归结于自己的沟通及协调人际关系的能力高人一等，他们善于沟通，善于说服，善于推广自己的理念，让外界愿意帮助他们。只有15%的人将成功归功于自己的专业知识和技术。显然，沟通能力是领导者的核心能力。

第一节　沟通概述

一、沟通的含义

沟通是人类社会交往的基本行为过程，是管理的重要手段之一。关于沟通的定义很多。著名管理学者斯蒂芬·P. 罗宾斯认为："沟通是意义的传递和理解。"决策学派管理学家西蒙认为："沟通可视为任何一种程序，借此程序，组织中的某一成员将其所决定的意见或前提传递给其他有关成员。"美国学者桑德拉·黑贝尔斯、理查德·威沃尔将沟通定义为："沟通是人们分享信息、思想和情感的任何过程。这种过程不仅包含口头语言和书面语言，也包含形体语言、个人的习惯和方式、物质环境——赋予信息含义的任何东西。"综合以上信息，本书认为，沟通是指可理解的信息、思想、情感在个人或群体中传递或交换的过程。该定义包含了沟通的以下三个要点。

（1）信息被传递或交换。信息发送者将信息发送给信息接收者，或者两者进行信息交换。如果信息没有被传递或交换，就意味着沟通没有发生。如果说话者没有听众，写作者没有读者，就不构成沟通。

（2）沟通发送的是信息、思想和情感。沟通不同于简单的信息传递和信息反馈，简单的信息传递和信息反馈仅仅是传送信息，它不带任何感情色彩。在沟通过程中，除了要发送信息外，还要融入信息发送者的思想和情感，带有感情色彩，只有这样，信息才能发挥更理想的作用，沟通的效果也会更好。如同教师授课，除了要讲述相关的知识点（信息）外，还要融入自己的思想和情感，才能让学生更深入地理解该知识点，达到教书育人的效果。

（3）所传递的信息被对方理解。沟通不仅指信息要被对方接受，还指信息要为对方所理解。在沟通时，接收者接收到的仅仅是一些符号（如声音、文字、图像、数字、手势、姿势、表情），而不是信息本身。接收者必须将这些符号按照信息发送者的原意进行翻译，正确理解信息发送者的意思，沟通才算成功。假如信息接收者不能理解这些符号，不能将这些符号翻译成与信息发送者原意相符的信息，那么沟通就不算完成。

 小故事

秀才买柴

有一个秀才去买柴，他对卖柴的人说："荷薪者过来。"

卖柴的人听不懂"荷薪者"（担柴的人）三个字，但是听得懂"过来"两个字，于是把柴担到秀才面前。

秀才问他："其价如何？"

卖柴的人不太听得懂这句话，但是听得懂"价"这个字，于是就告诉秀才价钱。

秀才接着说："外实而内虚，烟多而焰少，请损之。"（你的木柴外表是干的，里头却是湿的，燃烧起来，会浓烟多而火焰小，请减些价钱吧。）

卖柴的人因为听不懂秀才的话，于是担着柴就走了。

二、沟通的过程

要进行沟通，就必须具备三个基本条件：一是要有信息发送者和信息接收者；二是要有信息内容；三是要有传递信息渠道。沟通过程是由信息发送者编码信息，通过信息传递渠道发送给信息接收者，接收者接收并理解信息，然后进行反馈的过程。沟通的过程如图 8-1 所示。

（一）信息发送者

信息发送者是沟通的主动者，发送者需要向接收者传递信息或需要接收者提供信息。

信息发送者要把自己希望他人了解的某种思想或想法转换为信息传送双方都能理解的声音、文字、图像或手势等，这一过程就是编码信息。没有这样的编码，沟通是无法进行的。信息发送者在编码过程中必须充分考虑到信息接收者的经验背景，注重内容、符号对接收者的可读性，使接收者能理解所发送的内容。

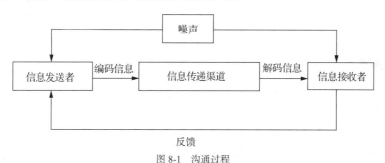

图 8-1　沟通过程

（二）信息传递渠道

编码后的信息必须通过一定的媒介或渠道才能传递给接收者，没有信息传递渠道，信息就不可能传递出去。信息传递渠道是信息发送者用于传递信息的媒介，是信息经过的路线，是信息到达发送者、接收者的手段。会议、面对面交谈、书面通知、电话、电报、电视、网络、报告、报刊、书籍等都是信息传递的渠道。选择什么样的信息传递渠道，既要看沟通的场合、沟通双方方便与否、沟通双方所处的环境及拥有的条件等，也与所选择的渠道成本有关。另外，各种信息沟通渠道信息传递效率也不尽相同。选择适当的渠道对实施有效的信息沟通是极为重要的。在各种沟通方式中，影响力最大的仍然是面对面的原始沟通方式。面对面沟通时，除了词语本身的信息外，还有沟通者整体心理状态的信息，这些信息使得发送者和接收者可以发生情绪上的相互感染。

（三）信息接收者

信息接收者接收到信息发送者传递而来的声音、文字、图像或手势后，要将其中包含的符号翻译成自己可以理解的概念和形式，这是对信息的解码。在接收和解码信息的过程中，信息接收者受知识、技能、态度和社会文化系统的限制，可能会发生偏差或疏漏，导致在解码过程中出现差错，这样就会使信息接收者产生一定的误解，不利于有效沟通。

（四）噪声

无论是在发送者方面，还是在接收者方面，人们之间的信息沟通都经常受到内部和外部因素干扰，这样的干扰因素被称为噪声。噪声来源于三个方面：一是外部环境，譬如手机通话时，周边太嘈杂，听不清通话的内容；二是内部，沟通者的思维和注意力因某种原因而游离于沟通主题之外，妨碍接收信息或正确理解信息；三是表现信息内容的语义在对话、情感上的反应。

（五）反馈

由于噪声会影响沟通的效果，因此，沟通过程的反馈是必要的。反馈是检验信息沟通效果的再沟通。反馈对信息沟通的重要性在于它可以检查沟通效果，并迅速将检查结果传递给信息发送者，从而有利于信息发送者迅速确认或修正自己发送的信息，以便达到最好的沟通效果。

 小故事

某公司面试

一家著名的公司在面试员工的过程中，经常会让10个应聘者在一个空荡荡的会议室里一起做一个小游戏，很多应聘者在这个时候都感到不知所措。

在一起做游戏的时候主考官就在旁边看，他不在乎你说的是什么，也不在乎你说得是否正确，他是看你听、说、问三种行为是否都出现，以及这三种行为是否是按一定比例出现的。

如果一个人要表现自己，他的话会非常多，始终喋喋不休，可想而知，这个人将是第一个被淘汰的。

如果你坐在那儿只是听，不说也不问，那么也将很快被淘汰。

只有在游戏的过程中既说又听，同时还问，才意味着应聘者具备良好的沟通技巧。

思考：你在与他人交往过程中，更容易发现他人的优点还是缺点？

三、沟通的作用

（一）沟通有助于提高决策质量

决策要解决组织做什么、怎么做、何时做等一系列问题。每当遇到急需解决的问题，管理者就需要从组织内部的沟通中获取大量的信息情报，然后进行决策，或建议有关人员做出决策，以迅速解决问题。"知己知彼，百战不殆"体现了信息在决策中的重要性。当然，下属人员也可以主动与上级管理人员沟通，提出自己的建议，供领导者决策时参考，或经过沟通，取得上级领导的认可。很多决策失误往往是由于信息不完善就匆忙做出结论。在组织竞争中，竞争的主动权往往意味着比竞争对手掌握了更完备的信息，而信息的来源在于沟通。

（二）沟通促使企业员工协调有效地工作

每个组织都是由人组成的，组织每天的活动也是由许多具体的工作所构成的。企业中的各个部门和职务是相互依存的，依存性越大，对协调的要求越高，而协调只有通过沟通才能实现。没有适当的沟通，管理者对下属的了解也不会充分，下属就可能对分配给他们的任务和要求他们完成的工作有错误的理解，使工作任务不能正确、圆满地完成，导致企业在效益方面的损失。为了保证组织目标的完全实现，就需要在组织内部互相交流意见，统一思想认识，协调好各个个体的工作活动。没有沟通就没有协调，也就不可能实现组织的目标。

（三）沟通是领导者实现领导职能的基本途径

对于一个领导者来说，他必须将自己的意图和想法告诉下属，只有这样，下属才能领会和理解领导的意图，按照领导的意图努力工作。沟通有利于领导者激励下属，建立良好的人际关系和组织氛围，提高员工的士气。沟通可以使领导者了解员工的需要，在决策中考虑员工的要求，从而提高员工的工作热情。

（四）沟通是建立组织与外部环境之间联系的桥梁

组织在运行过程中，必然要和顾客、供应商、竞争者、政府等外部环境建立各种各样的关系，组织必须按照顾客的需求调整产品结构，遵守政府的法律法规，担负自己应尽的社会责任，在激烈的竞争中取得一席之地，这使得组织不得不和外部环境进行及时、有效的沟通。而且，由于外部环境处于不断变化之中，组织为了生存就必须适应这种变化，这就要求组织不断地与外界保持沟通，以便把握住成功的机会，避免或减少失败。

第二节　沟通渠道

一、沟通的方向

正式沟通根据信息流向，可以分为下行沟通、上行沟通、横向沟通与斜向沟通，它们是组织内部纵向协调和横向协调的重要手段，如图 8-2 所示。

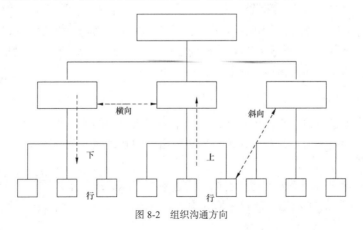

图 8-2　组织沟通方向

（一）下行沟通

下行沟通是指信息按照组织的隶属关系，从较高的组织层次流向较低的组织层次。下行沟通常用于命令、指导、协调和评价下属。下行沟通的信息一般包括：有关工作的指示；工作内容的描述；员工应该遵循的政策、程序、规章等；有关员工绩效的反馈；希望员工自愿参加的各种活动。下行沟通的目的是使员工了解组织目标，以形成与组织目标一致的观点并加以协调。这种沟通方式往往带有指令性、法定性、权威性和强迫性。

（二）上行沟通

上行沟通是指信息按照组织的隶属关系，从较低的组织层次向较高的组织层次传递。上行沟通有两种表达形式：一是层层传递，即依据一定的组织原则和组织程序逐级向上反映；二是越级反映，即减少中间层次，让团体成员和决策者直接对话。请示和汇报是最普遍的上行沟通形式，建议箱、座谈会、接待日等也是常见的上行沟通形式。

上行沟通相对下行沟通困难一些，它要求领导深入实际，员工及时反映情况，做细致的工作。一般来说，传统的管理方式偏重于下行沟通，管理风格趋于专制；而现代管理方式则是下行沟通与上行沟通并用，强调信息反馈，增加员工参与管理的机会。上行沟通要有效进行，需要一个可以使下属感到能自由沟通的宽松环境。下属要想说服上司，就要注意：通过听和问设法了解上司的观点；用数据和实例说话；说话简单扼要，突出重点；尊重上司的评价，不要争论；充分准备，解决上司质疑；角色转换，从上司角度来看问题。

（三）横向沟通

横向沟通是指在组织系统中，层次相当、业务部门不同的个人及团体之间进行的信息传递和交流。在传统的正式沟通系统中，横向沟通并不多见，一些组织为了顺利开展工作，通过任务小组、协作会议、委员会，甚至矩阵结构的办法加强横向沟通，并借助非正式沟通方式以弥补正式沟通的不足。这种沟通在现代学习型组织中越来越重要。

横向沟通要遵循五点：和谐友好，相互支持；权责明确，互不越位；积极主动，开诚布公；宽容大度，不斤斤计较；尊重理解，求同存异。化解平级间矛盾的要领有：头脑冷静，避免语言冲撞；自我反省，分析问题；主动沟通，避免矛盾"反映到上级"；勇于承认错误；通过中间人传话；搁置一边冷处理。

（四）斜向沟通

斜向沟通是指发生在组织中不同部门和不同等级层次的人员之间的信息沟通。斜向沟通的主要目的是加快信息传递，所以它主要用于相互之间的情况通报、协商和支持，带有明显的协商性和主动性。

有些管理学者认为横向沟通和斜向沟通会破坏组织的统一指挥原则，这种观点是错误的。在现实中，各种组织广泛存在横向沟通和斜向沟通。这两种沟通跨越了不同部门，脱离了正式的逐级指挥系统，但只要在进行沟通前得到直接领导者的允许，并在沟通后把值得肯定的结果及时向直接领导者汇报，这种沟通便值得积极提倡。横向沟通和斜向沟通符合法约尔提出的跳板原则，它能协调组织横向之间的联系，有助于提高组织的沟通效率，在沟通体系中是不可缺少的。

二、沟通网络

由组织沟通的形式可组合成组织信息传递的多种模式，这些模式被称为组织信息沟通网络，它表明了在一个组织中组织信息传递或交流的方式。图 8-3 展示了五种典型的信息沟通网络：链式、环式、Y式、轮式、全通道式。为了说明各种信息沟通网络，假定这一组织由A、B、C、D、E 五个成员组成。

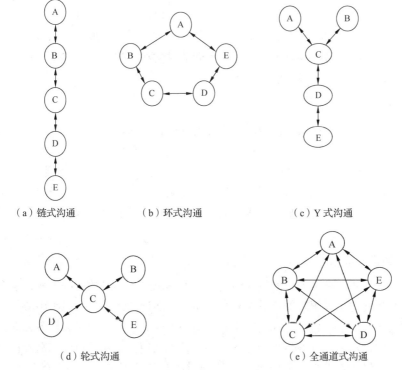

（a）链式沟通　　　　　　（b）环式沟通　　　　　　（c）Y式沟通

（d）轮式沟通　　　　　　　　　（e）全通道式沟通

图 8-3　信息沟通网络

（一）链式沟通

链式沟通是信息在组织成员之间进行单线、顺序传递的一种沟通网络形态，属于控制型结构。在组织内部的信息传递中，它是一层一层或一级一级地沟通的，只有上行沟通和下行沟通，居于两端的人只能与其相邻的一个成员联系，而居于中间的人则可以分别与两侧的人沟通信息。

这种沟通等级分明，信息逐级传递。这种形式中，信息经层层传递、筛选，上下信息传递速度慢且容易失真，信息传递者所接收的信息差异大，很难适应高节奏的管理需要。

（二）环式沟通

环式沟通是链式沟通的一种变形，它把链式的两端连接起来形成一个封闭的环。这种沟通没有中心人物，每一个人都可同时与两侧的人沟通，大家地位平等，组织中成员能进行较为满意的联络。环式沟通允许每一个成员与邻近的成员联系，但不能跨越层次与其他成员联系。

（三）Y式沟通

Y式沟通表示两位管理者通过一个人或一个部门进行沟通。在这种沟通网络中，只有一个成员位于沟通网络的中心。这就相当于企业主管、秘书和下属之间的关系，秘书就是沟通网络的中心，企业主管与下属的沟通是通过秘书来传递的。这种形式适合管理人员的管理任务繁重，需要有人协助筛选信息和提供决策依据，同时又要对组织实行有效控制的情况。Y式沟通集中化程度高，能减轻企业主管负担，解决问题速度较快。但相对来讲，下属士气较低，并且因为增加了中间的过滤和中转环节，容易导致信息被曲解和失真，组织成员的平均满意程度较低。

（四）轮式沟通

轮式沟通是信息由中心人物向四周多线传递的一种沟通网络。在这种沟通网络中，所有信息都是通过中心人物进行交流的，其他成员之间没有信息的相互交换关系，中心人物具有权威性。总经理与各部门经理之间的信息沟通就是这种形式的沟通。

轮式沟通由于没有中间环节，所以信息传递准确而快捷，但只有处于核心地位的人全面了解情况，群体成员之间缺乏了解，沟通渠道少，组织成员的满意程度低，员工士气不高。

（五）全通道式沟通

全通道式沟通是一种全方位开放式的沟通网络形态，无明显的中心人物，所有成员之间都能进行相互的不受限制的信息沟通和联系。全通道式沟通允许组织中的每一个成员与其他成员自由沟通，包含正式沟通所有的沟通形式。当组织面对涉及各方面人员的复杂问题决策时，常采用这种信息沟通网络。这种方式使信息传递速度和准确性获得提高，加快了解决问题的速度，且由于沟通渠道较多，因而成员满意度高、合作气氛浓厚。但由于沟通渠道太多，容易造成混乱，沟通过程也长，从而会影响工作效率。

以上信息沟通网络中，没有一种形式在任何情况下都是最好的，都各有优缺点，在实际工作中要针对不同的工作性质和员工特点选择相应的沟通形式。各种沟通网络的比较如表8-1所示。

表 8-1　　　　　　　　　　　　　　　各种沟通网络比较

类型	优点	缺点
链式	结构严谨、规范	信息传递速度较慢、容易失真、成员平均满意度较低
环式	集中化程度低、成员满意度和士气高	信息传递速度较慢、准确性较低
Y 式	处于交汇点的成员具有权威感和满足感	成员士气较低、容易导致信息失真、准确性受到一定影响
轮式	集中化程度高、信息传递速度快、准确性高，处于中心位置的人控制力强、具有权威性	成员满意度和士气低
全通道式	集中化程度低、成员满意度和士气高、合作气氛浓厚、有利于提高沟通的准确性	缺乏结构性、易造成混乱、讨论费时、易影响工作效率

三、单向沟通与双向沟通

（一）单向沟通

单向沟通是指只有信息接收者接收信息发送者的信息的沟通方式。观众看电影和电视、听众听广播、某人发表讲话其他人只做听众、父母训诫孩子不准孩子插嘴等都属于单向沟通。单向沟通最重要的特征是沟通过程中几乎没有反馈。接收者也许有意或无意地会用非语言方式，如点头、微笑、眼神等来表示发送者的信息被收到，但没有口语方式的反应来表示是否接收到信息。

单向沟通的效果一般比较差，接收者对发送者的内容会有或多或少的误解。有时，发送者说得很清楚、很正确，而接收者听错了。例如，"加 1/4 杯水"听成"加 4 杯水"，"十点见面"听成"四点见面"。有时，接收者听得很仔细，发送者说错了；有时，发送者的内容没错，但是不够具体，模糊不清，接收者用自己的方式而非以对方的角度来解释。例如，发送者说"可以晚点来"，结果接收者晚很久才来，因为"晚点"到底是多晚，双方的解释不同，因此造成误解。

单向沟通比较适合下列几种情况。

（1）问题较简单，但时间较紧。

（2）下属易于接受解决问题的方案。

（3）上级缺乏处理负反馈的能力，容易感情用事。

（4）下属没有了解问题的足够信息，反馈无助于澄清事实。

（二）双向沟通

双向沟通是指接收者反馈信息给发送者，发送者和接收者之间相互进行信息交流的沟通。从沟通效果的角度看，双向沟通效果比单向沟通好。双向沟通比较适合下列几种情况。

（1）时间较充裕，但问题较棘手。

（2）下属对解决方案的接受程度至关重要。

（3）上级习惯于双向沟通，并且能够有建设性地处理负反馈。

（4）下属能对解决问题提供有价值的信息和建议。

单向沟通与双向沟通的比较如表 8-2 所示。

表 8-2　　　　　　　　　　　　　单向沟通和双向沟通的比较

比较项目	单向沟通	双向沟通
所需时间	较少	较多
信息理解的准确程度	接收者理解信息发送者意图的准确程度可能存在偏差	接收者理解信息发送者意图的准确程度较高
接收者和发送者的自信程度	接收者和发送者对信息的理解自信程度不高	接收者和发送者都比较相信自己对信息的理解
满意	发送者比较满意	接收者比较满意
噪声	与问题无关的信息不易进入沟通过程，噪声小	与问题无关的信息较易进入沟通过程，噪声大

小故事

颜回"偷食"

孔子的一位学生颜回在煮粥时，发现有脏东西掉进锅里了。他连忙用汤匙把它捞起来，正想把它倒掉时，忽然想到一粥一饭都来之不易，于是便把它吃了。刚巧孔子走进厨房，以为他在偷食，便委婉地教训了颜回。经过解释，大家才恍然大悟。孔子很感慨地说："我亲眼看见的事情也不确实，何况是道听途说的呢？"

四、正式沟通与非正式沟通

良好的组织沟通是疏通组织内外渠道、协调组织内各部分之间关系的重要条件。在一个组织中，既有非正式的人际关系，又有正规的权力系统，因此，组织沟通分为正式沟通和非正式沟通两大类。

（一）正式沟通

正式沟通是指在组织系统内，通过正规的组织程序，按照组织明文规定的渠道进行的信息传递和交流。正式沟通和组织结构密切相关，主要包括按正式组织系统发布的命令、指示、文件，组织召开的正式会议，组织正式颁布的规章、手册、简报、公告，组织内部上下级之间、同事之间因工作需要而进行的正式接触。组织与组织之间的公函来往，组织内部的文件传达，上司向下属布置任务或下属向上司请示，两个销售员为协调某一顾客的订单而进行联系，团体所组织的参观访问、技术交流、市场调查等都是正式沟通。

正式沟通的优点是：沟通效果较好，比较严肃，有较强的约束力，易于保密，可以使信息沟通保持权威性，参与沟通的人员普遍具有较强的责任心和约束性，从而易于保密和保持所传递信息的准确性。一般，重要的信息和文件的传达、组织的决策等都采用这种沟通方式。其缺点是：依靠组织系统层层传递，因而沟通速度比较慢、信息传播的范围受限制，而且显得刻板、缺乏灵活性，存在信息失真或扭曲的可能。

（二）非正式沟通

非正式沟通是指存在于组织之内，不按照正规的组织程序、隶属关系、等级系列来进行的信息传递和交流。在一个组织中，除了正式设立的部门外，不同部门的人之间还存在着朋友关系和兴趣小组等非正式组织，因此，非正式沟通的存在如同非正式组织的存在，有其必然性。团体成员私下交换意见、朋友聚会、背后议论别人、分享小道消息等都属于非正式沟通。

非正式沟通的优点是：沟通方便，内容广泛，方式灵活，沟通速度快，可用以传播一些不便正式沟通的信息，是正式沟通的有机补充。而且由于在这种沟通中比较容易把真实的思想、态度、动机表露出来，因而能获得一些正式沟通中难以获得的信息。

非正式沟通对正式组织具有重要影响，它是形成良好组织氛围的必要条件，所以，管理者必须重视非正式沟通的作用并充分利用它。但是，非正式沟通一般是以口头方式进行的，不留证据，不负责任。非正式沟通渠道通常有单线式、流言式、偶然式、集束式四种。非正式沟通传递的信息往往不确切，易于失真、被曲解，容易传播流言蜚语而混淆视听，可能导致出现"小集团""小圈子"，影响人心稳定和团体的凝聚力。在采用非正式沟通时，要注意防止和克服其消极的方面。

需要说明的是，非正式沟通无所谓好坏，主要在于管理者如何运用。试图消除非正式沟通是不可能的。有研究结果表明，当人们面对不明确的情况时，传闻就会出现，管理者辟谣的最好办法是向他们提供事实。

> 思考：现实生活中，哪个谣言让你信以为真，并给你带来困扰？

第三节 | 有效沟通

有效沟通是传递和交流信息及时性强、可靠性和准确性高的沟通。在沟通过程中，由于内在因素和外部环境因素的干扰，信息往往被丢失或曲解，这就是沟通障碍。沟通障碍往往会削弱沟通效果，使之达不到预期目的，甚至可能中断沟通过程。为此，管理者应找出信息失真、沟通中断的原因，并采取一定的方法克服沟通障碍，实现有效沟通。

一、人际沟通

人际沟通是指人与人之间的信息和情感的交流。人际沟通是信息领域中最为基本的部分，其主要目的在于建立和维持人际关系。有效的管理沟通是以人际沟通为保障的。人之所以为人，从某种意义上说，是因为人可以通过各种方式相互沟通、传递信息和交流思想。了解人际沟通的特点有助于人们提高信息沟通的有效性，改善人际关系和发展有利的人际关系。人际沟通通常采用四种形式：口头沟通、书面沟通、非语言沟通、电子媒介沟通。

（一）口头沟通

口头沟通是最常采用的信息传递方式，这种方式灵活多样。它既可以是两人之间的交谈，也可以是群体中的讨论或辩论；它既可以是正式的磋商，也可以是非正式的聊天。口头沟通包括开会、面谈、打电话、讨论、演讲等以讲话形式出现的沟通方式。口头沟通是所有沟通形式中最直接的方式。

口头沟通的优点主要体现在快速、简便、即时反馈。通过口头沟通，信息可以直截了当地快速传递并当场得到对方的反馈，如果接收者对信息有疑问，则迅速反馈可使发送者及时检查其中不够明确的地方并进行改正；口头沟通时，彼此可以直接从对方表情、手势和说话时的语气等表达方式上了解对方的真实感情；上级同下属会晤可使下属感到被尊重、受重视，从而会激发下属的工作积极性；有些管理人员书面表达能力较弱，而口头表达能力较强，因而也比较愿意采用口头沟通方式。

口头沟通的缺点主要有：口头沟通时可能会因思考不周而无法全面系统地阐明问题或由遣词造句的疏忽而造成不必要的误解；在口头沟通过程中，当信息要经过多人传递时，其便存在着较大的失真的可能性，因为每个人都以自己的偏好增减信息，以自己的方式诠释信息，当信息经过多个环节到达终点时，其内容往往与最初的含义存在重大偏差；口头沟通如不做记录，则易造成事后口说无凭、容易被遗忘的现象。

（二）书面沟通

书面沟通是比较正规的沟通形式，包括备忘录、协议书、信函、布告、通知、报刊、文件等以书面文字或符号进行信息传递的形式。书面沟通在组织中比较常见，特别适用于沟通比较重要的信息，如规章制度、各项计划、财务报表等，以及需要信息接收者认真分析的信息。

书面沟通的优点是有文字为据，可以保存和核对。书面语言在正式发表之前，可以反复修改，因此，一般比较周密、逻辑性强、条理清楚，能准确表达作者所要发表的信息，减少了情绪、他人观点等因素对信息传达的影响。书面沟通的内容易于复制、传播，有利于大规模传播。

书面沟通的缺点主要是速度较慢，且不能即时反馈。书面沟通缺乏内在的反馈机制，其结果是无法确保所发出的信息能被接收到，即使被接收到，也无法确保接收者对信息的解释正好是发送者的本意，无法迅速得到对方真实的反馈意见。书面沟通花费的时间较长，同等时间的交流，口头沟通比书面沟通所传达的信息要多得多。

（三）非语言沟通

非语言沟通是指通过某些媒介而不是讲话或文字来传递信息。人们往往习惯用非语言沟通的方式，诸如面部表情、语音语调等来强化语言沟通的效果。如对不遵守课堂纪律的学生，教师常通过目光予以制止。非语言沟通有时是独立进行的，有时与口头沟通相伴。有关资料表明，在面对面的沟通过程中，来自语言文字的社交意义不会超过35%，也就是说，有 65%是以非语言信息传达的。当非语言沟通与口头沟通结合运用时，可以表示赞同、厌烦、渴望等情绪，进而起到补充、加强和说明的作用。非语言沟通内涵十分丰富，较为常用的有身体语言沟通、副语言沟通、物体的操纵。

1. 身体语言沟通

身体语言沟通是通过动态无声的眼神、表情、手势、动作等身体运动，或者静态无声的身体姿势、空间距离、衣着打扮等形式来实现的沟通。身体语言是一个有力的、多样的表达工具。面部表情、手势、动作等能传达诸如攻击、恐惧、腼腆、傲慢、愉快、愤怒、悲伤等情绪或意图。有关研究证实，学生对课堂讨论的参与度直接受到学生座位位置的影响。以教师讲台为中心，学生座位距讲台越近，学生课堂讨论的参与度越高。

2. 副语言沟通

心理学家称非语词的声音信号为副语言。副语言沟通是通过非语词的声音，如重音、声调的变化、哭、笑、停顿等来实现的。心理学研究表明，副语言在沟通过程中起着十分重要的作用。一句话的含义往往不仅取决于其字面意义，还取决于它的弦外之音。语音表达方式的变化，尤其是语调的变化，可以使字面相同的一句话具有完全不同的含义。例如，向他人说"对不起"，当音调较低、语气诚恳时，"对不起"表示由衷的愧疚；而当音调升高、语气上扬时，"对不起"则可能完全没有道歉的意思。

3. 物体的操纵

物体的操纵就是通过物体的运用和环境布置等手段进行的非语言沟通。如端茶送客，如果主人在会客时端起茶杯却并不去喝茶，便是在暗示送客的时间到了。办公室窗明几净，办公用品摆放整齐，通过这些物质环境，可以对办公人员的性格和习惯有一个初步的认识。在企业中，一位车间主任在和班组长讲话的时候，心不在焉地拾起地上的铁屑。他刚一离开，班组长就命令全体组员加班半小时，打扫车间卫生。车间主任实际上是通过物体的操纵传达了对车间的卫生状况不满的信息。

（四）电子媒介沟通

计算机网络的发展和数据处理技术的提高，克服了传统沟通方式在沟通范围和信息量上的局限，把管理沟通推进了一大步。随着电子信息技术的发展，电子媒介在当今世界信息传递过程中充当着越来越重要的角色。电子媒介沟通是随着电子信息技术的兴起而新发展起来的一种沟通形式，包括传真、录像、网络会议、电子邮件、微博、微信等。

电子媒介沟通的主要特点和优势是可以将大量信息以较低成本快速、高效地进行远距离传送。电子媒介沟通的缺点是在没有可视功能的情况下看不到对方的表情。在网络上的某些交流中，交流双方甚至不清楚对方的真实身份。某些电子媒介如录像等不能提供信息反馈。

管理者使用哪种人际沟通方式，关键取决于情境。口头方式适用于个人的、非程序性的和简短的信息。如果信息是非个人的、程序性的和篇幅大的，则采用正式的书面方式更为合适。各种沟通方式的比较见表 8-3。

表 8-3　　　　　　　　　　各种沟通方式的比较

沟通方式	优点	缺点	举例
口头沟通	传递快速、反馈快速、信息量很大	传递中经过层次越多、信息失真越严重、核实越困难	开会、交谈、讨论、打电话
书面沟通	持久、有形、可以核实	效率低、缺乏反馈	文件、信件、报告、备忘录
非语言沟通	信息意义明确、内涵丰富、含义隐含灵活	传递距离有限、界限模糊、只可意会、不能言传	体态、语调
电子媒介	传递快速、信息容量大、一份信息可同时传递多人、廉价	有些是单向传递、可信度存疑	电子邮件、网络会议、QQ、微博、微信

> 思考：你平时和父母的主要沟通方式或媒介是什么？沟通效果如何？

二、有效沟通的障碍

沟通障碍在沟通的信息发送者、接收者和信息沟通渠道中都可能存在，影响有效沟通的常见障碍包括个人因素、人际因素、结构因素和技术因素。

（一）个人因素

信息沟通在很大程度上受个人心理因素的制约。个体的性格、气质、态度、情绪、理解力、文化背景等的差别，都会成为信息沟通的障碍。在信息沟通中，如果双方经验水平和知识水平差距过大，就会影响对信息内容一致性的理解，就会产生沟通障碍。在接收或转述一个信息时，符合自己需要的、与自己有切身利害关系的信息很容易被接收者听进去，而对自己不利的、有可能损害自身利益的信息则不容易被接收者听进去，凡此种种都会导致信息的歪曲，影响信息沟通的顺利进行。

阻碍有效沟通的个人因素主要包括两种情况：一是信息接收者有选择地接收信息；二是信息发送者和接收者在沟通技巧方面存在差异。

1. 有选择地接收

有选择地接收是指人们拒绝或片面地接收与他们的期望不一致的信息。知觉选择性所造成的障碍既有客观方面的因素，又有主观方面的因素。客观因素如组成信息的各个部分的强度不同、对信息接收者的价值不同等，这些都会使一部分信息容易引人注意而被接受，而另一部分则被忽视。

2. 沟通技巧方面的差异

人们因知识水平、能力、性格等方面不同，而在运用沟通技巧方面存在着不同。例如，有些人口头表达能力较弱，但文字表达能力却较强，因此，他们常常喜欢用书面方式进行沟通。有些人口头表达能力很强，但书面表达能力较弱，这类人则喜欢用口头方式进行沟通。此外，有些人不善于听取意见，有些人文字阅读速度较慢、理解能力较弱，所有这些问题都会妨碍人们进行有效的沟通。

（二）人际因素

人际因素主要包括沟通双方的信任度、信息来源的可靠程度和发送者与接收者之间的相似程度三个方面。

1. 沟通双方的信任度

沟通是信息发送者与接收者之间"给"与"收"的过程，信息传递不是单方的而是双方的事情，因此，沟通双方的诚意和相互信任至关重要。有效沟通要以相互信任为前提，只有相互信任，才能使下级向上级反映的情况得到重视，使上级向下级传达的决策得到迅速实施。上下级间的猜疑只会增加抵触情绪，减少坦率交谈的机会，从而妨碍有效沟通。

> 思考：小时候，父母对自己的教育效果，是取决于父母的道理对不对，还是自己和父母的关系好不好？

2. 信息来源的可靠程度

由于组织中存在等级分明的权力保障系统，不同地位的人拥有不同的权力，这就使得组织中的人在信息传递过程中经常首先关注信息来源，即"是谁讲的"，其次才关注信息内容。信息来源的可靠性实际上是由信息接收者主观决定的，信息接收者倾向于接收他们自认为最可靠的信息。同样的信息，由不同地位的人来发布，效果会大不一样。这种等级观念的影响，常使得地位较低的人传递的重要信息不被重视，而地位较高的人发布的不重要信息则得到了不必要的过分重视，从而造成信息传递失误。

3. 发送者与接收者之间的相似程度

沟通的准确性与沟通双方间的相似性有着直接的关系。沟通双方的特征，如性别、年龄、智力、种族、社会地位、兴趣、价值观、能力等越相似，沟通的有效性就越大。例如，年龄差距所形成的代沟在沟通中就是一个常见的问题。"物以类聚，人以群分""隔行如隔山"反映的都是发送者与接收者之间的相似程度对沟通的影响。

（三）结构因素

结构因素主要包括地位差别、信息传递链、团体规模和空间约束四个方面。

1. 地位差别

事实表明，地位差别是沟通中的一个重要障碍，但是人们却非常喜欢与地位高的人进行沟通，其原因在于：一是这种接触是获得同伴认可和尊重的一种方法，二是与对自己未来有重大影响的上级交往可以增加成功的机会。但是，这种沟通对组织的发展十分不利。

2. 信息传递链

一般来说，信息通过的环节（等级）越多，它到达目的地的时间也越长，信息失真率也越高。这种信息连续从一个等级到另一个等级所发生的变化，被称为信息链现象。一项研究表明，企业董事会的决定通过五个等级（从董事会到总裁、部门主管、工厂经理、第一线工长、职工）后，信息损失平均达到 80%。其中，从董事会到总裁这一级的保真率为 63%，到达部门主管为 56%，到达工厂经理为 40%，到达第一线工长为 30%，最后到达职工为 20%。这种现象在信息的等级传递中普遍存在，这种现象也被称为"沟通漏斗"。

 小故事

传达命令

传令员对连长传令："司令官命令——在明天午后1时，全连官兵务必准时在大操场集合，要求大家穿好军装，带好观察工具，观看哈雷彗星从东向西飞过。"

接着，连长对排长传令："司令官命令——全体官兵明天午后1时到大操场集合，要求大家穿好军装，带好武器，准时接受检阅，还有星级上将从天上飞过。"

然后，排长对班长传令："司令官命令——全体官兵明天午后7时到大操场集合接受检阅，务必穿好军装，带好武器，还有三星上将乘飞机从天上飞过。"

最后，班长对全班传令："司令官命令——全体官兵明晚7时到大操场集合接受检阅，务必带好武器整装待发，否则，三颗子弹将从你头上穿过。"

3. 团体规模

团体规模越大，人与人之间的沟通就越困难。一方面是由于沟通渠道的增加大大超过了人数的增加；另一方面是因为随着团体规模的扩大，沟通的形式将变得非常复杂。例如，5 人的团体，有 10[$n(n-1)/2$]条沟通渠道；如果将沟通的各种形式考虑在内，那么 5 人的团体将存在约 90[$(3^n-2^{n+1})/2$]条沟通渠道。

4. 空间约束

组织中的工作常常要求员工只能在某一特定的地点进行操作。这种空间约束既限制了员工之间的交往，也不利于他们的沟通。一般来说，两人间的距离越近，他们交往的频率就越高。

（四）技术因素

1. 语言因素

大多数沟通的准确性依赖沟通者赋予字和词的含义。由于语言只是个符号系统，本身并没有任何意义，故其仅仅作为描述和表达个人观点的符号或标签。每个人表述的内容常常是由其独特的经历、社会背景、需要等决定的。因此，语言和文字极少对发送者和接收者双方都具有相同的含义。例如，某企业做"买一赠一"的广告，消费者到商场后却大呼上当，因为买的"一"和赠的"一"并不相同，而消费者起初却以为两件物品是一样的。

2. 非语言暗示

在口头沟通中，常伴随着非语言暗示。在"非语言沟通"中对相关内容做了阐述，在此不再叙述。

3. 媒介的有效性

管理人员十分关心各种不同沟通工具的效率，具体选择何种沟通工具（如口头沟通、书面沟通、非语言沟通、电子媒介沟通等沟通工具），既要考虑它们的优缺点，又要考虑信息的种类和目的，还要顾及外界环境和沟通双方特点，以提高沟通效率。

4. 信息过量

组织管理人员在这个信息爆炸的时代面临着信息过量的问题。信息大量地增加，会使人觉得难以抉择、无所适从。信息超负荷不仅造成了文山会海，而且导致了人们对所传递信息的麻木。信息过量不仅使管理者缺少处理信息的时间，而且也使他们难以向同事提供有效的、必要的信息，沟通也随之变得困难重重。

除了上述四个方面的因素外，沟通系统所处的环境中也可能存在一定的障碍，影响沟通效率。环境障碍可以认为是沟通过程中的噪声。消除沟通过程中的噪声是提升沟通效果的重要途径。

> 思考：你和老师沟通有障碍吗？如果有，主要障碍是什么？

三、有效沟通的技巧

沟通占用了每个人的大部分时间，职位越高，沟通花费的时间越多，耗用的精力越多。沟通涉及人性、个性、人际交往的实际经验。沟通效果往往取决于沟通双方传递信息和接收信息的密切配合。

（一）提高沟通者的沟通技能水平

沟通者是组织中沟通的行为主体，其文化知识水平、专业知识背景、语言表达能力和组织角色认识等因素直接影响沟通的进行。提高沟通者自身的沟通技能水平是提升沟通效果的根本途径。

1. 讲究说的艺术

与人沟通，要会表达自己的意见。在表达自己的意见时，要诚恳谦虚。心理学上有一个叫作互惠关系的定律，即你对我友善，我也对你友善。沟通之前，所要做的就是确定想要别人如何对待自己，然后用这种方式去对待他们。如果想得到对方的尊重，那么自己首先要尊重对方。

说的技巧：

（1）讲话时要言之有理，并有足够信息量；

（2）选择对方感兴趣或擅长的话题；

（3）善于尊重与赞美对方；

（4）注意回避忌讳的话题；

（5）传递信息的语言要准确、简明、生动，善于运用体态语言；

（6）要注意说话的时间、速度与声调控制；

（7）适时表现幽默感。

> 思考：所谓高情商，就是说话让人舒服。对这句话你怎么理解？

扫一扫

学会倾听

2. 学会倾听

听是沟通中最重要也最容易被忽视的环节之一。许多沟通失败，问题往往出在听的方面。作为管理者，认真听取他人的话尤为重要。要认真地听，就得掌握听的技巧。

 小知识

解字——听

"听"字的繁体写法：聽。

一个"耳"字，听自然要用耳朵听。

一个"心"字：一心一意，很专心地去听。

"四"代表眼睛：要看着对方。

"耳"下方还有个"王"字：要把说话的人当成王者对待。

听不仅是耳朵听到相应的声音的过程，而且是一种情感活动，需要通过面部表情、肢体语言和话语的回应向对方传递一种信息：我很想听你说话，我尊重和关怀你。

倾听是沟通行为中的核心过程。倾听能激发对方的谈话欲，促进更深层次的沟通。另外，只有善于倾听，深入探测到对方的心理以及他的语言逻辑思维，才能更好地与之交流，从而达到沟通的目的。所以，倾听是沟通技巧中最重要的组成部分，一名善于沟通的管理者必须是一位善于倾听的行动者。听的要领主要体现在以下几个方面。

（1）凝视说话者。用眼睛注视说话者，有助于把注意力集中在说话的内容上。

（2）向对方表示你关心他所说的所有内容。赞成对方的话时，可以轻轻点头；对他的话感兴趣时，要用适当的表情表示欣赏。

（3）和对方谈话时稍稍前倾身体。对对方所说的话感兴趣时，听者会很自然地前倾身体；反之，则会不自觉地退后自己的身体。

（4）提出问题。凭借你所提出的问题，对方可以知道你在很认真地听他说话。

（5）不要中途打断对方，要让他把话说完。人们喜欢自己的话被从头到尾安静地听完，而且喜欢自己的话引出新的话题，以便借机展示自己的价值。

（6）忠于对方所讲的话题。即使你非常想把话题转到别处，以达到你和他谈话的目的，也得等对方讲完以后再岔开话题。

（7）配合对方的语气，提出自己的意见。对方说完以后，你必须有所反应，可以重复他说话的某个部分，这可以证明你在注意听他讲话。

听的艺术如表 8-4 所示。

表 8-4　　　　　　　　　　　　　　　　　听的艺术

要	不要
表现出兴趣	争辩
全神贯注	打断
该沉默时必须沉默	从事与谈话无关的活动
选择安静的地方	过快或提前做出判断
留适当的时间用于辩论	草率地给出结论
注意非语言暗示	让别人的情绪直接影响你
当你没有听清楚时，请以疑问的方式重复一遍	—
当你发觉遗漏时，直截了当地问	—

思考：与他人沟通时，你听他人讲话主要存在哪些问题？

3. 注重非言语信息

非言语信息包括沟通者的面部表情、语音语调、目光、手势等身体语言和副语言信息。组织沟通的信息发送者必须确保发出的非言语信息强化语言的作用，而组织沟通的信息接收者也要密切注视对方的非言语提示，从而全面理解对方的思想、情感。

马歇尔·卢森堡博士发现了一种沟通方式，依照它来谈话和聆听，能使人们情意相通，和谐相处，即非暴力沟通。

非暴力沟通分为四步。（1）讲事实：客观阐述，不评论。（2）讲感受：我的感受如何（沮丧、生气、难过……）。（3）讲需求：我为什么沮丧（生气、难过）。（4）提要求：为了改变现状，我的要求是什么。

一个丈夫几乎每天晚上都是十二点后回家，还一身酒气，这时候他的老婆肯定很生气。他的老婆该怎样进行非暴力沟通？

第一句话，说出一个事实：老公，这一个星期里，你有五天都是晚上十二点以后才回来，而且身上都有酒味。（只说事实，不要加入更多评判）

第二句话，讲出自己的感受：我觉得特别难过。（或者我觉得很伤心，或者我觉得很失落）（讲出感受）

第三句话，讲为什么：因为我希望我们的家像一个家，我希望我们的家不像一个

旅馆，大家能够在一起，能够一块儿吃晚饭，能够一块儿聊天，这样才是家的感觉。（讲出原因）

第四句话，提出一个清晰明确的要求：我希望你以后能够每个星期有四天在晚上八点以前回来，我们可以一块儿吃饭，你觉得怎么样？

思考：寝室同学经常点外卖，然后把外卖盒子随意丢在寝室。怎样和这个同学用非暴力沟通的方式沟通？

（二）健全组织沟通渠道

作为一个组织，要充分考虑组织的行业特点和人员心理结构，结合正式沟通渠道和非正式沟通渠道的优缺点，设计一套包含正式沟通和非正式沟通的沟通渠道，以使组织内各种需求的沟通都能够准确、及时而有效地实现。目前，大多数企业的沟通还停留在指示、汇报和开会这些传统的沟通方式上。沟通方式要顺应社会经济的发展、组织成员心理结构以及需要层次的变化，采用适宜的有效沟通方式。

定期的领导见面会和不定期的座谈会是一种很好的正式沟通渠道。领导见面会是让有思想、有建议的员工有机会直接与主管领导沟通，座谈会则是在管理者觉得有必要获得第一手的关于员工真实思想、情感而又担心通过中间渠道会使信息失真时，采取的一种领导与员工直接沟通的方法。

非正式沟通渠道可以缩短信息传递链，加快正式组织信息的传递速度。很多企业近年来采用的旅游、聚会等形式是非正式沟通的良好方式。这些渠道既能充分发挥非正式沟通的优点，又因它们都属于一种有计划、有组织的活动而易于被组织领导者控制，从而大大减少了信息失真和扭曲的可能性。

随着科学技术的进步，电子网络技术被引入组织的沟通领域，这是组织沟通领域的变革和飞跃。电子网络因其快速、准确的特点，极大提高了组织沟通的效率。另外，网络也因其虚拟性，可以隐蔽身份，为非正式沟通提供了良好的沟通平台，这些沟通信息能够较为真实地反映组织成员的一些思想情感和想法。对于组织领导者来说，掌握和了解这些信息资料对他们的管理沟通大有裨益。

（三）建立沟通反馈机制

没有反馈的沟通不是完整的沟通，完整的沟通必然具备完善的反馈机制，否则沟通效果会大大降低。但目前仍然有很多组织没有重视沟通反馈的作用。

反馈机制的建立首先应从信息发送者入手。信息发送者在传递信息后应该通过提问以及鼓励接收者积极反馈来取得反馈信息。另外，信息发送者也应仔细观察对方的反应或行动以间接获取反馈信息。

（四）改善沟通环境

沟通总是在一定环境中进行的，沟通环境是影响组织沟通的一个重要因素。这种环境包括组织的整体状况、组织中人际关系的和谐程度、组织文化氛围和民主气氛、领导者的行为风格等。信息发送者应该创造一个相互信任的、有利于沟通的环境。

组织中和谐的人际关系是优化沟通环境的前提。平时组织领导者可以开展一些群体活动（如看球赛、观看演出、聚餐等），鼓励工作中员工之间的相互交流、协作，强化组织成员的团队协作意识。这些措施在一定程度上都能起到促进人际关系和谐的作用。另外，组织成员之间应相互尊重差异，促进相互理解，在此前提下的人际沟通也将会更有效地改善人际关系。

四、冲突管理

在沟通过程中，信息发送者和信息接收者如果存在很多差异及误会，就会产生抵触和争吵，甚至更激烈的矛盾。冲突是指个人或群体内部、个人或群体之间互不相容的目标、认识或感情，引起对立或敌对的相互作用的过程。冲突是组织中个人或群体间相互作用不可避免的结果，冲突既可能是破坏性的，也可能是建设性的。维持组织适度的冲突水平，能使群体自我批评，不断创新，保持旺盛的生命力。

（一）冲突的来源

1. 沟通差异

一般认为，沟通障碍是冲突的潜在条件。沟通过程中语意上的误解、歧义、噪声等，可能会造成双方理解上的误会或矛盾，进而可能产生冲突。

2. 结构差异

结构因素主要指任务专门化程度、管辖范围的清晰度、领导风格、员工与目标之间的匹配性等。个人会因为部门立场、目标、资源分配等方面的不同意见发生争执。为了本部门的利益，个人可能会理直气壮地与其他单位甚至上级组织发生冲突。这种冲突往往对事不对人。例如，财务部控制风险，可能会影响市场营销部销售目标的完成，导致财务部和市场营销部产生矛盾。

3. 个体差异

个体家庭背景、受教育程度、个性差异、社会阅历的不同，形成了每个人不同的价值观、性格、思维方式和工作生活作风。这种个体差异往往造成了合作与沟通的困难，是冲突的潜在原因。

（二）冲突水平与组织绩效

组织中的冲突是普遍存在的。有学者研究表明，管理者大约有 20%的时间在处理冲突。美国学者布朗等在冲突与组织绩效之间关系的研究中发现，冲突水平与绩效之间存在密切的关系。

（1）组织内冲突水平很低时（冲突太少），团队成员之间冷漠、互不关心，组织缺乏生机和活力，对环境变化反应慢，组织的发展会停滞不前，绩效水平低下。这是一种破坏性冲突。

（2）当组织冲突水平过高时（冲突太多），团队成员之间不合作、敌对，组织会陷入混乱、对抗，甚至导致分裂、瓦解，绩效水平低下。这是一种破坏性冲突。

（3）当冲突适度，达到合理水平时，会提高团队成员的兴奋程度，激发成员工作热情和创造力，提升团队凝聚力。组织会保持旺盛的生命力和创造力，组织绩效水平高。这是一种建设性冲突。

冲突水平与组织绩效的关系见图 8-4。

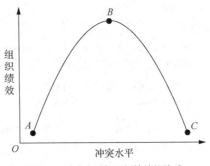

图 8-4　冲突水平与组织绩效的关系

（三）冲突管理的策略

适当的冲突能对组织起到促进作用，管理者处理冲突的目的不是消除冲突，而是保持适度的冲突。美国的行为科学家托马斯（K. Tthomas）和他的同事克尔曼提出了一种二维模式，以沟通者潜在意向为基础，认为冲突发生后，有两种可能的策略可供参与者选择：关心自己和关心他人。其中，"关心自己"表示在追求个人利益过程中的武断程度，为纵坐标；"关心他人"表示在追求个人利益过程中与他人的合作程度，为横坐标，由此定义冲突行为的二维空间。于是，出现了五种不同的冲突处理的策略：强制、合作、妥协、回避和迁就，如图 8-5 所示。

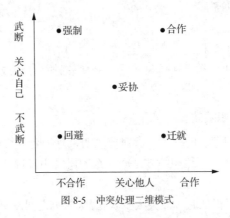

图 8-5　冲突处理二维模式

（1）强制策略，指高度武断且不合作的策略。强制是指管理者运用自己的权威强行处理冲突，迫使他人遵从自己的决定。当矛盾需要立刻解决或取得对方接纳并不重要时，往往会采取强制策略。这种处理冲突的方式不宜经常采用。

（2）合作策略，指在高度合作和高度武断的情况下采取的策略。合作策略以达到双赢为目的。合作是指双方通过沟通了解彼此的差异，找出共赢方案，使各自利益最大化。合作的前提是互信。

（3）妥协策略，指合作程度和武断程度均处于中间水平状态的策略。妥协策略需要冲突双方都做出一些让步，放弃一些东西，分享共同的利益。当双方势均力敌、僵持不下或面对很大的时间压力时，妥协为最佳策略。

（4）回避策略，指既不合作又不武断的策略。如果冲突不太重要，本身倾向于一种关系冲突而非实质冲突时，可采取回避措施避免冲突激化。回避没有解决矛盾，是一种消极的处理方法。

（5）迁就策略，指一种高度合作而武断程度较低的策略。冲突的一方愿意把对方的利益放在自己的利益之上，甚至愿意自我牺牲以维持相互关系。

本章小结

沟通是管理的重要手段之一，沟通是指可理解的信息、思想、情感在个人或群体中传递或交换的过程。沟通有助于提高决策的质量，能促使组织员工协调有效地工作，是领导者实现领导职能的基本途径，是建立组织与外部环境之间联系的桥梁。

在正式沟通中，根据信息的流向，可以把沟通分为下行沟通、上行沟通、横向沟通与斜向沟通，它们是组织内部纵向协调和横向协调的重要手段。五种典型的信息沟通网络是链式、环式、Y式、轮式、全通道式。组织沟通可分为正式沟通和非正式沟通两大类。人际沟通有四种形式：口头沟通、书面沟通、非语言沟通、电子媒介沟通。

沟通障碍在沟通的信息发送者、接收者和信息沟通渠道中都可能存在，常见的影响有效沟通的障碍包括个人因素、人际因素、结构因素和技术因素。提高有效沟通的技巧可以从提高沟通者的沟通技能水平、健全组织沟通渠道、建立沟通反馈机制、改善沟通环境等方面着手。

冲突是难以避免的，维持组织适度的冲突水平，能使群体自我批评，不断创新，保持旺盛的生命力，使组织达到高绩效水平。处理冲突的五种策略是强制、合作、妥协、回避和迁就。

思考练习

一、名词解释

1. 沟通

2．非正式沟通

3．非语言沟通

4．有效沟通

5．冲突

二、判断题

1．沟通发送的是信息、思想和情感。（　　　）

2．发送者与接收者之间的相似程度会影响沟通效果。（　　　）

3．信息量过大是沟通中的一个重要问题，应该强化有效信息的甄选。（　　　）

4．非正式沟通就是传播小道消息，应予以杜绝。（　　　）

5．组织中的信息不仅通过正式渠道传播，有些也通过非正式渠道传播。（　　　）

6．全通道式沟通是一种有利于实现高士气的沟通模式。（　　　）

7．群体的任务比较复杂，同时又要追求高效率时，应当采用轮式沟通方式。（　　　）

8．沟通过程中信息没有失真的沟通就是有效沟通。（　　　）

9．影响有效沟通的结构因素有地位差别、信息传递链、团体规模等。（　　　）

10．冲突是不可避免的，维持组织适度的冲突水平，能使群体自我批评，不断创新，保持旺盛的生命力。（　　　）

三、单项选择题

1．下述对信息沟通的认识中，错误的是（　　　）。

    A．信息传递过程中所经过的层次越多，信息的失真度就越高

    B．信息量越多，就越有利于进行有效的沟通

    C．善于倾听，能够有效改善沟通的效果

    D．信息的发送者和接收者在地位上的差异也是一种沟通障碍

2．如果发现一个组织中小道消息很多，而正式渠道的消息较少。那么，该组织存在的问题是（　　　）。

    A．非正式沟通渠道中的信息传递很通畅，运作良好

    B．正式沟通渠道中的信息传递不畅

    C．有部分人特别喜欢在背后乱发表议论，传递小道消息

    D．充分运用了非正式沟通渠道的作用，促进了信息的传递

3．吴总经理出差两个星期回到公司后，许多中层干部及办公室人员马上围拢过来。大家站在那里，七嘴八舌开起了热烈的自发办公会，有人向吴总汇报近日工作的进展情况，有人向吴总请示下一步工作，还有人向吴总反映公司内外环境中出现的新动态。根据这种情况，你认为下述说法中能最恰当地反映该公司的组织与领导特征的是（　　　）。

    A．链式沟通，民主式管理　　　　　　B．轮式沟通，集权式管理

    C．环式沟通，民主式管理　　　　　　D．全通道式沟通，集权式管理

4．某重要会议的开会通知，提前通过电话告知了每位会议参加者，可是到开会时，仍有不少人迟到甚至缺席。试问，以下有关此项开会通知沟通效果的判断中，最有可能

不正确的是（　　）。

  A．这里出现了沟通障碍问题，表现之一是所选择的信息沟通渠道严肃性不足

  B．这里与沟通障碍无关，只不过是特定的组织氛围使与会者养成了不良习惯

  C．此项开会通知中存在信息接收者个体方面的沟通障碍问题

  D．通知者所发信息不准确或不完整可能是影响此开会通知沟通效果的一个障碍因素

  5．某保险公司 X 市分公司为开发一项新业务，从不同部门抽调若干员工组建了一个项目团队，为激励他们高度热情地投身于新工作，选择（　　）沟通媒介最合适。

  A．电子邮件 B．电话   C．面谈   D．简报

  6．课堂上有学生不认真听课，和其他同学讲话，这时老师用严厉的目光盯着他以示警告。这属于（　　）。

  A．书面沟通 B．非正式沟通 C．口头沟通 D．非语言沟通

  7．美国学者史蒂芬·柯维在其著作《高效能人士的七个习惯》中有一段父子沟通失败的描述。"上学真是无聊透了！""怎么回事？""学的都是些不实用的东西。""现在的确看不出好处，我当年也有同样的想法，可是现在觉得那些知识还蛮有用的，你就忍耐一下吧！""我已经耗了十年了。""你已尽了全力了吗？这所高中是名校，应该差不到哪儿去。""可是同学们都有同感。""你知不知道，把你养到这么大，妈妈和我牺牲了多少？已经读到高二了，不许你半途而废。""我知道你们牺牲很大，可是不值得。""你应该多读书，少看电视……""爸，唉……算了，多说也没有用。"造成上述沟通失败的主要责任人和原因是（　　）。

  A．父子双方，因为这不是真正的双向沟通

  B．儿子，因为想表达的意思不清楚

  C．父亲，因为他与儿子以前缺少沟通

  D．父亲，他不善于引导和发现儿子的内心想法

  8．下列情况下，适合使用单向沟通的情况是（　　）。

  A．时间比较充裕，但问题比较棘手

  B．下属对解决方案的接受程度至关重要

  C．上级缺乏处理负反馈的能力，容易感情用事

  D．下属能对解决问题提供有价值的信息和建议

  9．某雇员在一个岗位上已经工作了许多年，他现在的工作状况却并不令人满意，其直接上司对此也感到十分困惑。从管理的角度看，你认为对他最好采取的措施是（　　）。

  A．明确告诉他，若不改进工作，将要被解雇

  B．让他继续留在现岗位，再注意观察一段时间

  C．向他说明领导的困惑，希望他努力改进工作

  D．与他共同分析原因，寻求改进的措施

10. 下列解决冲突的策略能达到双赢目的的是（　　　）。

 A. 强制   B. 合作   C. 妥协   D. 回避

四、简答题

1. 沟通的作用有哪些？

2. 全通道式沟通有哪些优缺点？

3. 在沟通中，倾听的要领有哪些？

4. 有效沟通有哪些障碍？

5. 冲突对组织绩效的影响是怎样的？

五、案例分析题

升职后的风波

  李明硕士毕业后，在一家中外合资公司任销售部经理已有三年。他做事非常认真负责，稳扎稳打，颇受老板的赏识。老王是该公司的老员工，在市场部任职多年，从一名普通的员工做到了市场部经理。他负责公司最重要的两大品牌的市场推广工作，与客户建立了良好的关系。他属下的员工已经跟随他多年了，对他比较信服。最近几年来，这家公司的业务维持着平稳增长的趋势，但总是无法取得突破性的进展。

  最近，公司要进行组织机构改革，欲将销售部与市场部合为一个部门，成立市场营销部。大伙儿都觉得老王升迁有望，老王也觉得市场营销部经理非自己莫属。但是公司宣布由李明担任新部门经理，原因在于老板希望公司能有所创新和突破，业务能够迅速增长。

  此后，老王心情非常郁闷，经常迟到，做事心不在焉，对李明所推行的新理念、新创意都嗤之以鼻。并且，老王还在不同的场合暗示，他有能力带着重要客户和公司的营销骨干跳槽，另立门户。

  面对这一境况，李明陷入了苦苦的思索之中，他觉得有必要与老王进行一次沟通。

  思考题：

1. 克服沟通障碍的方法有哪些？

2. 假如你是李明，请设计你和老王进行沟通的过程。

六、应用分析题

1. 运用所学知识，从大学生沟通（人际交往）现状、原因与解决途径三个方面，以提升大学生的沟通（人际交往）能力为主题，写一篇 800 字以上的论文。

2. 以现实生活中自己经历的一次较为失败的沟通为例，分析改进。

（1）阐述该沟通过程（含对话）。

（2）沟通结果。

（3）分析原因。

（4）改进要点。

七、实训题

对同寝室同学，用口头表达"一分钟赞美"。

有效的管理者应该始终督促他人，以保证应该采取的行动事实上已经在进行，保证他人应该达到的目标事实上已经达到。

——斯蒂芬·罗宾斯

学习目标：

➢ 理解控制的作用。

➢ 了解控制的类型。

➢ 理解控制的基本过程。

➢ 掌握有效控制的原则。

 **导引案例**

AT 集团的内部控制

在市场经济条件下和激烈而复杂的市场竞争中，AT集团为适应新形势，加强内部控制，实现企业目标，采取了一系列卓有成效的措施。

一、建立健全内部控制体系，形成良好的控制环境

AT集团重新修订了集团的《内部控制制度》。该制度侧重于会计控制，内容涉及对采购循环、销售循环、收款循环和理财循环等企业生产经营活动中各个关键控制点的控制。

为了配合《内部控制制度》的实施，AT集团还制定了一些配套的规定。比如新修订的《防范经营风险暂行规定》，进一步明确了各责任主体的责任范围和违反规定应追究的相关责任，并对存货风险、结算风险、票据风险、担保风险、投资风险、营销风险、合同风险等一系列经营风险的防范，做出了具体而明确的规定。

二、开展内部控制制度评审，促进内部控制制度不断完善

AT集团为促进企业内部控制制度的进一步完善，充分发挥现有内部审计力量的作用，参考银行贷款等级管理办法，在集团内实施内部审计信用等级制度，制定了《内部审计信用等级制度实施办法》和《内部审计信用等级评定细则》。集团主要根据企业内部控制制度的健全程度及实施情况，同时参考主要经济效益评价指标、经营管理人员素质及管理水平、企业发展趋势及市场前景等项，按照《内部审计信用等级评定细则》，将集团内企业的内部审计信用等级确定为A级、B级、C级、D级。为保证该办法的贯彻执行，集团对内部审计信用等级高的企业在投资、融资计划及发展政策上都给予优先考虑及适当倾斜，保证集团资源向效益好、回报能力强的优势企业流动，而对信用等级较低的企业在资源配置上则予以谨慎的考虑。

三、强化财务管理和资金运动的过程控制

为了使企业集团的内部控制与其经营管理过程相结合，使其成为生产经营过程的一个组成部分，AT集团也做了一些探索。

其一，实施财务主管委派和财务专管员制度。AT集团实施向所属企业委派财务主管的办法：一是将下属企业财务科长的人事管理权收归集团主管部门，并在集团范围内适当地进行流动；二是凡是成立的由集团控股的子公司，财务主管均由集团委派；三是对财务主管的职权与责任做了明确的规定，以保证他们顺利开展工作、履行职责。

其二，建立资金结算中心。AT集团的资金结算中心模拟银行的运行模式，参照银行的结算、信贷、监督等职能，为集团所属企业提供资金结算、资金存贷等服务。

AT集团实施以上内部控制措施以后，经营风险得到了有效的控制与防范：一是因为兼任不相容职务而造成财产损失的情况没有了；二是市场营销风险基本得到控制，在日常经营业务中被诈骗而造成企业损失的现象基本上不再发生；三是坏账风险和票据风险压缩到最低限度，并对一些历史遗留问题进行清理和适当的处理；四是对集团内各单位的盈亏情况进行全面的清理、审计和锁定，并根据各单位的实际情况以及集团总的消化能力，对其中大部分进行消化处理。

思考题：AT集团内部控制能取得良好成效的原因有哪些？

尽管计划可以制订出来，组织结构可以调整得非常有效，员工的积极性也可以调动起来，但是这仍然不能保证所有的行动都按计划执行，不能保证管理者追求的目标一定能实现。管理的控制职能，是对组织内部的管理活动及其效果进行衡量和校正，以确保组织目标以及为此而拟订的计划得以实现的过程。

第一节 控制概述

与管理的其他职能一样，控制职能也有其原理和方法，控制职能是每一位负责执行计划的主管人员的主要职责，正确和适宜地运用控制的相关原理和方法，是使控制工作更加有效的重要保证。

一、控制的含义与特点

（一）控制的含义

控制来源于意为"掌舵术"的一个希腊词汇，意思是领航者通过发号施令将偏离航线的船只拉回正常的航线上。法约尔认为，在一个组织中，控制就是要证实是否各项工作都与已定计划符合，是否与下达的指示及已定原则符合。控制是一项非常重要的管理职能，管理中的计划、组织和领导等职能，必须伴随有效的控制，才能真正发挥作用。

控制是计划、组织、领导有效进行的必要保证，离开了适当的控制，计划、组织、领导都有可能流于形式，组织目标就有可能无法实现。

控制是监督、检查工作是否按照既定的计划、标准和方法进行，发现偏差，分析原因，进行纠正，以保证组织目标实现的过程。这个概念至少包含三个方面的含义：（1）控制的目的是保证组织中各项活动按既定的计划或标准进行；（2）控制是通过监督和纠正偏差来实现的；（3）控制是一个过程。

（二）控制的特点

1. 目的性

管理者进行控制的根本目的在于保证组织活动的开展能够与预定的组织目标和计划协调一致，保证组织目标的最终实现。管理控制无论是着眼于纠正执行中的偏差还是适应环境的变化，都是紧紧地围绕组织目标的实现进行的。

2. 整体性

管理控制的整体性包含两层含义：（1）从控制主体来看，完成计划和实现目标是组织全体成员的共同责任，管理控制应该成为组织全体成员共同的职责；（2）从控制对象来看，管理控制覆盖组织活动的各个方面，既包括人、财、物、信息等资源，也包括组织各层次、各部门、各工作阶段，甚至每个人的工作。

3. 动态性

由于组织不是静态的，其外部环境和内部条件随时都在发生变化，从而决定了控制标准和方法不可能是固定不变的，而要及时调整。管理控制的动态性特征可以提高控制的适应性和有效性，从而适宜地制订不同的控制制度和措施，以实现组织目标。

4. 人本性

管理控制本质上是由人来执行的，而且主要是对人的行为的一种控制。只有控制的主体——人，真正理解并执行控制的时候，控制才能有效发挥作用。人本控制要求在控制过程中要以人为本，在保证组织目标完成的前提下，帮助员工完善自我、实现自我。

> 思考：你讨厌管理吗？为什么不少人讨厌管理？

二、控制的作用

（一）贯彻计划意图

当计划者与执行者所负担的责任、所考虑的利益、所掌握的信息不一致时，其对计划目标就会有不同的态度。为了防止和纠正计划执行中出现的各种偏差，督促有关人员严格按照计划办事，就必须借助控制确保计划的执行。

控制与计划有密切的关系。计划为控制提供衡量的标准，计划是控制的前提。控制包含对计划执行过程中的修订或修改，是提高计划科学性、合理性的重要手段。计划越

扫一扫

控制的作用

明确、全面和完整，控制的效果也就越好。控制工作越科学、有效，计划也就越容易得到实施。

（二）适应环境的变化

从制订目标到目标实现，需要相当长的一段时间。在这段时间内，组织内外部环境常常与计划中所预设的条件有很大的不同，这些变化着的内外部环境不仅会使计划的执行过程产生偏差，有时甚至可能要求改变目标本身。因此，需要构建有效的控制系统来帮助管理者预测和把握这些变化，并对由此带来的机会与威胁做出快速反应。

（三）限制偏差的积累

一般来说，工作中出现偏差是不可避免的，但小的偏差并不会立即给组织带来严重的损害。然而，在较长的时间里，这些小的差错就会积累放大并最终对计划的正常实施造成威胁。因此，管理控制应能够及时地获取偏差信息，及时采取有针对性的纠正措施。控制过程就是通过检查、监督和纠正偏差活动，限定实现组织计划目标的基本程序、行为准则，从而建立起组织生产经营必需的正常秩序。

（四）分权管理

随着企业规模的扩张，无论是从管理层次上还是从管理幅度上，都要求管理者进行必要的分权。企业分权程度越高，控制就越有必要，每个层次的主管都必须定期或不定期检查直接下属的工作，以保证授予下属的权力能被正确使用，保证通过使用这些权力使组织的业务活动符合计划与目标的要求。领导职能的发挥影响组织控制系统的建立和控制工作的质量，反过来，控制职能的发挥又有利于改进领导者的领导工作，提高领导者的工作效率。

三、控制的类型

管理控制涉及组织活动的方方面面。由于管理控制的对象不同、目标不同、范围和重点不同，所运用的控制方式和类型也有所不同。管理控制从不同的角度、按照不同的标准可以划分为不同类型：根据控制信息获取方式和时点的不同，可以将控制分为前馈控制、实时控制和反馈控制；根据控制主体的不同，可以将控制分为直接控制和间接控制；根据控制来源的不同，可以把控制分为正式组织控制、群体控制与自我控制。这里重点介绍前馈控制、实时控制和反馈控制。

（一）前馈控制

前馈控制也称事前控制，是指管理者在工作正式开始前对工作中可能产生的偏差进行预测和估计并采取防范措施，将可能的偏差消除于产生之前。前馈控制能够防患于未然，其重点是预先对组织的人、财、物、信息等资源进行合理配置，使它们符合预期的标准，从而保证计划的实现。

前馈控制是在工作开始之前对某项计划行动所依赖的条件进行控制，对事不对人，易于被员工接受并付诸实施，避免心理冲突。如管理部门制订的规章制度、政策和程序等。前馈控制对信息的及时性和准确性要求较高，促使管理人员去科学地预测在计划执行中可能发生的事件，要求管理人员能充分了解前馈控制因素与计划工作的影响关系。前馈控制是控制产生偏差的原因，而不是控制行动结果。

组织中运用前馈控制的例子很多。例如，工厂在需求高峰来临之前添置机器，安排人员，加大生产量，以防供不应求；公司在预计到产品需求量下跌之前就开始准备开发新产品并上市；公司在员工上岗前对其进行培训等。

（二）实时控制

实时控制也称同步控制、现场控制，是指管理者对正在进行的管理活动给予监督和指导，以保证管理活动按预定的程序和方法进行。实时控制的着重点要根据计划的要求与执行计划人员的具体情况而定。实时控制是一种面对面的管理和控制，控制工作的效果更多地依赖现场管理者的个人素质、作风、指导方式以及下属对这些指导的理解程度等，对管理者的要求较高。实时控制被较多地用于对生产经营活动现场的控制，是一种主要为基层管理者所采用的控制方法。实时控制能提升管理人员处理应急事件的能力。实时控制易受到管理者的时间、精力和业务水平的制约。实时控制易在控制者与被控制者之间形成对立情绪，影响被控制者的积极性。实时控制包含的内容有：给予下属恰当指示，以控制工作方法和工作过程；监督下属的工作，以保证计划目标的实现；发现不合标准的偏差时，立即采取纠正措施。

随着计算机应用的普及以及信息技术的日益发展，实时信息可以在异地之间迅速传送，这就使得实时控制得以在异地之间实现，而突破了现场的限制。例如，一些超市实行计算机联网，能将商品的库存信息马上反映给供应商，以及时得到货源的补充；一些医院能进行远程手术，在手术中通过信息网络将病人的各项生理指标传送给异地的专家小组，使得专家小组能够控制手术的进行。

（三）反馈控制

反馈控制也称事后控制，是指管理者在工作结束或行为发生之后，对已形成的结果进行测量、比较和分析，发现偏差情况，对今后的活动进行纠正的过程。产成品的质量检验、人事考评、财务报表分析等，都属于反馈控制。

反馈控制的优点是可以在周期性的重复活动中避免下次活动出现类似问题，可以消除偏差对后续活动的影响。反馈控制通过总结过去的经验和教训，为未来计划的制订和活动的安排提供借鉴，对组织运营水平的提高发挥着很大的作用。

但反馈控制也有两个主要缺陷：一是事后性，即反馈控制往往是在偏差已经发生、损失已经造成的情况下才发生作用，属于亡羊补牢；二是时滞性，即从偏差发生到偏差纠正有一个时间滞后的过程，在进行更正的时候，实际情况可能已经有了很大的变化，而且往往损失已经造成了。例如，营销部门可能在 8 月的报表中发现了上一季度中分销渠道存在的一些问题，需要采取纠正措施，但这是 2 个月以前的问题，现在该问题究竟有何发展无从知晓，这必然要影响到控制的效果。虽然在日常管理活动中反馈控制仍然是管理者采用最多的控制形式，但是，由于它存在着上述缺陷，在一般情况下管理者应该优先采用另外两种控制形式。

图 9-1 所示是前馈控制、实时控制和反馈控制三种控制类型的逻辑。

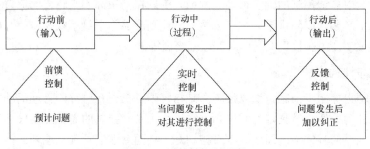

图 9-1　三种控制类型的逻辑

小故事

扁鹊论医术

魏文王问名医扁鹊："你们家兄弟三人都精于医术，到底哪一位的医术最好呢？"

扁鹊答："长兄最好，中兄次之，我最差。"

文王再问："那么为什么你最出名呢？"

扁鹊答："长兄治病，是治病于病情发作之前。由于一般人不知道他事先能铲除病因，所以他的名气无法传出去。中兄治病，是治病于病情初起时。一般人以为他只能治轻微的小病，所以他的名气只及本乡里。而我是治病于病情严重之时。一般人都看到我在经脉上穿针管放血、在皮肤上敷药等，所以以为我的医术高明，我的名气因此响遍全国。"

思考：学校在期末考试期间，为了端正考风，采取了哪些措施？

第二节　控制的基本过程

控制活动是一个过程，无论对哪种控制对象加以控制，所采用的控制技术和控制系统实质上都是相同的。控制过程由三个基本环节构成：一是确定控制标准；二是衡量工作绩效；三是纠正偏差。控制过程如图 9-2 所示。

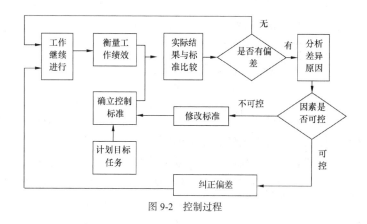

图 9-2 控制过程

一、确立控制标准

标准是衡量实际工作绩效的尺度。标准可以使管理者不必过问计划执行过程中的每一个具体步骤，就可以了解工作的进展情况。制订标准是进行控制的基础，没有一套完整的标准，衡量绩效或纠正偏差就失去了客观依据。确定控制标准首先要确定控制对象，在此基础上选择关键控制点，然后拟定控制标准。

（一）确定控制对象

在建立标准之前首先要分析组织运营与管理中的哪些要素（事或物）与活动需要加以控制。

无疑，组织目标是需要控制的重点对象。控制工作的动机是要促进和保证组织目标的如期实现。因此，要分析组织需要什么样的目标与结果。对企业来说，这种目标与结果的分析可以从盈利性、市场占有率等多个角度来进行。确定了组织目标后，要对它们加以明确的、尽可能定量的描述，也就是说，要规定在正常情况下组织目标希望达到的状况和水平。

要保证组织取得预期的结果，必须在成果最终形成以前进行控制，纠正与预期成果的要求不相符的活动。因此，需要分析影响组织目标实现的各种因素，并把它们列为需要控制的对象。

（二）选择关键控制点

不论是从经济性角度考虑，还是从可行性角度考虑，组织无力也无必要对所有成员的所有活动进行控制，只能在影响组织目标的众多因素中选择若干关键因素与环节作为重点控制点。所选择的控制点应当是关键性的，这有两种含义：它们或是组织经营活动中的限制性因素，或是明显有利的因素（不论计划是否已制订）。如美国通用电气公司选择了对企业经营成败起决定作用的八个方面作为控制点，并建立了相应的控制标准。这八个方面是：（1）盈利能力；（2）市场地位；（3）生产率；（4）产品领导地位；（5）人员发展；（6）员工态度；（7）公共责任；（8）短期目标与长期目标的平衡。

对关键点的选择，一般应统筹考虑三个方面：（1）会影响整个工作运行过程的重要操作与事项；（2）能在重大损失出现之前显示出差异的事项；（3）若干能反映组织主要绩效水平的时间与空间分布均衡的控制点。

选择关键控制点的能力是一项管理艺术，健全的控制往往取决于关键点控制。

（三）拟定控制标准

控制标准可分为定量标准和定性标准两类，一般情况下，标准应尽量定量化，以确保控制的准确性。任何一项具体工作的衡量标准都应该从有利于组织目标实现的总要求出发来加以制订。最理想的标准是可以直接以考核的目标作为标准。但更多的情况则是需要将某个计划目标分解为一系列标准，如将利润率目标分解为产量、销售额、制造成本、销售费用等。此外，工作程序以及各种定额也是一种标准。

计划的每个目的、每个目标、每个方案、每项活动、每项政策、每项规程以及每种预算，都可成为衡量实际业绩或预期业绩的标准。在实际的管理活动中，管理人员没有较多精力和能力通过仔细、全面观察来实行控制，因而有必要建立一整套专门的控制标准。

1. 控制标准的种类

（1）实物标准。实物标准是一类非货币标准，反映定量的工作成果，是控制的基本标准，通常用于耗用原材料、雇用劳动力、提供产品及服务等基层单位。这些标准反映了诸如每单位产出的工时数、货运量的吨千米数、单位机器台时产量等。实物标准也可反映品质，如材料的硬度、公差的精密度、纤维的强度等。

（2）成本标准。成本标准都是货币形式的衡量标准。这类标准是用货币值对经营活动的成本进行衡量。例如，单位产品的直接成本和间接成本，单位产品或每小时的人工成本，单位产品的原材料成本、工时成本等。

（3）资本标准。资本标准是用货币来衡量实物项目而形成的。对于新投资和综合控制而言，使用最广泛的标准是投资报酬率。还有其他标准，如负债比率、债务与资本净值比率、现金及应收账款与应付账款的比率等。

（4）收益标准。把货币值用于衡量销售量即为收益标准。例如，每辆公共汽车乘客每千米贡献的收入、每名顾客的平均购货额、在某市场范围内的人均销售额等。

（5）计划标准。为进行控制，有时会安排管理人员编制一个可变动预算方案，或者一个准备实施的新产品开发计划，或者一个提高销售人员素质的计划。

（6）无形标准。无形标准是既不能以实物又不能以货币来计量的标准。管理者经常遇到这样的难题：能用什么标准来测定公司人事主管的才干？能用什么标准来确定广告计划是否符合短期目标和长期目标？如何监督管理人员是否忠诚于公司的目标？对这些问题要既明确定量的目标或标准又明确定性的目标或标准是很困难的。

在实际工作中，采取哪种类型的标准需要按照控制对象的特点来决定。

2. 制订控制标准常用的方法

（1）统计方法。统计方法是以分析反映企业在历史上各个时期经营状况的数据为基础，经统计分析制订的控制方法。例如，制造业中的工时定额、消耗定额，商品流通企业的储备定额等常用此法制订。将历史性标准统计资料作为某项工作的确定标准具有简便易行的好处，但是据此制订的工作标准可能低于同行业的卓越水平，甚至平均水平。

（2）工程方法。工程方法以准确的技术参数和实测的数据为基础，用这种方法拟定的标准被称为工程标准。例如，工人操作标准是劳动研究人员在对构成作业的各项动作和要素的客观描述与分析的基础上，经过消除、改进和合并而确定的标准作业方法；劳动时间定额是利用秒表测定的受过训练的普通工人以正常速度按照标准操作方法对产品或零部件进行某些（个）工序的加工所需的平均必要时间。

（3）经验估计法。经验估计法是由有经验的管理人员凭经验确定控制标准的方法，一般作为统计方法和工程方法的补充。对于新从事的工作或缺乏统计资料的工作，可以根据管理人员的经验、判断和评估来建立标准。利用这种方法建立工作标准时，要注意利用各方面的管理人员的知识和经验，综合大家的判断，给出一个相对先进、合理的标准。如制造业中的非标准工作的工时定额、建筑业中的古建筑修复预算等，一般采用此法确定。

 小故事

小和尚撞钟

有一个小和尚担任撞钟一职，半年下来，觉得无聊至极。有一天，住持宣布调他到后院劈柴挑水，原因是他不能胜任撞钟一职。小和尚很不服气地问："我撞的钟难道不准时？"住持耐心地告诉他："你撞的钟虽然很准时，但钟声空泛、疲软，没有感召力。钟声是要唤醒沉迷的众生的，因此，撞出的钟声不仅要洪亮，而且要圆润、浑厚、深沉、悠远。"小和尚不能胜任撞钟工作的重要原因之一就是住持没有提前告知小和尚撞钟的工作标准。

二、衡量工作绩效

绩效的衡量是控制过程的第二个基本环节，也是控制过程中工作量最大的阶段，并直接关系到采取控制措施。衡量工作绩效就是用预定的标准对实际工作成效和进度进行检查、测定和比较，确定偏差的范围、程度，分析偏差产生的原因，以便为纠正偏差提供各种有效信息。

（一）衡量的手段

衡量绩效常见的四种手段是个人观察、统计报告、口头汇报和书面报告、抽样检查。这些手段分别有其长处和缺点，但是，如果将它们结合起来，就可以大大丰富信息的来源并提高信息的准确程度。

1. 个人观察

个人观察提供了关于实际工作的最直接和最深入的第一手资料。这种观察可以包括非常广泛的内容，因为任何实际工作的过程总是可以观察到的。个人观察的显著优势是可以获得面部表情、声音语调以及情绪态度等，这些是其他信息来源常容易忽略的信息。

特别是在对基层工作人员的工作绩效进行控制时，个人观察是一种非常有效，同时也是无法替代的衡量方法。

2. 统计报告

计算机的广泛应用使统计报告的制作日益方便。这种报告不仅有计算机输出的文字，还包括许多图像、图表，并且能按管理者的要求列出各种数据。

3. 口头汇报和书面报告

信息也可以通过口头汇报的形式来获得，如会议、一对一的谈话或电话交谈等。这种方式的特点与个人观察相似。尽管这种信息可能是经过过滤的，但是它快捷、有反馈，同时可以通过语言词汇和身体语言来丰富信息，还可以录制下来，能够像书面文字一样永久保存。

书面报告与口头汇报相比要显得正式一些。这种形式比较精确和全面，且易于分类存档和查找。

4. 抽样检查

抽样检查是指管理者随机抽取一部分工作进行深入细致的检查，以此来推测全部工作的质量。这种方法一般应用于工作量比较大而工作质量又比较平均的情况，其最典型的是产品质量检验。在产品数量极大或产品检验具有破坏性时，这是唯一一种可以选择的衡量方法。此外，对于一些日常事务性工作的检查来说，这种方法也是有效的。

> 思考：平时的学习中，任课教师采取了哪些衡量手段来衡量我们学习的效果？

（二）分析衡量结果

分析衡量结果是要将标准与实际工作的结果进行对照并加以分析，为进一步采取管理行动做好准备。进行比较的结果有两种可能：一种是存在偏差，另一种是不存在偏差。需要说明的是，并非与标准不符合的结果都被归结为偏差，实际工作中往往有一个与标准有一定出入的允许浮动的范围。如果实际工作结果不在允许范围之内，就可认为是产生了偏差。这种偏差有两种：一种是正偏差，即实际结果比标准完成得更好；另一种是负偏差，即结果没有达到标准。如果出现负偏差，就要进一步分析其产生的原因；如果出现正偏差，也要分析产生的原因，是标准定得太低，还是员工很努力，或得益于好运气。

一般来说，偏差产生的原因主要有三种：一是计划或标准本身存在偏差；二是组织内部因素的变化，如工作组织不力、员工工作懈怠等；三是组织外部环境的影响，如宏观经济的调整等。分析衡量结果是控制过程中最需要保持理智的环节，组织是否要采取管理行动纠正偏差，取决于对衡量结果的分析。

> 思考：某企业产品销量出现了大幅下滑，原因可能有哪些？

三、纠正偏差

纠正偏差是控制工作的关键。对实际工作绩效加以衡量后，将衡量的结果与标准进行对比，可以发现计划执行中出现的偏差。纠正偏差就是在此基础上分析偏差产生的原因，制订并实施必要的纠正措施。这项工作使控制过程得以完整，并将控制与管理的其他职能相互联结。纠偏能使组织计划得以遵循，能使组织机构和人事安排得到调整，能使领导活动更加完善。

（一）找出偏差产生的主要原因

不同的偏差对组织活动的最终结果产生的影响是不同的，有些偏差的影响是极为严重的，有些偏差的影响是暂时的、局部的。因此，在采取纠正措施以前，必须首先对反映偏差的信息进行评估和分析。

首先，要判断偏差的严重程度是否足以构成对组织活动效率的威胁，是否值得去分析原因，进而采取纠正措施。

其次，要探寻导致偏差产生的主要原因。产生偏差的原因是多方面的，有的是人为责任，有的是外部条件的突然变化，有的甚至是计划预测和决策失误等。纠正措施的制订是以对偏差原因的分析为依据的，而同一偏差则可能由不同的原因造成。例如，销售利润的下降既可能是因为销售量的降低，也可能是因为生产成本的提高。前者既可能是因为市场上出现了技术更加先进的新产品，也可能是由于竞争对手采取了某种竞争策略，或是因为企业产品质量的下降；后者既可能是因为原材料、劳动力消耗和占用数量的增加，也可能是由于生产要素价格的提高。不同的原因要求采取不同的纠正措施。要通过评估反映偏差信息，分析影响因素，透过表面现象找出造成偏差的深层原因，在众多的深层原因中找出最主要者，为纠偏措施的制订指引方向。

（二）确定纠偏措施的实施对象

如果偏差是由于绩效的不足而产生的，管理人员就应该采取纠偏行动。可以调整组织战略，也可以改变组织结构，或实施更完善的选拔和培训计划，或更改领导方式。但是，在有些情况下，需要纠正的可能不是组织的实际活动，而是组织这些活动的计划或衡量这些活动的标准本身。大部分员工没有完成劳动定额可能不是由于员工的抵制，而是定额水平太高。在这些情况下，首先要改变的不是或不仅是实际工作，而是衡量这些工作的标准或指导工作的计划。

预定计划或标准的调整应基于以下两种原因：一是原先的计划或标准制订得不科学，在执行中出现了问题；二是原来正确的标准和计划，由于客观环境发生了预料不到的变化，不再适应新形势的需要。负有控制责任的管理者应该认识到，外界环境发生变化以后，就必须对预先制订的计划和行动准则进行及时调整。

（三）选择恰当的纠偏措施

纠正偏差就是在确定标准和衡量业绩的基础上，进一步分析偏差产生的原因，制订并采取必要的纠正措施改进组织工作的控制环节。纠正偏差最终使组织计划得以遵循，使组织结构和人事安排得到调整，使领导活动更加完善。可以说，纠正偏差是将控制与管理的其他职能相互联结起来的重要环节，标志着控制过程的顺利实现。纠偏措施的选择和实施过程中要注意以下几点。

1. 使纠偏方案双重优化

纠正偏差可以采取多种不同的措施。是否采取某项措施要考虑经济性，要视采取纠偏措施带来的效果是否大于不纠偏造成的损失而定。纠偏方案的第一重优化是纠偏的成本应小于纠偏可能带来的损失。第二重优化是在第一重优化的基础上，通过对各种纠偏方案的比较，找出其中追加投入最少、成本最小、解决偏差效果最好的方案来组织实施。

2. 充分考虑原定计划实施的影响

对客观环境的认识能力提升，或者客观环境本身发生了重大变化而引起的纠偏需要，可能会导致对原定计划与决策的局部甚至全局的否定，从而要求对组织活动的方向和内容进行重大调整。这种调整有时被称为"追踪决策"，即当原有决策的实施将危及决策目标的实现时对目标或决策方案所进行的一种根本性修正。在制订和选择追踪决策方案时，要充分考虑伴随着初始决策的实施已经消耗的资源，以及这些消耗对客观环境造成的种种影响。

3. 注意消除人们对纠偏措施的疑虑

纠偏措施会在不同程度上引起组织的结构、关系、活动的调整，从而会涉及某些组织成员的利益，不同组织成员会因此而对纠偏措施持不同态度，特别是纠偏措施属于对原决策活动进行重大调整的追踪决策时。原决策的制订者和支持者，因害怕改变决策标志着自己的失败，从而会公开或暗地里反对纠偏措施的实施；执行原决策、从事具体活动的基层工作人员担心调整会使自己失去某种工作机会，影响自己的既得利益，从而抵制重要的纠偏措施的制订和执行。因此，控制人员要充分考虑组织成员对纠偏措施的不同态度，特别是要注意消除执行者的疑虑，争取更多人理解、赞同和支持纠偏措施，以避免在纠偏方案的实施过程中可能出现的人为障碍。

（四）纠正偏差的方法

1. 改进工作绩效

如果分析衡量的结果表明计划是可行的，标准也是切合实际的，问题出在工作本身，管理者就应该采取纠正行动。这种纠正行动可以是组织中的任何管理行动，如管理方法的改进、组织结构的调整、人事方面的调整等。按照行动效果的不同，可以把改进工作绩效的行动分为两种：一种是立即纠正行动，是指发现问题后马上采取行动，力求以最快的速度纠正偏差，避免造成更大的损失，纠正行动追求时效性；另一种是彻底纠正行动，是指发现问题后，通过对问题本质的分析，挖掘问题的根源，然后再从产生偏差的地方入手，力求永久消除偏差。在控制过程中，应灵活地综合运用这两种行动方式，特别注意不要满足于"救火式"的立即纠正行动，而忽视从事物的源头出发，应采取彻底纠正行动，以杜绝偏差的再度产生。

2. 修订标准

如果标准定得过高或过低，即使其他方面的工作都运行正常，实际与标准也难以避免产生偏差。这种情况的发生可能是由于当初计划工作的失误，也可能是因为计划的某些重要条件发生了改变等。一旦发现控制标准不切合实际，管理者就应该修订标准。但是管理者在决定修订标准时，一定要非常慎重。管理者应从控制目的出发做仔细分析，确认现有控制标准的确不符合控制要求时，才能做出修订的决定。不切实际的标准会给组织带来不利的影响，难以实现的过高标准会影响员工的士气，而过低的标准则容易导致员工的懈怠。

第三节 | 有效控制

在管理实践中，要使控制工作发挥作用，取得预期的成效，管理者在设计控制系统或实行控制过程中，必须考虑控制的有效性。

一、有效控制的原则

控制是一项重要的管理职能，也是常常出现问题的职能。无效的控制会导致计划无效和组织无效。控制工作的基本运行过程和原理具有普遍性。有效的控制必须具备一定的条件并遵循科学的控制原则。

（一）控制要同企业发展相适应的原则

管理的各项职能是相互联系、相互制约的。控制是为了保证计划得以顺利实施，这就要靠组织中的各部门和员工来有效执行，控制系统和控制方法要与计划和组织的特点相适应。控制工作越能考虑到各计划的特点，就越能更好地发挥作用。

扫一扫

有效控制的原则

（二）控制趋势原则

对控制全局的高层管理人员来说，分析现状本身所出现的偏差固然重要，但更重要的是控制实际工作现状所预示的趋势。控制变化的趋势比仅仅改变现状要重要得多，也困难得多。控制趋势的关键在于从现状中揭示倾向，特别是在趋势刚显露苗头时就有所觉察并给予有效的控制。这对管理者的能力提出了较高的要求。

（三）控制关键点原则

事实上，组织中的活动往往错综复杂，管理者根本无法对每一个方面实施完全的控制，他们应该将注意力集中于计划执行中的一些关键影响因素上。所谓控制关键点原则，是指控制工作要突出重点，不能只从某个局部利益出发，要针对重要的、关键的因素实施重点控制。因此，找出或确定关键因素并予以重点控制，是一种有效的控制方法。控制住了关键点，也就控制住了全局。

一般来说，一个组织应将经营活动中的限制性因素或明显有利的因素作为控制关键点。选择控制关键点的能力是管理工作的一种艺术，有效控制在很大程度上取决于这种能力。

（四）例外原则

管理层不可能控制所有活动，管理者针对工作中经常发生的事情拟定处理意见，使之规范化、程序化，然后授权给下级管理者处理，而自己主要去处理那些没有规范的例外工作，并保留监督下级管理者工作的权力。所谓例外原则，是指控制工作应着重于计划实施中的例外偏差（超出一般情况的特别好或特别坏的情况）。例外原则可使管理者把精力集中在他们注意和应该注意的问题上。在实际工作中，例外原则必须与控制关键点原则相结合，把注意力集中在对关键点的例外情况的控制上。控制关键点原则强调选择控制点，而例外原则强调观察在这些控制点上所发生的异常偏差，如管理者对利润率、市场占有率的下降非常敏感和关注。

（五）经济性原则

控制活动需要经费。是否进行控制，控制到什么程度，都要考虑费用问题。应将控制所需的费用同控制所产生的结果进行比较。控制所支出的费用必须小于控制所带来的收益，否则控制就失去了意义。所以，从经济角度考虑，控制系统并不是越复杂越好，控制力度也不是越大越好。控制系统越复杂，控制工作力度越大，意味着控制的投入也越大。控制所用的方法和技术装备必须能获得一定的经济效益。因此，要将实施控制所获得的成效与实施费用进行比较，做出技术经济分析，选择经济合理的控制方案。控制费用与收益的比较分析，实际上是从经济角度去分析控制程度与控制范围的问题。

二、有效控制的影响因素

组织中控制的有效性受许多因素的影响，这些因素包括组织规模、职位和层次、分权程度、组织文化以及活动重要性，如表 9-1 所示。

表 9-1　　　　　　　　　　　　　　有效控制的影响因素

影响因素	程度	控制建议
组织规模	小	非正式、个人、走动式管理
	大	正式、非个人及广泛的规章制度
职位和层次	高	许多标准
	低	较少且易于衡量的标准
分权程度	高	增加控制的数量和宽度
	低	减少控制的数量
组织文化	公开、信任	非正式、自我控制
	封闭、不信任	正式及广泛的控制
活动重要性	高	复杂而广泛的控制
	低	松散的、非正式控制

控制系统应该依据组织规模的变化而变化。当一个组织规模比较小时，更多地依靠非正式控制和个人控制的方式，通过直接监督实时控制可能是成本最低的方法。然而，随着组织规模的扩大，直接监督要靠正式的控制方式，如报告、条例、规章等来作为补

充。当组织规模非常大时，一般需要极为正式的和非个人的规章制度等实施控制。

管理者在组织中所处的地位越高，对多种控制标准的需要就越大，这些标准适应组织中不同部门的目标。这反映出管理者在组织层次结构中的地位升高，对绩效评估的多样性要求随之增加。反过来，低层次工作具有明确的绩效定义，这使得对工作绩效进行评估的范围相对狭窄。

组织中分权的程度越高，管理者就越需要反馈员工的决策和绩效。因为管理者将决策权下放后，被授权者的行为及工作绩效最终都要由管理者来负责，他们希望确保员工的决策和行为是高效率且有效的，这需要通过增加控制的数量和宽度来实现。

一个组织的文化可能是公开、信任的，也可能是封闭或不信任的。如果是前者，组织中员工的自我控制能力强，可采取非正式、自我控制方式；而如果是后者，就需要外部强加的控制和正式的控制系统来保证工作行为达到标准，采取正式及广泛的控制方式。

组织中活动的重要性也会影响到控制的程度和控制方式。如果控制的代价很大，而且偏差造成的影响很小，控制系统就不需要很精确。然而，如果偏差对组织造成的损害非常大，则不论代价多大，都需要实施广泛而精确的控制。

三、PDCA循环

（一）PDCA 循环的含义

PDCA 循环又叫戴明环，是美国质量管理专家威廉·戴明博士 20 世纪 50 年代初首先提出的，当时主要应用于企业质量管理。PDCA 循环使管理形成闭环，能有效提升管理水平，现在广泛应用于企业管理中，如研发、人事、财务、生产等任何一项管理工作，只要力求改善，都可用这个管理工具。

PDCA 由英语单词 Plan（计划）、Do（执行）、Check（检查）和 Action（改进）的第一个字母组成。PDCA 循环就是按照这样的顺序进行管理，并且循环进行的科学程序。PDCA 循环是工作的一个思路，每件事都遵循 PDCA 循环，是在工作、生活中逐步养成的一种思维习惯。

计划是指根据顾客需求和组织方针，确定目标以及制订活动规划。执行是根据已知的信息，设计具体的方法、方案和进行计划布局；再根据设计和布局，进行具体运作，实现计划中的内容。检查是指总结执行计划的结果，分清哪些对了、哪些错了，明确效果，找出问题。改进是对总结检查的结果进行处理，对成功的经验加以肯定，并予以标准化；对于失败的教训也要总结，引起重视。对于没有解决的问题，应提交到下一个 PDCA 循环中去解决。

PDCA 循环的四个过程不是运行一次就完结，而是周而复始地进行。一个循环结束了，解决了一部分问题，可能还有问题没有解决，或者又出现了新的问题，再进行下一个 PDCA 循环，这样阶梯式地不断上升，如图 9-3 所示。

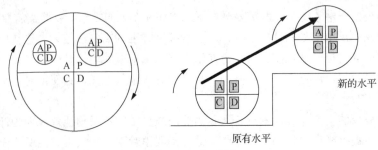

图 9-3 PDCA 循环

PDCA 循环主要有以下三个特点。

一是大环套小环。PDCA 循环不仅适用于整个项目，也适用于整个企业和企业内的部门、科室、班组乃至个人。各级部门根据企业的方针目标，都有自己的 PDCA 循环，层层循环，形成大环套小环，小环里面又套更小的环的结构。各级部门的小环都围绕着企业的总目标运转。通过循环把企业上下或项目的各项工作有机地联系起来，彼此协同，互相促进。

二是周而复始，阶梯式上升。PDCA 循环的四个阶段不是运行一次就终止了，它们是周而复始地运行的。每一个循环结束后，随着一部分问题的解决，管理者的工作水平也会提高。这样，通过一个又一个的 PDCA 循环，管理者不断发现问题、解决问题，管理能力和工作效率就会不断得到提升。

三是推动 PDCA 循环的关键是改进阶段。

（二）PDCA 循环的实施步骤

PDCA 循环分为四个阶段，八个步骤，具体步骤可以分为：第一步，分析现状；第二步，分析对问题的影响因素或产生问题的原因；第三步，找出问题的主要影响因素或产生问题的原因；第四步，制订措施；第五步，执行计划；第六步，检查结果；第七步，总结经验；第八步，提出这一循环未解决的问题。PDCA 循环的实施步骤与要点见表 9-2。

表 9-2　　　　　　　　　　　　　　　PDCA 循环的实施步骤与要点

四个阶段	八个工作步骤	各步骤的要点
P（Plan）计划阶段	1. 分析现状，找出存在的问题 2. 分析对问题的各种影响因素或产生问题的原因 3. 找出问题的主要影响因素或产生问题的原因 4. 针对主要原因，制定解决问题的措施、计划	1. 做计划之前，需要分析现状是什么、问题在哪里 2. 寻找可能的原因和确认根本原因 3. 比较所有可能的原因，辨认对问题有直接影响的主要因素 4. 分析主要原因，并针对主要原因用 5W2H 法采取措施
D（Do）执行阶段	5. 执行制订的措施、计划	5. 将措施付诸实施
C（Check）检查阶段	6. 检查计划执行结果	6. 确认措施的标准化、确认新的操作标准
A（Action）改进阶段	7. 总结成功经验，制定相应标准 8. 把本工作循环没有解决或新出现的问题转入下一个 PDCA 循环	7. 保持改进，在类似区域内传播、分享知识和方法 8. 不要期望在一次 PDCA 循环中解决所有问题

举一个生活中运用 PDCA 循环的例子。如在家请客吃饭，做饭前要根据人数、每个人的饮食习惯、季节、经济状况等做出计划（P）；然后就是实施（D），采购食材、清洗、烹制等；做菜要时不时尝尝，这就是检查（C）；根据味道的浓淡，再进一步调味，这就是改进（A）。厨师都是在这样的 PDCA 循环中提高厨艺的。

思考：你参加工作后，如何运用 PDCA 循环，做一个孝顺的子女？

本章小结

控制是管理的重要职能之一。控制是监督检查工作是否按照既定的计划、标准和方法进行，发现偏差，分析原因，进行纠正，以保证组织目标实现的过程。控制有目的性、整体性、动态性、人本性等特点。控制的作用体现在贯彻计划意图、适应环境的变化、限制偏差的积累、分权管理。根据控制信息获取方式和时点，控制可以分为前馈控制、实时控制和反馈控制。

控制活动是一个过程。控制过程由三个基本环节构成：一是确定控制标准；二是衡量工作绩效；三是纠正偏差。

在管理实践中，要使控制发挥作用，必须考虑控制的有效性。有效控制的原则包括控制要同企业发展相适应的原则、控制趋势原则、控制关键点原则、例外原则、经济性原则。组织中控制的有效性受许多因素的影响，这些因素包括组织规模、职位和层次、分权程度、组织文化以及活动重要性。组织中的所有活动都是企业控制的对象。PDCA 循环使管理形成闭环，广泛应用于企业管理中。PDCA 循环包括计划（Plan）、执行（Do）、检查（Check）和改进（Action）四个阶段。

思考练习

一、名词解释

1. 控制

2. 前馈控制

3. 反馈控制

4. 实时控制

5. PDCA 循环

二、判断题

1. 一般来说，控制标准必须从计划中产生，计划必须先于控制。（   ）

2. 控制的目的是提高效益，所以会得到所有员工的支持。（   ）

3. 对计划执行中发生的任何偏差都应及时采取纠正措施。（   ）

4．控制标准定得越严越好。（　　　）

5．反馈控制最大的缺点是，在管理者实施纠偏措施之前，偏差已经产生，损失已经造成，对工作没有任何意义，所以没有必要进行反馈控制。（　　　）

6．控制过程就是管理者对下属行为进行监督的过程。（　　　）

7．有效的管理控制不仅能够保证组织成员的行为在出现偏差时及时得以纠正，也能够修正、调整和更改计划。（　　　）

8．利用既定的标准去检查工作，有时并不能达到有效控制的目的。（　　　）

9．对被控制对象的衡量频度取决于被控制活动的性质。（　　　）

10．严格的控制，会使实际工作过程缺乏灵活性，极大地限制人的工作积极性。（　　　）

三、单项选择题

1．与控制关系最密切的管理职能是（　　　）。

    A．协调　　　　　　B．组织　　　　　　C．领导　　　　　　D．计划

2．控制的最根本目的在于（　　　）。

    A．寻找错误　　　　　　　　　　B．衡量下属绩效

    C．确保行为按计划发展　　　　　D．约束下属

3．由于环境因素的变化，组织目标不能实现时，组织应该采取的措施是（　　　）。

    A．修正计划　　　　　　　　　　B．激励员工克服困难

    C．调整组织结构　　　　　　　　D．撤换领导

4．"治病不如防病，防病不如讲究卫生。"根据这一说法，以下几种控制方式中最重要的是（　　　）。

    A．同期控制　　　B．实时控制　　　C．反馈控制　　　D．前馈控制

5．为了消除腐败，廉洁为政，某部门除了大力提倡工作人员要严格自律之外，还一直实行岗位轮换制度，规定处级以上干部在同一岗位工作不得超过五年。这种做法可以说是一种（　　　）。

    A．反馈控制　　　B．同期控制　　　C．前馈控制　　　D．间接控制

6．种庄稼需要水，但某一地区近年总不下雨，怎么办？一种办法是灌溉，以弥补天不下雨的不足；另一种办法是改种耐旱作物，使所种作物与环境相适应。这两种措施分别是（　　　）。

    A．纠正偏差和调整计划　　　　　B．调整计划和纠正偏差

    C．反馈控制和前馈控制　　　　　D．前馈控制和反馈控制

7．控制过程中合理的顺序是（　　　）。

    A．制订标准、纠正偏差、衡量业绩　　B．衡量业绩、制订标准、纠正偏差

    C．衡量业绩、纠正偏差、制订标准　　D．制订标准、衡量业绩、纠正偏差

8．小李是一家合资企业的总经理助理，为了提高企业的经济效益，总经理要求他研究提出一个加强企业管理控制、建立企业有效管理控制系统的可行方案，总经理在提出工作要求时提醒他一定要做到"牵牛要牵牛鼻子"，小李分析了半天也不知道什么是"牛

鼻子"和应该如何去牵"牛鼻子"。你认为总经理说的牵"牛鼻子"是（　　　　）。

    A．确定控制对象   B．选择关键控制点

    C．制定标准   D．采取纠偏措施

9．一个工人每天或每周必须生产一定数目的零件，他必须保持废品率不超过规定标准，他必须在指定的 6 个月时间内完成预定的工作，在生产特定数目的零件时不能超过所规定的物料消耗。对于控制来讲，这是在（　　　　）。

    A．衡量实际绩效   B．进行差异分析

    C．采取纠偏措施   D．明确控制标准

10．PDCA 循环管理的四个阶段是（　　　　）。

    A．计划、执行、检查、反馈   B．组织、实施、检查、处理

    C．计划、执行、反馈、处理   D．计划、执行、检查、改进

四、简答题

1．简述控制的作用。

2．简述控制工作的过程。

3．简述纠正偏差的方法。

4．有效控制要遵循哪些原则？

5．简述 PDCA 循环的过程。

五、案例分析题

长发建筑公司

    长发建筑公司原本是一家小企业，仅有10多名员工，主要承揽一些小型建筑项目和室内装修工程。创业之初，大家齐心协力，干劲十足，经过多年的努力经营，目前已经发展成员工过百名的中型建筑公司，有了比较稳定的客源，生存已不存在问题，公司走上了比较稳定的发展道路，但仍有许多问题让公司创始人李总感到头疼。

    创业初期，人手少，李总和员工不分彼此，大家也没有分工，一个人顶几个人用，找项目、与工程队谈判、监督工程进展，谁在谁干。大家不分昼夜，不计较报酬，有什么事情饭桌上就可讨论解决。李总为人随和，十分关心和体贴员工。由于李总的工作作风以及员工工作具有很大的自由度，大家工作热情高涨，公司因此得到快速发展。

    然而，随着公司业务的发展，特别是经营规模不断扩大之后，李总在管理工作中不时感觉到不如以前得心应手了。

    首先，让李总感到头痛的是那几位与自己一起创业的元老，他们自恃劳苦功高，对后来加入公司的员工，不管他们现在在公司的职位高低，一律不放在眼里。这些元老工作散漫，不听从主管人员的安排。这种散漫的作风很快在公司内部蔓延，对新来者产生了不良的示范作用。长发建筑公司的员工再也没有创业初期的那种工作激情了。

    其次，李总感觉到公司内部的沟通经常不顺畅，大家谁也不愿意承担责任，一遇到

事情就来向他汇报，但也很少有解决问题的建议，结果导致许多环节只要李总不去推动，似乎就要停摆。

另外，李总还感到，公司内部质量意识开始淡化，对工程项目的质量管理大不如从前，客户的抱怨也正逐渐增多。

上述问题令李总焦急万分，他意识到必须进行管理整顿。但如何整顿呢？李总想抓纪律，想把元老请出公司，想改变公司激励系统……他想到了许多，觉得有许多事情要做，但一时又不知道从何处入手，因为李总本人和其他元老一样，自公司创建以来一直一门心思地埋头苦干，并没有太多地琢磨过如何让别人更好地做事。加上他自己也没有系统地学习过管理知识，也欠缺实际管理经验。

出于无奈，李总请来了管理顾问，并坦诚地向顾问说明了自己遇到的难题。顾问在做了多方面调研之后，首先与李总一道分析了公司这些年取得成功和现在遇到困难的原因。

归纳起来，促使长发建筑公司取得成功的因素主要有：

（1）人数少，组织结构简单，行政效率高；

（2）公司经营管理工作富有弹性，能适应市场的快速变化；

（3）李总熟悉每个员工的特点，容易做到知人善任，人尽其才；

（4）李总能够及时了解公司的经营活动，并快速做出决策。

对于长发建筑公司目前出现问题的原因，管理顾问归纳为：

（1）公司规模扩大，但管理工作没有及时地跟进；

（2）李总需要处理的事务增多，对元老疏于管理；

（3）公司的开销增大，资源运用效率下降。

对管理顾问的以上分析和判断，李总表示赞同，并急切地询问解决问题的办法。

思考题：

1. 结合案例分析什么是管理控制。

2. 如果你是这位管理顾问，你将向李总提出哪些具体可行的改进建议？

六、应用分析题

1. 根据目前大学生上课出勤率的状况（有的课程出勤率高，有的出勤率很低），试用管理控制理论，从学校、老师和学生三个方面分析应怎样促使大学生上课出勤率保持在一个较高的水平。

2. 你的老师为这门课建立了什么样的绩效标准？你的实际绩效如何衡量？如何将你的绩效和标准相比较？你认为这些标准和衡量方法是否公平合理？

七、实训题

调研某企业，了解其内部管理制度，就其内部管理的某一方面考查其制度执行情况，分析存在的问题及其原因，并提出纠偏措施。

一、名词解释（每小题 2 分，共 10 分）

1. 管理

2. 计划

3. 领导

4. 激励

5. 控制

二、判断题（正确在括号打√，错误在括号打×，每小题 1 分，共 12 分）

1. 管理自从有了人类集体活动以来就产生了。（　　）

2. 没有计划，就没有控制。（　　）

3. 高层管理者比中层管理者和基层管理者的管理幅度大。（　　）

4. 人的积极性和生产效率的提高，不完全取决于劳动报酬。（　　）

5. 强调权力下放，主要是为了减轻领导者的工作负担。（　　）

6. 根据强化理论，奖励往往比惩罚更有效，奖励应在行为发生以后尽快提供。（　　）

7. 出现"三个和尚没水吃"，主要是因为和尚太懒，应加以帮助，增强他们热爱劳动的意识。（　　）

8. 在霍桑试验中，研究者发现降低照明灯的亮度，工人的工作效率明显下降。（　　）

9. 民主式领导优于集权式领导。（　　）

10. 工作中偏差的产生，都是由于执行任务过程中工作的失误。（　　）

11. 当员工觉察他的所得与投入之比大于参考者的所得与投入之比时，不公平感就产生了。（　　）

12. 非正式沟通就是传播小道消息，应予以杜绝。（　　）

三、单项选择题（每题 1.5 分，共 18 分）

1. 古人云："运筹帷幄之中，决胜千里之外"。这里的"运筹帷幄"反映了管理的（　　）。

　　A. 计划职能　　　　B. 组织职能　　　　C. 领导职能　　　　D. 控制职能

2. 你止面临是否购买某种奖券的决策。你知道每张奖券的售价以及该期共发行奖券的总数、奖项和相应的奖金额。在这样的情况下，该决策的类型是（　　）。

　　A. 确定型决策　　B. 风险型决策　　C. 不确定型决策　　D. 冒险决策

3. 有人说，教师不是管理者，但也有人不同意此观点，正确的观点是（　　）。

　　A. 教师是管理者，因为在教学过程中同样要行使计划、组织、领导、控制的职能

　　B. 教师不是管理者，因为教师没有下属

　　C. 教师是管理者，因为教师的工作是为实现教学目标服务的，是一种管理工作

　　D. 教师不是管理者，因为教师没有行政级别而只有职称

4. 某知名医科大学附属医院外科主任，在救治危重患者时，应表现为（　　）。

A. 专制—权威式领导风格　　　　　B. 开明—权威式领导风格

C. 民主协商式领导风格　　　　　　D. 参与式领导风格

5. 某公司总裁老张行伍出身，崇尚以严治军，注重强化规章制度和完善组织结构。尽管有些技术人员反映老张的做法过于生硬，但几年下来企业还是得到了很大的发展。根据管理方格理论，老张的作风最接近（　　）。

A. 1.1 贫乏型　　　　　　　　　　B. 1.9 俱乐部型

C. 9.1 任务型　　　　　　　　　　D. 9.9 团队型

6. 某企业设总经理一人，副总经理二人，总工程师和总会计师各一人，下设十二个科室和三个生产车间，分别由副总经理、总工程师和总会计师直接负责。由此可以看出，该企业总经理的管理幅度为（　　）。

A. 2 人　　　　　B. 4 人　　　　　C. 15 人　　　　　D. 19 人

7. 你是一家连锁饭店集团旗下一个分店的经理，集团公司为你确定了今年上半年的经营目标：从今年 1 月 1 日到 6 月 30 日，将销售额相对去年同期提高 8%。你认为，（　　）。

A. 该目标已经给分店经理一个明确无误的指令，是一个可考核的执行性目标

B. 该目标没有提出一个度量目标是否完成的客观标准，所以需要进一步改进

C. 该目标没有规定清楚达成目标的步骤、措施和资源配置，需要进一步改进

D. 该目标没有平衡利润与销售增长之间的关系，可能给分店经理以误导，需要改进

8. （　　）不是企业对员工的责任。

A. 积极寻找途径参与各种社会活动　　B. 定期或不定期培训员工

C. 营造一个良好的工作环境　　　　　D. 推行民主管理

9. 下列关于组织文化的说法中不正确的是（　　）。

A. 一般的文化都是在非自觉的状态下形成的，组织文化则可以是在组织努力的情况下形成的

B. 组织文化具有自我延续性，不会因为领导层的人事变更而立即消失

C. 仁者见仁，智者见智，组织文化应该使组织成员面对某些伦理问题时产生多角度的认识

D. 组织文化的内容和力量会对组织员工的行为产生影响

10. 一家饮料厂的总经理正在考虑其广告部门提出的增加 1000 万元广告费的建议。该企业饮料的售价为每瓶 3 元，单位变动成本为每瓶 2 元，预计增加的广告投入至少能带来（　　）的额外销售，总经理才能拍板投入这笔广告费。

A. 3333 万元　　　B. 500 万元　　　C. 1500 万元　　　D. 1000 万元

11. 某旅行公司刘总经理在总体市场不景气的情况下，以独特的眼光发现了惊险性旅游项目与 40～45 岁男性消费者之间的相关性，在此基础上设计了具有针对性的旅游路线和项目，并进行了前期宣传。因为涉及与交通管理、保险、环保等部门的协调，新项

目得到正式批准的时间比预期晚了整整一年，由此丧失了大量的市场机会。你认为下列最能概括刘总的管理技能状况的是（　　）。

    A．技术技能、人际技能、概念技能都弱

    B．技术技能、人际技能、概念技能都强

    C．技术技能和人际技能强，但概念技能弱

    D．技术技能和概念技能强，但人际技能弱

12．在实践中，经常可以看到许多大公司将不同部门安排在一个没有分隔的大办公室里办公，尽管这种安排有可能造成工作时相互干扰，从而影响效率。如果这种做法有利于组织发展，你认为以下最为合理的解释是（　　）。

    A．增加人们互相沟通的机会，有利于营造一种团队气氛

    B．消除小办公室办公时各部门之间相互背后议论的情况，从而减少部门隔阂

    C．这样无遮无拦，使管理者可以非常方便地监督下属

    D．办公室中员工相互之间在做什么都一清二楚，有助于增强自我约束力

四、简答题（本大题 5 个小题，每小题 7 分，共 35 分）

1．简述霍桑试验的主要观点。

2．结合目标管理的思想，列举你下学期的四个目标，并简要说明。

3．请比较大学和中学的管理方式有何不同，并分析采用不同管理方式的原因。

4．试述组织工作的原则。

5．运用马斯洛需要层次理论，分析提高大学生的学习热情可以采取的四项具体措施。

五、案例分析题（本大题 2 个案例，第一个案例 10 分，第二个案例 15 分，共 25 分）

案例 1（10 分）

AK 内燃机公司的激励问题

AK 内燃机公司最高层主管人员长期忧虑的一个问题是：生产车间的工人对他们的工作缺乏兴趣。其结果就是产品质量不得不由检验科来保证。对于在最后检验中不合格的产品，公司找到的唯一解决方法就是在一个特别的车间内设置一个由技术高的工匠组成的班组，将其安排在生产线的最后，让其解决质量问题。由于这种方法费用高，而且发现的质量问题大多是装配时不小心等可以事先预防的差错造成的。因此，公司中很多人对使用这种事后处理方法不满意。当然，也有的差错是设计不合理造成的。

在公司总裁的催促下，分公司总经理召集他的主要部门主管开会研究这个问题该如何解决。生产经理断言，这些问题是工程设计方面的问题。他认为，只要工程设计人员仔细地设计部件和整体结构，许多质量问题就不会出现。他又责怪人事部门没有更好地挑选工人，并且没有让用人部门参与选拔工作。他特别指出装配工人的流动率每月为 5%以上，且星期一的旷工率经常达到 20%。他的见解是：用这样的劳动力，没有一个生产部门能够有效地运作。总工程师认为，部件和整机结构都设计得很好。如果标准要求再严格一点儿，生产就会非常困难和费时，成本就会大幅度提高。

　　人事经理从多方面来说明人事问题。首先，她指出，由于本公司有强有力的工会，她的部门对公司雇佣和留用工人很少有或根本没有控制权。其次，她观察到车间的工作是单调和非常辛苦的。所以公司不应该期望工人对这种工作除了有兴趣领取工资外还有其他兴趣。但是她相信公司可以想办法提高工人的兴趣。如果工人承担的工作范围能够扩大，必然会出现高质量的工作以及较低的缺勤率和流动率。当问她提议是什么时，她向公司建议两件事：一是让工人掌握集中操作技能，而不是只做一项简单的工作；二是工人每星期轮流换班，从生产线的一个位置换到另一个位置，这样可以为工人提供新的和更有挑战性的工作。

　　这些建议被采用并付诸实行。使每个人觉得意外的是：工人对新计划表示极大的不满。一个星期后，装配线关闭。工人声称，新计划只是一种管理上的诡计：使他们要做比以前更多的工作，并且训练他们去替代其他工人而不增加任何工资。

　　根据案例提供的情况，请回答下列选择题。（2×5=10 分）

　　1．从案例中可以看出，该公司对产品质量的控制不够。你认为该公司在产品生产过程中没有采用的控制是（　　　　）。

　　　　A．实时控制　　　　B．反馈控制　　　　C．前馈控制　　　　D．A 和 C

　　2．针对公司产品质量存在的问题，公司的高层领导专门开会讨论解决方案，在会议上大家见解不一致，典型的看法有以下四种，你认为更可取的看法是（　　　　）。

　　　　A．根本原因是工人缺乏兴趣和责任感，因此应该首先从增强工人的责任心和归属感入手

　　　　B．为了让工人负起责任，应该制订详细的工作规范，要求他们严格执行

　　　　C．在生产过程中的每个工序都由检验员进行检验，及早发现问题，及早解决

　　　　D．一些质量问题是设计原因造成的，应该着眼于提高设计人员素质

　　3．从案例中可以发现公司各个部门对质量问题的责任和原因都有不同的看法和争执，这些争执反映的问题是（　　　　）。

　　　　A．经济人假设是正确的，人总倾向于推卸责任

　　　　B．公司各个部门之间的协调不好

　　　　C．公司中长期存在的难以调和的矛盾，此时激化了

　　　　D．公司的各个部门很难达成统一的意见

　　4．从案例中可以判断，该公司采用的划分部门的方式主要是（　　　　）。

　　　　A．按地区　　　　B．按产品　　　　C．按职能　　　　D．按业务性质

　　5．人事经理的建议和改进方式并没有取得预期的效果，最可能的原因是（　　　　）。

　　　　A．事先没有做充分的宣传

　　　　B．事先没有和工人进行充分的沟通

　　　　C．其他部门的管理者没有予以配合

　　　　D．工作方式的改变和工作范围的扩大并没有改变工作本身枯燥乏味的现实

案例 2（15 分）

校长应管与不应管

某中学的李校长，兼任教育学会的理事长、区政协委员。他因为经常要参加社交活动而不能每天都到学校，但学校的工作却井然有序。在校时，他经常与教师和学生接触，对他们反映的许多具体要求总是让各分管的副校长、教务长、总务主任解决。

一次教职工大会上，李校长念了一位教师递给他的条子："你是校长，为什么遇到问题不表态，是权不在手，还是处理不了？"念完条子，李校长感谢这位教师的关心，然后明确表示："我是有职有权的。学校重大决定都是我主持做出的，这就是权力。至于执行过程中具体问题的处理，领导成员各有分工。因此我不能随意表态。"对于李校长的解释，一些教职工仍不赞同。他们认为，领导成员虽多，但应是校长说了算，否则，校长不成"无为而治"了吗？由于有这样一些议论，李校长不在学校时，个别领导成员把一些能处理的事也搁了下来。

面对这些情况，李校长除了在领导班子内统一认识外，又在教职工中通过各种方式，谈了他的看法：校长负责制不是按校长个人的意志办事，特别是有关改革的事，更不能由校长一个人决定。校长应该为他所应管，而不应该为他所不应该管。如果学校中的所有事都由校长决定，这不是有职权，而是个人专权。这不但不能调动每个人的积极主动性，还会养成一些教职工的依赖性。李校长的看法得到领导成员的赞同和教师的理解。但是仍然有不少教职工不能理解。

问题：

1. 李校长的说法与做法对吗？为什么？（8 分）
2. 试用领导权变思想解释李校长的领导风格。（7 分）

参考文献

[1] 潘连柏，曾自卫. 管理学原理[M]. 2 版. 北京：人民邮电出版社，2016.

[2] 潘连柏. 管理学原理习题集[M]. 2 版. 北京：人民邮电出版社，2016.

[3] 周三多，陈传明，贾良定，等. 管理学原理与方法[M]. 7 版. 上海：复旦大学出版社，2018.

[4] 陈传明，龙静. 管理学[M]. 北京：高等教育出版社，2019.

[5] 泰勒. 科学管理原理[M]. 马凤才，译. 北京：机械工业出版社，2021.

[6] 法约尔. 工业管理与一般管理[M]. 迟力耕，张璇，译. 北京：机械工业出版社，2021.

[7] 德鲁克. 卓有成效的管理者[M]. 许是祥，译. 北京：机械工业出版社，2019.

[8] 梅奥. 工业文明的人类问题[M]. 北京：电子工业出版社，2013.

[9] 程国平，罗玲. 管理学原理[M]. 4 版. 武汉：武汉理工大学出版社，2020.

[10] 罗宾斯，库尔特. 管理学[M]. 13 版. 北京：中国人民大学出版社，2017.

[11] 邢以群. 管理学[M]. 5 版. 杭州：浙江大学出版社，2019.

[12] 季辉，王冰，李曲. 管理学基础[M]. 3 版. 北京：人民邮电出版社，2019.

[13] 张金成. 管理学基础[M]. 2 版. 北京：人民邮电出版社，2015.

[14] 吴戈，关秋燕. 管理学基础[M]. 2 版. 北京：中国人民大学出版社，2019.

[15] 路宏达. 管理学基础[M]. 4 版. 北京：高等教育出版社，2018.

[16] 刘磊，曾红武，孙跻珂. 管理学基础[M]. 3 版. 北京：电子工业出版社，2021.

[17] 德鲁克. 21 世纪的管理挑战[M]. 朱雁斌，译. 北京：机械工业出版社，2017.

[18] 麦格雷戈. 企业的人性面[M]. 韩卉，译. 杭州：浙江人民出版社，2017.